Rudolf Friederich

Die Postwertzeichen Spaniens und seiner Kolonien

Rudolf Friederich

Die Postwertzeichen Spaniens und seiner Kolonien

ISBN/EAN: 9783743302198

Hergestellt in Europa, USA, Kanada, Australien, Japan

Cover: Foto ©ninafisch / pixelio.de

Manufactured and distributed by brebook publishing software
(www.brebook.com)

Rudolf Friederich

Die Postwertzeichen Spaniens und seiner Kolonien

Die

Postwertzeichen Spaniens.

Von

Rudolf Friederich,

Mitglied des Berliner Philatelisten-Clubs.

Zweite Auflage.

Mit 13 Tafeln in Lichtdruck und 63 Abbildungen im Text.

BERLIN 1894.

Verlag von Dr. H. Brendicke,

Potsdamer-Strasse 61.

Den Mitgliedern

des

Berliner Philatelisten-Clubs

freundschaftlichst zugeeignet

vom Verfasser.

Vorwort zur zweiten Auflage.

Die „Postwertzeichen Spaniens" erscheinen hiermit in zweiter, völlig umgearbeiteter und bedeutend erweiterter Auflage. War die erste Auflage ihrer ganzen Veranlagung nach nur für kleine und mittlere Sammler bestimmt, so soll die Neubearbeitung auch weiter gehende Anforderungen befriedigen, selbst dem Spezialisten auf diesem Gebiete als zuverlässiger Ratgeber dienen.

Die allgemeine Einteilung und Gliederung des Stoffes wurde beibehalten, da sich dieselbe als praktisch erwiesen hatte, nur wurden Dienstmarken, Kriegssteuermarken und die Postwertzeichen des carlistischen Aufstandsgebietes in besonderen Abschnitten behandelt: es geschah dies einerseits des eigentümlichen Charakters und Ursprunges dieser Marken wegen, andererseits auch, um die offiziellen Ausgaben und Marken durchgehend nummeriren zu können.

Was die Behandlung des Stoffes anbelangt, so strebte ich danach, alle Errungenschaften philatelistischer Forschung nutzbringend zu verwerthen. Die Zahl der zu Rate gezogenen und durchgearbeiteten Bücher und Zeitschriften hat sich dementsprechend bedeutend vermehrt und es dürfte kaum einen lesenswerten Aufsatz geben, dessen Inhalt ich nicht mit meinen eigenen Erfahrungen und Forschungs-Ergebnissen verglichen hätte.

Die Postwertzeichen werden, wie in der ersten Auflage, in der chronologischen Reihenfolge ihres Erscheinens behandelt und zwar folgt nach einem beschreibenden Teil, welcher zugleich eine genaue Angabe aller existirenden Nüancen enthält, unter „Bemerkungen" alles für den Philatelisten Wissenswerte in Bezug

auf Geschichte, Fälschungen, Essais, Abstempelungen u. dergl.
Im Besonderen bemerke ich hierzu:

1. Die Beschreibung der Marken, welche in Bezug auf Genauigkeit in der ersten Auflage vielfach zu wünschen übrig liess, wurde einer gründlichen Durchsicht unterzogen. Die Angabe der existirenden Farben- und Papierunterschiede dürfte wohl nahezu erschöpfend sein, da mir ausser meiner eigenen, mehrere der grössten Spezialsammlungen zur Verfügung standen. Ich bin weit davon entfernt, jeder unbedeutenden Farbenabstufung einen philatelistischen Wert beizulegen und weiss sehr wohl, dass kleine Unterschiede in den Farbentönen auf einem und demselben Bogen vorkommen können; nichtsdestoweniger aber halte ich es für erforderlich, dass ein Spezialwerk bestrebt ist, auch nach dieser Richtung hin vollständig zu sein.

2. Die Aufzählung der Marken erfolgt in der Reihenfolge ihres Geldwertes, eine Neuerung, welche hoffentlich bald von unseren Alben und Katalogen nachgeahmt wird, da die bisher übliche Katalogisirungsweise geradezu sinnlos ist und zu ganz falschen Vorstellungen in Bezug auf Wert und Verwendung der Marken führen muss.

3. Der Schilderung derjenigen Momente der spanischen Geschichte, welche sich auf irgend eine Weise auf den spanischen Postwertzeichen wiederspiegeln, wurde ein verhältnismässig breiter Raum gewährt: auch wurde nicht unterlassen, diejenigen postalischen Verfügungen, welche auf die Entwickelung des spanischen Postwesens massgebend einwirkten, im Auszuge mitzuteilen. Ich ging dabei von der Ansicht aus, dass für den denkenden Philatelisten eine Postwertzeichen-Sammlung nicht blos eine Liebhaberei oder ein Sport sein darf, sondern dass er in ihr einen zwar kleinen, aber nicht uninteressanten Beitrag zur Kulturgeschichte eines Volkes, eine Illustration zur Entwickelungsgeschichte eines der wichtigsten Verkehrsmittel unseres Jahrhunderts erblicken muss. Nur so aufgefasst, erscheint es wenigstens begreiflich und gerechtfertigt, wenn Männer jeden Standes und Alters so viel Zeit und **Geld auf diese Sache verwenden.**

So viel Wert ich aber auch auf die Darlegung des Zusammenhanges von Postwertzeichen und Landes- und Post-Geschichte legte, so habe ich mich doch ängstlich davor gehütet, des Guten zu viel zu thun: alles Unwichtige, Alles, was der Sammler in einem Conversationslexikon oder Geschichtswerke zu finden vermag, wurde weggelassen; aus gleichem Grunde wurde auch darauf verzichtet, die postalischen Erlasse pp. im Wortlaute wiederzugeben, sondern nur diejenigen Stellen aus ihnen mitgeteilt, welche für den Sammler von thatsächlichem Wert und Interesse sind. Ein anderes Verfahren hätte nur den Umfang des Werkes, zugleich aber auch die Kosten desselben ohne Zweck auf das Doppelte erhöht.

4. Fehldrucke und sonstige Kuriosa wurden, soweit sie bekannt sind, getreulich registrirt, dagegen konnte ich mich nicht entschliessen, den hie und da vorkommenden Doppeldrucken eine besondere Aufmerksamkeit zuzuwenden. Ich hatte in Madrid mehrfach Gelegenheit, mich von der gänzlichen Wertlosigkeit dieser auf natürlichstem Wege entstehenden Maculaturwaare zu überzeugen und selbst die seltensten für wenige Céntimos per Stück zu kaufen. In gleicher Weise habe ich darauf verzichtet, ein Verzeichnis der als Postwertzeichen benutzten fiskalischen Wechsel- und Stempelmarken zu geben. Die Verwendung derselben zur Brieffrankatur ist in Spanien seit vielen Jahren auf das strengste verboten und wenn trotzdem eine grosse Zahl derselben eine postalische Abstempelung tragen oder auf ganzem Brief befindlich verkauft werden, so kann man unter hundert Fällen neun und neunzigmal überzeugt sein, es mit einem Gefälligkeitsstempel zu thun zu haben.

5. Von den Fälschungen wurden, um dem Buche keinen allzugrossen Umfang zu geben, nur diejenigen näher beschrieben, welche thatsächlich dem Sammler gefährlich werden können. Hierher gehören meines Erachtens weder die ganz schlechten, noch auch die künstlerisch getreu angefertigten Nachbildungen. Erstere wird ein Jeder selbst leicht erkennen können, letztere erstrecken sich nur auf einige der seltensten Werte der ältesten Ausgaben, welche

wohl zumeist mit den nötigen Vorsichtsmassregeln und
unter Garantie gekauft werden. Einer Schröder'schen
Lichtdruckfälschung gegenüber ist die grosse Masse der
Sammler völlig wehrlos und auch eine noch so genaue Beschreibung wird ihnen wenig nützen. Hier giebt es nur ein
Mittel. sich vor Schaden zu bewahren: Nur aus völlig
reellen Händen und unter Garantie kaufen, sowie Untersuchung durch Kenner ersten Ranges. Gefährlich, selbst
für den grösseren Sammler, sind dagegen diejenigen Marken,
welche, ohne Kunstwerke zu sein. doch gut genug ausgeführt waren, um die Postbeamten zu täuschen und die
sich daher in grosser Zahl postalisch verwendet vorfinden.
Die Zahl derselben ist in Spanien ausserordentlich gross.
6. In Bezug auf Essais bin ich zumeist den Angaben von
J. B. Moens, welche im übrigen zum grössten Teil schon in
älteren Jahrgängen des Timbre-Poste veröffentlicht waren,
gefolgt; ich war hierzu umsomehr gezwungen, als meine
eigene Essaissammlung, wie auch diejenigen meiner Freunde
zumeist aus dem Moens'schen Geschäft herstammen. Die
Sammlung des Reichs-Postmuseums, eine sehr schöne
Sammlung der Herren Wassermann in Berlin, besonders
aber die Sammlung des Postwertzeichen-Museums zu
Unter-Döbling, welche mir Herr Friedl mit grosser Liebens-
würdigkeit zur Verfügung stellte, gaben mir die Mittel,
die Moens'schen Angaben wesentlich zu vervollständigen.
7. Die Abstempelung der spanischen Postwertzeichen wird
zum erstenmale einer Bearbeitung unterzogen, und hier
wird jeder, der darauf ausgeht, scharfe Kritik zu üben,
eine wohlfeile Gelegenheit dazu vorfinden. Bei dem Mangel
an offiziellen Daten und bei der zahllosen Menge der in
Spanien in Gebrauch befindlichen Stempelmodelle wäre
es selbst für einen im Lande der Kastanien Lebenden
schwierig gewesen, hier Erschöpfendes zu bringen.
Jeder unbefangen Urteilende. jeder, der nicht von der
neuerdings grassirenden Stempelmanie befallen ist, wird
jedoch zugeben müssen, dass die Summe der über Abstempelungen gemachten Angaben völlig ausreichend ist
um sich einen richtigen Ueberblick über diesen Teil der

Philatelie zu verschaffen und sich die auf den Marken
und Briefen befindlichen Stempel zu erklären.

Wenn ich somit glaube, alles gethan zu haben, um ein allen
berechtigten Anforderungen entsprechendes Werk zu liefern, so
wird der gestrenge Kritiker doch Gelegenheit haben, auf manche
Lücke aufmerksam zu machen. Die Anzahl der Marken auf den
Bogen der verschiedenen Ausgaben, deren Angabe ein Kritiker
der ersten Ausgabe wünschte, fehlt auch diesmal, die Zeitungs-
frankirungsstempel, sowie diejenigen für Soldatenbriefe u. a. blieben
völlig unbeachtet. Was die Markenzahl auf den Bogen anbelangt,
so war dieselbe trotz meiner Bemühungen bei den älteren Ausgaben
nicht zu erfahren, ich liess die betreffenden Angaben deshalb auch
bei den neuen Emissionen fort: den zahllosen Frankirungsstempeln
Spaniens wird von den deutschen Sammlern, wie ich glaube mit
Recht, absolut kein Interesse entgegengebracht, sie sind auch zum
grössten Teil äusserst schwer zu erlangen und ihre Reproduktion
würde die Kosten des Buches wiederum ohne praktischen Zweck
bedeutend erhöht haben.

In Bezug auf die Ausstattung des Werkes hat der Verleger
keine Ausgaben gescheut, den weitgehendsten Wünschen der Sammler
gerecht zu werden. Das gute, holzfreie Papier, der tadellose und
vor allem eine gute Uebersicht gewährende Druck und die muster-
gültigen Abbildungen in Lichtdruck dürften wohl allgemein Beifall
finden. Ein jeder mit den Herstellungskosten eines solchen Werkes
nur einigermassen Vertraute wird aus dem niedrigen Preis desselben
entnehmen können, dass er es hier nicht mit einem Produkte buch-
händlerischer Spekulation, sondern mit einem Buche zu thun hat,
dessen Bestreben es ist, Gemeingut aller Philatelisten, auch der
weniger bemittelten zu werden. Um das Werk vor einem allmäh-
lichen Veralten zu bewahren, wird der Verleger in gewissen
Zeiträumen Tekturen erscheinen lassen und dieselben den Käufern
zum Selbstkostenpreise zugänglich machen.

Es bleibt mir nun zum Schlusse nur noch die Erfüllung der
angenehmen Pflicht übrig, allen denjenigen, welche mich bei der
Abfassung des Werkes unterstützt haben, meinen herzlichsten Dank
zu sagen. Die Zahl derselben ist zu gross, um sie hier sämtlich
namentlich aufzuführen, jedoch kann ich nicht umhin, die Herren
Landgerichtsdirektor Lindenberg, Amtsrichter Fränkel und

Dr. Kalckhoff als diejenigen zu bezeichnen, welchen ich mich zu grösstem Dank verpflichtet fühle. Dieselben haben mir nicht nur allzeit mit ihrem stets das Richtige treffenden Rat zur Seite gestanden, sondern mir auch mit grösster Bereitwilligkeit die Schätze ihrer philatelistischen Bibliotheken und Sammlungen zur Verfügung gestellt. In gleicher Weise waren mir auch die Herren Theodor Haas in Leipzig und Richard Hummel in Coethen stets hilfsbereite Mitarbeiter. Den hervorragendsten Anteil an der jetzigen Gestaltung des Werkes hat jedoch Herr Pfarrer Eckardt in Prag. In fast dreijähriger Korrespondenz hat er mir in allen schwierigen Fragen mit dem reichen Schatze seiner Erfahrungen hilfreich zur Seite gestanden, mich auf alles Neue und weniger Bekannte aufmerksam gemacht, mir alle ihm zum Kauf angebotenen Seltenheiten zur Ansicht übersandt. Damit nicht genug, unterzog er sich mit nicht genug zu rühmender Anfopferung der schwierigen Arbeit, das umfangreiche Manuskript Seite für Seite aufs genaueste durchzuarbeiten. Zahlreiche kleine Verbesserungen, Zusätze und Bemerkungen, durch welche sich das Werk vor andern auszeichnet, stammen aus seiner Feder und wenn schliesslich die Abbildungen der Abstempelungen ein einigermassen abgerundetes Bild des Entwickelungsganges dieses Teiles des spanischen Postwesens geben, so war es wiederum seine Sammlung, welche die meisten Originale dazu hergab. Möge er in der Brauchbarkeit des Buches den Lohn für seine Bemühungen finden!

Schliesslich noch eine Bitte an alle Sammler: Ein gutes philatelistisches Werk entsteht nicht auf einmal, ein Einzelner ist auch, namentlich wo es sich um Spanien und seine Kolonien handelt, nicht imstande, Mustergültiges zu leisten: nur aus der vereinten Arbeit Vieler, dem gemeinsamen Streben einer Menge Gleichgesinnter kann Vollkommenes entstehen. Möge das Buch deshalb viele Leser, sachgemäss urteilende Kritiker und zahlreiche Mitarbeiter finden!

Berlin, Pfingsten 1894.

Der Verfasser.

Benutzte Bücher und Zeitschriften.

—

Don Antonio Pirala — Historia contemporánea. Anales desde 1843 hasta la conclusion de la actual guerra civil. 1875. 6 Bände.

Wilhelm Lauser — Geschichte Spaniens von dem Sturze Isabella's bis zur Thronbesteigung Alfonso's. 1877. 2 Bände.

Rudolf Friederich — Militärisch-Politische Studien aus der neuesten Geschichte Spaniens. Glasenapp 1878/79.

Saturnino Gimenez — Secretos del Campo Carlista. 1876.

—

D. Antonio Fernandez Duro — Reseña histórico-descriptiva de los sellos de correos de España.

D. Francisco Lopez Fabrá — Los sellos para el franqueo de correspondencia. (Revista de Correos. 1867-68.)

D. Esteban Argiles — Apuntes para la historia y descripcion de los sellos de correos, telégrafos y tarjetas postales emitidos en España.

Dr. Thebussem — Legislacion philatélica en España desde 1849 á fin de 1875.

Dr. Thebussem — Cartas para el correo (Unión filatélica 1893).

D. Joaquin Rodriguez San Pedro — Legislacion ultramarina. Aprobada y autorizada por el Ministerio de Ultramar. 1865.

J. B. Moens — Catalogue Prix-Courant de timbres-poste, 7me edition.

J. B. Moens — Histoire des timbres-poste employés en Espagne. 1891.

Le Timbre-Poste. 1863—1894.

Bulletin de la Société Française de Timbrologie. 1883—91.

Le Timbrophile. 1864—71.

Le Collectionneur de timbre-poste. 1865.

L'Union Postale. 1892.

Philatelic Society London — Catalogue of Postage stamps, stamped enveloppes and Post-Cards. (Spain and Colonies.)

E. L. Pemberton — The Stamp Collector's Handbook. 1878.

F. B. Evans — The Philatelic Catalogue. 1888.

The Philatelist. 1866—76.

The Philatelic Record. 1879—92.

The American Philatelist. 1887—91.

The Philatelic Journal of Amerika. 1885—91.

The Stamps News. Monthly Illustr. Journal. 1890.

Berger-Levrault & Sohn — Beschreibung der bis jetzt bekannten Brief-marken. 1864.

Dr. Moschkau — Handbuch für Postmarkensammler. 1880.

F. Meyer – Handbuch für Postmarkensammler. 1881.

P. Lietzow — Handbuch der Philatelie. 1880—86.

C. Lindenberg — Grosses Handbuch der Philatelie (Cuba und Fernando Poo).

Magazin für Briefmarkensammler. 1863—66.

Illustrirtes Briefmarken-Journal. 1874—93.

Der Philatelist. 1880—93.

Vereins-Mitteilungen des Bayerischen Philatelisten-Vereins. 1883—87.

Das Postwerthzeichen. 1888—90.

Illustrirte Briefmarken-Zeitung. 1888—93.

Philatelia. 1888—91.

Mitteilungen des Oesterreichischen Philatelisten-Clubs. 1886—91.

Beiträge zur Postwertzeichenkunde. 1890—92.

Vereins-Mitteilungen des Berliner Philatelisten-Clubs. 1888 - 93.

Inhalt.

Einleitung.

Geographisches. Das Königreich Spanien, spanisch España, erstreckt sich, den bei weitem grössten Teil der Pirenäischen Halbinsel einnehmend, zwischen 36° 1′ und 43° 47′ nördlicher Breite und 9° 22′ westlicher und 3° 20′ östlicher Länge von Gr. und grenzt gegen Norden an Frankreich, an die Republik Andorra und an den Meerbusen von Vizcaya, gegen Westen an den Atlantischen Ocean und Portugal, während es im Uebrigen vom Atlantischen und Mittelländischen Meer bespült wird. Es zerfällt nach dem offiziellen Sprachgebrauch in das eigentliche Spanien (la península española), die benachbarten Besitzungen (los adyacentes): Balearen, Pithyusen, die Presidios in Afrika, die canarischen und die Chafarinen-Inseln an der Nordküste Afrikas und in die überseeischen Kolonien (el ultramar). Von den Letzteren abgesehen beträgt sein Flächeninhalt 504,552 qkm mit 17,565,632 Einwohnern. Es ist gegenwärtig in 49 Provinzen eingeteilt, seine Hauptstadt ist Madrid.

Geschichtliches. Die ältere Geschichte Spaniens hat für die Zwecke unseres Buches kein Interesse und es genügt zum Verständnis der auf den spanischen Postwertzeichen vorkommenden Wappen daran zu erinnern, dass sich in den Kämpfen

1

mit den Mauren eine Reihe kleiner, aber thatkräftiger Königreiche
(Castilien. Leon, Aragon u. A.) gebildet hatte, welche sich allmählich im Laufe der Jahrhunderte teils durch Heirat, teils durch
Erbschaft, teils durch Eroberung um Castilien, als das mächtigste
dieser Länder, krystallisirten. Das heute regierende Haus Bourbon kam im Jahre 1700 auf den Thron. Unter der Königin
Isabella II. (1833—1868) wurde in Spanien die Frankirung vermittelst Briefmarken eingeführt. Das Verdienst dieses Fortschritts
gebührt dem General-Post-Direktor Don Fermin Caballero, der
schon im Jahre 1843 die erste Anregung hierzu gab, und dem
Grafen San Luis, der im Jahre 1849 die Ideen desselben zur
Ausführung brachte. Eine im September 1868 ausbrechende Revolution verjagte
die Königin Isabella. Eine provisorische Regierung verwaltete das
Land bis zum 4. Dezember 1870, an welchem Tage der zweite Sohn
des Königs Victor Emanuel unter dem Namen Amadeo I. den Thron
bestieg. Aber schon am 11. Februar 1873 legte derselbe, müde
der unüberwindlichen Schwierigkeiten, die ihm von allen Seiten
entgegentraten, die Krone nieder; geräuschlos trat die Republik an
seine Stelle. Auch sie war nicht im Stande, diese Schwierigkeiten
zu beseitigen; drei Aufstände, vor allem der Karlistenkrieg und
der Aufstand auf Cuba lähmten die Kraft der Regierung und
liessen das unglückliche Land nicht zur Ruhe gelangen. Die Verwirrung und Auflösung im Innern erleichterten den Uebergang zur
Monarchie: Als General Martinez Campos am 29. Dezember 1874
zu Murviedro den Sohn der vertriebenen Königin Isabella als
Alfonso XII. zum König von Spanien ausrief, fand dieses Pro-
nunciamiento die allgemeine Billigung des Landes. Leider sollte
die segensreiche Regierung dieses intelligenten Monarchen nicht
lange dauern, er starb schon am 25. November 1885, sein Land
unter der Regentschaft der Königin Marie Christine zurücklassend.
Am 17. Mai 1886 genas dieselbe eines Sohnes, Alfonsos XIII.,
auf dessen jugendlichem Haupte heute die Krone Spaniens lastet.

Heraldisches. Auf den spanischen Postwertzeichen findet
sich nur das sog. „kleine Wappen" vor. Es ist dies ein in vier
Felder abgeteilter Schild, mit einem Mittelschild, welcher durch
das Wappen des Hauses Bourbon-Anjou, drei goldene Lilien im

blanen Feld, gebildet wird. Von den vier Feldern zeigen je zwei kreuzweise gegenüberliegende das nämliche Wappen und zwar das erste und vierte Feld dasjenige von Castilien, Schloss mit drei Thürmen, golden in rotem Feld, das zweite und dritte dasjenige von Leon, gekrönter roter Löwe in silbernem Feld. Zwischen den beiden untersten Feldern befindet sich das Wappen von Granada, ein aufgesprungener Granatapfel in rotem Feld. Das ganze Wappenschild ist von der Kette des goldenen Vliesses umgeben und von der Königlichen Krone bedeckt.

Nach der Thronbesteigung Amadeos I. ändert sich in diesem Wappen das Mittelschild, indem an Stelle der Lilien von Bourbon das einfache Kreuz von Savoyen tritt.

Unter der Republik verschwinden natürlich alle diejenigen Insignien, welche an das Königtum und das Haus Bourbon bezw. Savoyen erinnern: die Königskrone, an deren Stelle die sog. Mauerkrone tritt, das Mittelschild und die Kette des goldenen Vliesses. Ausserdem tritt bei den unter der Herrschaft der Republik ausgegebenen Postwertzeichen mit Wappen in die beiden unteren Felder anstatt der Wiederholung der Wappen von Leon und Castilien dasjenige von Aragon, vier rote Pfähle in goldenem Felde, und von Navarra mit dem nationalen Morellaspiel. Manchmal sehen wir auch die sonst gewöhnlich nur bei dem grossen Wappen befindlichen Säulen des Herkules, mit dem seit der Entdeckung Amerikas von den Königen Castiliens angenommenen Wahlspruch: Plus ultra.

Von sonstigen Wappen finden wir auf spanischen Briefmarken nur noch dasjenige der Stadt Madrid und zwar auf einem Essai vom Jahre 1869 in grosser, bei den bekannten Stadtpostmarken in kleiner Ausführung. Erstere zeigt drei Felder mit einem goldenen Drachen in blauem Feld oben links, einen Bären, Früchte von einem Erdbeerbaum herabholend oben rechts und unten zwischen beiden auf goldenem Feld einen Eichenkranz mit karmoisinrotem Band. Das kleine Wappen hat nur den Bären, umgeben von einem blauen Rahmen mit sieben goldenen Sternen, das gleichnamige Sternbild andeutend.

1*

Verkehrswesen. Spanien besitzt gegenwärtig ca. 10,000 km
Eisenbahnen, 25,300 km Telegraphenlinien und etwa 2700 Post-
bureaux. Die Zahl der im inneren Verkehr versandten Postsendungen betrug im Jahre 1889:

a. Briefe . . 99,751,000 Stück,
b. Postkarten . . . . 918,000 „
c. Drucksachen u. Waarenproben 34,727,000 „
d. Wertbriefe . . . . . . 89,000 „

Im internationalen Verkehr wurden versandt:

a. Briefe . . . . 12,479,000 Stück,
b. Postkarten . . . . . . 220,000 „
c. Drucksachen u. Waarenproben 15,974,000 „
d. Wertbriefe . . . . . . 25,000 „

Hierzu kommen noch im Transit-Verkehr:

a. Briefe . . . 121,000 Stück,
b. Postkarten . . . 2,000 „
c. Drucksachen pp. . . . 51,000 „

An Depeschen wurden im Jahre 1890 aufgegeben:

a. im inneren Dienst 3,191,478,
b. im internationalen Verkehr . . 1,098,388,
c. Dienst-Depeschen . . . . . 147,402.

Obwohl Post und Telegraphie in Spanien noch lange nicht
auf der Höhe der Entwickelung stehen, welche dieselben in den
übrigen Kulturstaaten Europas erreicht haben, so ist es dennoch
unbestreitbar, dass die Postverwaltung die am besten organisirte
und am geschicktesten verwaltete Behörde der spanischen Regierung
ist, dass sie sich von Jahr zu Jahr mehr vervollkommnet und jedem
Fortschritt zugänglich zeigt.

An der Spitze des Postwesens steht die General-Direction,
der auch das Telegraphenwesen unterstellt ist. Oberste Aufsichts-
behörde ist das Ministerio de la Gobernacion, welches unserem
Ministerium des Innern entspricht.

Die Post-Anstalten des Königreichs gliedern sich in das
Haupt-Postamt zu Madrid, in Post-Aemter I., II. und III. Classe,
in Estafetas, Carterías und Administraciones ambulantes.

Das Haupt-Post-Amt zu Madrid (Administracion central) vermittelt den Verkehr der Hauptstadt mit den Provinzen. Post-Aemter I. Classe giebt es nur fünf, sie befinden sich in den Hauptcentren des Handels: Barcelona, Cadiz, Santander, Sevilla und Valencia. Post-Aemter II. Classe giebt es neun und zwar in: Badajoz, Cordoba, Coruña, Granada, Malaga, Oviedo, San Sebastian, Valladolid und Zaragoza. Alle übrigen Provinzialhauptstädte besitzen Post-Aemter III. Classe, im Ganzen giebt es deren neununddreissig.

Jedem dieser Post-Aemter ist eine grössere oder geringere Zahl Post-Anstalten zweiter Ordnung, etwa unseren Post-Expeditionen entsprechend und Estafetas genannt, unterstellt, von denen wiederum eine wechselnde Zahl von sog. Carterías (Post-Agenturen) abhängen. Für den Verkehr mit dem Auslande dienen 22 Estafetas de cambio (Grenz-Post-Aemter), welche an den Grenzstationen oder in den Hafenplätzen installirt sind und welche direkt unter einem der Haupt-Post-Aemter stehen. Die Administraciones ambulantes entsprechen unseren Bahnposten.

Der Dienst wird versehen durch etwa 7500 Postbeamte, die Beförderung der Postsendungen geschieht durch Eisenbahnen und Wagen, Boten zu Pferd und zu Fuss, sowie durch 14 Postschiffe.

Geldwährung. Spanien hat vom Jahre 1850 bis heute nicht weniger als dreimal seine Münzeinteilung gewechselt, sodass es einigermassen schwierig ist, sich rasch in den betreffenden Angaben zurecht zu finden.

a. bis Dezember 1865:

1 Peso duro = 20 Reales = 4 Mark.
1 Real = 8½ cuartos = 100 céntimos = 20 Pfennig.
1 Cuarto = 4 maravedis.

b. vom Januar 1866 bis Juni 1867:

1 Escudo = 100 céntimos = 10 Reales = 2 Mark.
1 Real = 8½ cuartos = 34 maravedis = 20 Pfennig.

c. vom Juli 1867 bis September 1872:

1 Escudo = 1000 Milésimas = 10 Reales = 2 Mark.

d. vom Oktober 1872 an:

1 Peseta = 100 céntimos = 4 Reales = 80 Pfennig.

Gewicht. Bis 1867:

    1 libra zu 16 onzas = 460,5 Gramm,

    1 onza zu 16 adarmes = 28,756 Gramm.

    1 adarme = 1,797 Gramm.

Seit 1867 ist das auch in Deutschland eingeführte metrische System (Gramm. Kilogramm etc.) in Anwendung.

I.

Briefmarken.

A. Marken aus der Zeit der Regierung der Königin Isabella II.

I. Ausgabe:

vom 1. Januar bis 31. Dezember 1850.

Die Ausgabe besteht aus fünf Werten von verschiedener Zeichnung. Allen gemeinsam ist Folgendes: Kopf der Königin Isabella II. mit Krone innerhalb eines viereckigen Rahmens: Grund schraffirt: im Rahmen oben: Wertangabe, unten: Jahreszahl, links: CORREOS, rechts: FRANCO oder CERTIFICADO. Grösse der fünf Typen verschieden.

In Kupfer gestochen und dann lithographisch gedruckt auf verschieden starkem, weissem oder gelblichweissem Papier; ungezähnt.

I. Type: Kopf der Königin nach links; im Rahmen oben: 6 CUARTOS, rechts: FRANCO; Buchstaben und Ziffern weiss auf farbigem Grund; Grösse: 18 : 22½ und 17½ : 22¼ mm.

1. **6 CUARTOS schwarz oder grauschwarz auf verschiedenem Papier. (Taf. I, 1.)**

1 a)	6 CUARTOS	schwarz	auf dickem, weissem Papier,
1 b)	6	„	grauschwarz auf dickem, weissem Papier,
1 c)	6	„	grauschwarz auf dickem, gelblichweissem Papier,
1 d)	6	„	schwarz auf dünnem, weissem Papier,
1 e)	6	„	grauschwarz auf dünnem, weissem Papier,
1 f)	6	„	grauschwarz auf dünnem, gelblichem Papier.

II. **Type:** Kopf der Königin nach rechts; Rahmen weiss mit farbiger Inschrift und Verzierungen; Grösse: $17^1/_2$ und $17^1/_4$: 21 mm. (Taf. I, 2.)

2. **12 CUART** lila in vier Schattirungen auf verschiedenem **Papier.**

   2a) 12 CUART§ lila auf dickem, weissem Papier,
   2b) 12 „ helllila auf dickem, weissem Papier,
   2c) 12 „ graulila auf dünnem, weissem Papier,
   2d) 12 „ lebhaft graulila auf dünnem, weissem Papier.

III. **Type:** Kopf der Königin nach rechts; Inschrift und Verzierungen im Rahmen weiss auf farbigem Grund; CERTIFICADO (= versichert, eingeschrieben) anstatt FRANCO: Grösse: $17^3/_4$: $21^3/_4$ und 18 : 22 mm. (Taf. I, 3.)

3. **5 REALES bräunlichrot in zwei Abstufungen auf verschiedenem Papier.**

   3a) 5 REALES bräunlichrot auf dickem, weissem Papier,
   3b) 5 „ fleischfarben auf dickem, weissem Papier,
   3c) 5 „ bräunlichrot auf dünnem, weissem Papier.

IV. **Type:** Aehnlich der vorigen, unterscheidet sich nur durch abweichende Verzierungen im Rahmen, sowie durch die Grösse, welche nur $17^1/_2$: $21^1/_4$ oder $17^1/_4$: 21 mm beträgt. (Taf. I, 4.)

4. **6 REALES blau in zwei Abstufungen auf verschiedenem Papier.**

   4a) 6 REALES blau auf dickem Papier,
   4b) 6 „ helles, lebhaftes blau,
   4c) 6 „ helles blau auf etwas dünnerem Papier.

V. **Type:** Aehnlich der dritten und vierten Type: Zeichnung des Kopfes etwas kleiner; Inschriften und Verzierungen im Rahmen farbig auf weissem Grund; REALES abgekürzt in REAL§: Grösse: $17^3/_4$ und 18 : 22 mm. (Taf. I, 5.)

5. **10 REAL§ grün in drei Abstufungen auf verschiedenem Papier.**

   5a) 10 REAL§ grün auf dickem, weissem Papier,
   5b) 10 „ blassgrün auf dickem, weissem Papier,
   5c) 10 „ grün auf dünnem, weissem Papier,
   5d) 10 „ hellgrün auf dünnem, weissem Papier

Bemerkungen (vergl. auch Seite 20—22).

1. Die durch Verfügung vom 24. Oktober 1849 festgesetzten Portosätze waren folgende:

für einfache Briefe (bis zu 6 adarmes) . . . 6 cuartos
  „ doppelte Briefe von 6 bis 8 adarmes incl. . . 8 „
  „ „ „ „ 8 adarmes bis 1 onza . . 12 „
  „ „ „ „ 1 onza bis 1½ onzas . . 18 „
  „ „ „ „ 1½ onzas bis 2 onzas . 24 „
  u. s. f. pro jede ½ onza 6 cuartos mehr.
für eingeschriebene Briefe . . . . 5 Reales
  „ doppelte eingeschr. Briefe bis zu 1 onza . . 10 „
  „ „ „ „ von 1 bis zu 1½ onzas 15 „
  „ „ „ „ von 1½ bis zu 2 onzas 20 „
  u. s. f. pro jede weitere onza 5 Reales mehr.
Eingeschriebene Briefe nach den Kolonien kosteten
    das Doppelte, solche ins Ausland . . . . . 6 Reales
Porto für Drucksachen pp. wurde nach Gewicht berechnet.

Das vom Empfänger zu zahlende Porto für unfrankirte Briefe war wesentlich theurer, für eingeschriebene Briefe herrschte Frankirungszwang.

2. Die I. Ausgabe wurde derart hergestellt, dass zuerst das Bild der Marken in Kupfer gestochen wurde; von diesem Stempel wurden so viele Abzüge auf lithographischem Papier genommen, als Marken auf einen Bogen kommen sollten. Diese Abzüge wurden dann zusammengesetzt und auf den Stein übertragen und schliesslich die Abzüge auf dem Stein, da wo dies erforderlich war, nachgravirt. Auf diese Weise entstanden bei einzelnen Werten die kleinen Abweichungen, die dem Spezialsammler bekannt sind, dieselben sind im übrigen zu minimal, um hier eingehender beschrieben zu werden

Die Grössenunterschiede, welchen von einigen Sammlern vielfach eine allzugrosse Wichtigkeit beigelegt wird, kommen auf Rechnung des verwandten Papiers. Da der Druck auf angefeuchtetem Papier ausgeführt wird, dünnes Papier aber sich beim Trocknen stärker zusammenzieht, als dickeres, so ist es erklärlich, dass sich kleine Differenzen in der Grösse der fertigen Marken herausstellen müssen, dies umsomehr, wenn schon bei der lithographischen Uebertragung — wie es hier der Fall gewesen zu sein scheint — verschiedenes Papier zur Verwendung kam.

3. Die Marke zu 10 Real? existirt in einigen sehr seltenen Stücken ohne den unteren Teil des Rahmens, also ohne Jahreszahl. Die Entstehung dieser Abart ist wahrscheinlich auf Unvorsichtigkeit beim Druck zurückznführen.

4. Um den Grad der Seltenheit dieser Marken beurtheilen zu können, mögen hier die von Duro auf Grund aktenmässigen Materials angegebenen Verkaufszahlen nachfolgen.

Es wurden verkauft:

Marken à 6 Cuartos . . . . . 6,226,727 Stück
  „ à 12 „ . . . . . 51,926 „
  „ à 5 Reales . . . . . . 47,863 „
  „ à 6 „ . . . . . . 13,016 „
  „ à 10 „ . . . . . . 8,443 „

5. Fälschungen der I. Ausgabe wurden während der zwölfmonatlichen Verkehrsdauer nicht bekannt. sie sind das Produkt späterer Zeiten.

6. Von Essais kennt man nur die Marke zu 12 cuartos in violett auf hellviolettem und die Marke zu 6 Reales in schwarz auf weissem Papier.

7. Die Abstempelungen der Marken der I. Ausgabe sind sehr mannigfaltig, namentlich in der ersten Hälfte des Jahres 1850. Man verwandte zur Entwertung

der Marken neben den neu eingeführten Entwertungsstempeln auch die alten
seit langer Zeit in Gebrauch befindlichen Orts- oder Orts- und Datumstempel.
Die meisten Postanstalten besassen den am 15. Dezember 1841 eingeführten Stempel No. 6 auf Taf. I. Er enthält oben den Namen der Post-
anstalt, unten denjenigen der Provinz, zwischen beiden eine Nummer, welche
einen der 31 Postbezirke angiebt, in welche Spanien und seine Kolonien damals
eingetheilt waren (Madrid hatte die No. 1, Manila 31), in der Mitte das Datum.
Die Farbe ist meist rot.

Neben diesem Stempel existiren jedoch bei zahlreichen Postanstalten noch
ältere Modelle, welche vielfach nur den Ortsnamen tragen. Einer der ältesten
und interessantesten ist der Stempel der Administracion central in Madrid
(Taf. I, 7), welcher über dem Datum nur ein gekröntes M trägt. Der Stempel
stammt aus dem Jahre 1820 und scheint nach 1850 nicht mehr verwandt
worden zu sein. Seine Farbe ist ebenfalls meist rot. Ortsstempel in anderer
Form siehe Tafel I, 8 für Cazeres, Tafel III, 9 für Poza (Provinz Burgos).

Als Markenentwertungsstempel (matasello) wurde 1850 das bekannte
Modell No. 11 Tafel I eingeführt. Es sollte derart auf die Marke aufgesetzt
werden, dass das Mittelstück sich um den Kopf der Königin legte, die vier
Pfeile nach den Ecken der Marke zeigten, eine Vorschrift, welche naturgemäss
praktisch nicht ausführbar war. Die Wahl der zur Entwertung der Marken
verwendeten Farbe war den Postanstalten überlassen, wir finden daher den
Stempel in den verschiedensten Farben, am häufigsten in schwarz, rot, braunrot, blau und blaugrün.

Zahlreiche kleinere Postanstalten besassen keinen Entwertungsstempel und
benutzten entweder ihren Ortsstempel zur Entwertung oder vollzogen dieselbe
durch Tintenstriche.

Der Ursprung der Abstempelungen No. 12 und 13 auf Tafel I ist mir unbekannt, erstere kommt auch mit schwarz ausgefüttertem Mittelstück vor,
siehe Tafel V, 10.

Der Aufdruck A in verschiedenen Typen auf Tafel I, 14 ist das Zeichen
der Administraciones ambulantes (siehe Einleitung: Verkehrswesen), welches
vielfach auch in Tinte aufgeschrieben wurde.

II. Ausgabe:

vom 1. Januar bis 31. Dezember 1851.

Kopf der Königin mit Perlendiadem nach rechts innerhalb
eines ovalen Rahmens auf glattem Grund: Verzierungen in den
Ecken; im Rahmen oben: FRANCO oder CERTIF⁰ (Certificado)
mit darauffolgender Wertangabe; unten: CORREOS und Jahreszahl.

Farbiger Buchdruck auf weissem, verschieden starkem Papier:
ungezähnt. (Taf. II, 16.)

6. **SEIS (6) CUARTOS** schwarz oder grauschwarz auf
verschieden starkem Papier.

6 a) SEIS CUARTOS schwarz auf dünnem Papier,
6 b) SEIS „ grauschwarz auf dünnem Papier,
6 c) SEIS „ schwarz auf dickem Papier.

7. **DOCE (12) CUARTOS** lila in drei Schattirungen.

7 a) DOCE CUARTOS lila,
7 b) DOCE „ blasslila,
7 c) DOCE „ graulila.

Die nachfolgenden Werte haben CERTIF? anstatt FRANCO:

8. **DOS (2) REALES** orangerot in zwei Schattirungen.

8 a) DOS REALES orangerot,
8 b) DOS „ blassorangerot.

9. **CINCO (5) REALES** rosa und karmin in vier Abstufungen.

9 a) CINCO REALES blassrosa,
9 b) CINCO „ karminrosa,
9 c) CINCO „ lebhaft karmin,
9 d) CINCO „ dunkelkarmin.

10. **SEIS (6) REALES** blau in vier Abstufungen.

10 a) SEIS REALES blau
10 b) SEIS „ blassblau (milchblau),
10 c) SEIS „ indigoblau,
10 d) SEIS „ dunkelschieferblau.

11. **DIEZ (10) REALES** grün in vier Schattirungen.

11 a) DIEZ REALES grün,
11 b) DIEZ „ blassgrün,
11 c) DIEZ „ dunkelgrün,
11 d) DIEZ „ gelbgrün.

Bemerkungen (vergl. auch Seite 20—22).

1 Von der Marke zu 2 Reales hat ein angeblicher Fehldruck in blau s. Zt. viel
von sich reden gemacht und zahlreiche Veröffentlichungen hervorgerufen.
Derselbe, postalisch entwertet bis jetzt nur in einem Exemplar gefunden
und gegenwärtig in der Ferrary'schen Sammlung sich befindend, wird jedoch
von Moens und anderen Kennern unter die Essais verwiesen.

2. Verkauft wurden von der II. Ausgabe:

Marken à 6 cuartos. . . . . . 8,745,483 Stück,
„ à 12 „ . . . . . 82,003 „
„ à 2 reales . 1,432 „
„ à 5 „ . 42,323 „
„ à 6 „ . 10,860 „
„ à 10 „ . 15,898 „

3. Von Essais sind bekannt:

    6 cuartos in blauer und schwarzer Farbe auf dickem weissem Papier,
    12 cuartos blau auf dickem weissem Papier,
    2 reales blau auf dünnem weissem Papier,
    2 reales orange auf dickem weissem Papier,
    2 reales schwarz auf dickem gelblichem Papier,
    2 reales mit der Jahreszahl 185 , schwarz auf dickem weissem Papier,
    5 reales braunrot auf dünnem weissem Papier,
    5 reales schwarz auf dickem weissem Papier.

Die Platten wurden später durch kreuzförmige Einhiebe unbrauchbar gemacht, Neudrucke sind daher unmöglich. Abdrücke von den so verstümmelten Platten - im Jahre 1870 gemacht — existiren von den Marken zu 12 cuartos und 2 reales in schwarz auf dickem weissem und grünlichem Papier. (Taf. 11. 17.)

III. Ausgabe:

vom 1. Januar bis 31. Dezember 1852.

Kopf der Königin mit Stirnreif nach links innerhalb eines Kreises auf glattem Grund; in den Ecken Verzierungen; oben im viereckigen Rahmen: FRANCO bezw. CERT.[DO] und Wertangabe, unten: CORREOS und Jahreszahl.

Farbiger Buchdruck auf weissem, verschieden starkem Papier; ungezähnt. (Taf. 11, 18 u. 19.)

12. **6 C^s (cuartos) rosa in vier Schattirungen auf verschiedenem Papier.**

    12 a) 6 C^s rosa,
    12 b) 6 C^s blassrosa,
    12 c) 6 C^s karminrosa,
    12 d) 6 C^s bräunlichrosa,
    12 e) 6 C^s rosa auf dünnem Papier,
    12 f) 6 C^s bräunlichrosa auf dünnem Papier,
    12 g) 6 C^s rosa auf dünnem, öligem Papier.

13. **12 C^s lila in fünf Schattirungen.**

    13 a) 12 C^s lila,
    13 b) 12 C^s bräunlichviolett,
    13 c) 12 C^s blassbräunlichviolett,
    13 d) 12 C^s rötlichviolett,
    13 e) 12 C^s graulila.

Mit CERT.^{DO} anstatt FRANCO:

14. **2 R**^s **(Reales) orange in drei Abstufungen.**

  14 a) 2 R^s orange,
  14 b) 2 R^s blassorange,
  14 c) 2 R^s orangerot (zinnober).

15. **5 R**^s **grün in drei Abstufungen.**

  15 a) 5 R^s grün,
  15 b) 5 R^s blassgrün,
  15 c) 5 R^s dunkelgelbgrün.

16. **6 R**^s **blaugrün in drei Schattirungen.**

  16 a) 6 R^s blaugrün,
  16 b) 6 R^s dunkelblaugrün,
  16 c) 6 R^s blassblaugrün.

Bemerkungen (vergl. auch Seite 20—22.)

1. Von der Marke zu 6 Cuartos giebt es Stücke mit deformirter 2 in 1852, von derjenigen zu 5 Reales solche ohne Punkt in der Ziffer 5 der Wertangabe.

2. Fälschungen dieser Ausgabe wurden zur Zeit ihres Gebrauches nicht bemerkt, jedoch wird in einer Reihe postalischer Berichte jenes Jahres darüber geklagt, dass infolge schlechter Stempelschwärze Marken vielfach nochmals gebraucht würden.

    Von der Marke zu 12 Cuartos wird in den meisten Catalogen ein Fehldruck in grünblau aufgeführt: Moons erklärt denselben als chemische Fälschung.

3. Verkauft wurden von dieser Ausgabe:

Marken à 6 Cuartos	. . . .	11,252,886 Stück,
„ à 12 „	. . . . .	145,014 „
„ à 2 Reales	. . . .	3 394 „
„ à 5 „	. . . . .	79,484 „
„ à 6 „	. . . . .	21 665 „

4. Von Essais sind nur die Marken zu 6 Cuartos und 5 Reales in schwarz bekannt. Die Platten wurden später durch kreuzförmige Einhiebe unbrauchbar gemacht, sodass Neudrucke nicht möglich sind. Im Jahre 1870 machte man von den so verstümmelten Platten einige Abzüge in schwarz auf weissem und grünlichem Papier. (Taf. II, 20.)

5 Der Entwertungsstempel No. 11 auf Tafel I hatte sich nicht bewährt, einesteils brachen bei längerem Gebrauch häufig die Spitzen ab, andernteils bedeckte er die Marken nicht hinreichend, um einen nochmaligen Gebrauch derselben unmöglich zu machen, man führte deshalb im Januar 1852 ein neues Modell, den Gitterstempel No. 21 Tafel II ein. Einige, wahrscheinlich neu geschaffene Post-Anstalten erhielten ihn schon etwas früher, wenigstens sieht man ihn, wenn auch sehr selten, auf Marken der II Ausgabe; andererseits beweist No. 23 auf Tafel II, dass auch der abgeschaffte Stempel noch in einzelnen Fällen im Jahre 1852 vorkommt. Der Gitterstempel wurde von einigen Post-Anstalten bis in die neueste Zeit gebraucht (No. 22, Tafel II).

Mit dem Jahre 1852 beginnt die lange Reihe von Erlassen der General-Post-Direktion über die Entwertung der Marken, dadurch hervorgerufen, dass sich die von vielen Post-Anstalten benutzten Stempelfarben gegen Wasser oder chemische Mittel nicht als widerstandsfähig genug erwiesen, um ein Reinigen der Marken und damit eine nochmalige Benutzung derselben zu verhindern.

Während bisher, wie oben erwähnt, die Wahl der zur Entwertung benutzten Stempelfarbe den Post-Anstalten überlassen war, schreibt ein Erlass der G. P. D. vom 17. April 1852 die ausschliessliche Verwendung der schwarzen Farbe vor und zwar mit starkem Zusatz von Oel. Der Erlass scheint nicht überall die genügende Beachtung Seitens der Beamten gefunden zu haben, wenigstens teilt ein Rundschreiben vom 4. August 1852 den Post-Anstalten mit, dass ihnen auf ihre Kosten eine vorschriftsmässige Stempelschwärze zugehen würde und droht mit der Anwendung „anderer Mittel" im Falle der Nicht-verwendung derselben.

Der Handstempel 1 R⁵ in roter Farbe (Taf. II, 24) bedeutet das von dem Empfänger zu erhebende Porto; an seine Stelle tritt später — das Datum lässt sich nicht genau bestimmen, jedenfalls aber seit 1860 oder 1861 — der Stempel: „Franqueo insuficiente" = ungenügende Frankirung. (Taf. V, 25.)

IV. Ausgabe:

vom 1. Januar bis 31. Dezember 1853.

Kopf der Königin mit Krone nach rechts innerhalb eines Perlenrahmens auf glattem Grund; oben auf viereckigem Schild: CORREOS mit Jahreszahl, unten auf ebensolchem: FRANCO bezw. CERT^{DO} und Wertangabe. Die Ecken zwischen Oval und Schildern sind durch wagerechte Striche ausgefüllt.

Farbiger Buchdruck auf verschiedenem Papier; ungezähnt.
(Taf. II, 26 und 27.)

17. **6 C⁵ (cuartos) rosa in vier Abstufungen auf verschiedenem Papier.**

> 17 a) 6 C⁵ rosa,
> 17 b) 6 C⁵ karmin,
> 17 c) 6 C⁵ karminrosa,
> 17 d) 6 C⁵ karmin auf bläulichem Papier,
> 17 e) 6 C⁵ dunkelkarmin auf bläulichem Papier.

18. **12 C⁵ rotviolett in zwei Abstufungen.**

> 18 a) 12 C⁵ dunkelrotviolett,
> 18 b) 12 C⁵ blassrotviolett.

Mit CERT?º anstatt FRANCO:

19. **2 R? (Reales) orangerot.**

20. **5 R? grün in drei Schattirungen.**

    20 a) 5 R? gelbgrün,
    20 b) 5 R? blassgrün,
    20 c) 5 R? dunkelgrün.

21. **6 R? blau in zwei Abstufungen.**

    21 a) 6 R? blau.
    21 b) 6 R? dunkelblau.

Bemerkungen (vergl. auch Seite 20—22).

1. Verkauft wurden von dieser Ausgabe:

    Marken à 6 cuartos . . . . . 12,768,942 Stück.
      „ à 12 „ . . . . . 133,684 „
      „ à 2 reales . . . . . 3,875 „
      „ à 5 „ . . . . . 67,563 „
      „ à 6 „ . . . . . 13,900 „

2. Im Mai 1853 tauchten zu Granada falsche Marken dieser Ausgabe auf und erregten bei der Postverwaltung die grösste Bestürzung. Das bei Duro abgedruckte postalische Rundschreiben giebt jedoch weder die Werte an, welche gefälscht worden, noch die Kennzeichen der Fälschungen. Dank der sofort ergriffenen Vorsichtsmassregeln blieb die Zahl der in Verkehr gekommenen Falsifikate nur gering.

3. Von Essais sind nur die Marken zu 6 und 12 C?, erstere in schwarzer, letztere in grüner Farbe, bekannt.

    Die Platten wurden durch kreuzförmige Einhiebe unbrauchbar gemacht. Im Jahre 1870 machte man von den so verstümmelten Platten einige Abzüge in schwarzem Druck auf weissem und grünlichem Papier. (Taf. II, 28.)

V. Ausgabe:

vom 10. April bis 14. Oktober 1853.

Marke für Madrid. Wappen der Stadt Madrid: Bär auf einen Baum steigend in einem ovalen Rahmen, der sieben Sterne trägt (siehe Einleitung: Heraldisches): um denselben, innerhalb eines Achtecks mit dunklem Grund Lorbeerzweige, darüber die Königskrone: oben und unten je ein viereckiger Schild mit der Inschrift: CORREO INTERIOR bezw. FRANCO mit darauffolgender Wertangabe; zwischen den genannten Schildern und dem Achtecke wagerechte Striche.

Farbiger Buchdruck auf gelblichweissem Papier: ungezähnt, (Taf. II, 30.)

22. **3 CUARTOS** bronzefarben.

Bemerkungen (vergl. auch Seite 20—22).

1. Durch Königl. Erlass vom 3. November 1852 wurde auf Antrag des Chefs der Postverwaltung befohlen, dass in Anbetracht der grossen Ausdehnung der Stadt Madrid in den entlegeneren Stadtteilen Briefkasten anzubringen und für den Stadtverkehr besondere Marken zu verwenden seien. Die Kosten dieser Einrichtung hatten Stadt und Post gemeinsam zu tragen.

Das Porto für die Stadtbriefe, für welche man Frankirungszwang einführte, wurde wie folgt festgesetzt:

für einfache Briefe . . . . 3 cuartos,
für doppelte Briefe bis zu 8 adarmes . . 6 „
für Briefe bis zu 1 onza . . . . . . 9 „

und von da an für jede weitere ½ onza 3 cuartos mehr; in dieses Porto waren Bestellgebühren eingeschlossen.

Die Ausführung dieses Erlasses verzögerte sich bis zum 10. April 1853.

2. Verkauft wurden von der Marke zu 3 cuartos 35,020 Stück.

3. Im Juni 1870 wurden einige Neudrucke dieser seltenen, in Spanien mit dem Namen „El oso" (der Bär) bezeichneten Marke hergestellt, die sich von den Originalen dadurch leicht unterscheiden lassen, dass sie auf glattweissem, dabei feinerem und glätterem Papier gedruckt sind und keine Gummirung besitzen.

VI. Ausgabe:

vom 15. Oktober 1853 bis 31. Oktober 1854.

Marke für Madrid. Zeichnung der vorigen Ausgabe, nur Aenderung der Wertangabe.

Farbiger Druck auf weissem Papier: ungezähnt. (Taf. II, 29.)

23. 1 CUARTO bronzefarben in zwei Abstufungen.

23 a) 1 cuarto bronzefarben,
23 b) 1 cuarto dunkelbronzefarben.

Bemerkungen (vergl. auch Seite 20—22).

1. Durch Königl. Erlass vom 8. Oktober 1853 wurde das Porto für einfache Briefe im Ortsverkehr der Stadt Madrid auf 1 cuarto herabgesetzt und dementsprechend die Marke zu 3 cuartos durch eine solche zu 1 cuarto ersetzt. Ausser diesem Porto, welches der Absender trug, musste vom Empfänger noch 1 cuarto Bestellgeld bezahlt werden. Bei Erhebung des letzteren machten sich jedoch sehr bald Unzuträglichkeiten fühlbar, welche es wünschenswert erscheinen liessen, beide Gebühren auf einmal vom Absender zu erheben. So entstand eine Marke zu 2 cuartos, welche jedoch nicht mehr zur Ausgabe gelangte, da im Jahre 1854 für diesen Wert ein neuer Typus eingeführt wurde. Im Laufe des Jahres 1853 waren nämlich in einer Reihe grösserer Städte Spaniens ebenfalls Stadtposten eingerichtet worden, für welche selbstverständlich die nämlichen Portosätze galten, wie für Madrid. Um nun für den Lokalverkehr dieser Städte nicht ebenfalls Spezialmarken verausgaben zu müssen, wurde in der Ausgabe des Jahres 1854 ein neuer, bisher nicht vorhandener Wert zu 2 cuartos geschaffen, die Spezialmarke für Madrid, die nunmehr ihre Daseinsberechtigung verloren hattc, aber aufgebraucht.

2. Verkauft wurden von der Marke zu 1 cuarto im Ganzen 250,750 Stück.

3. Auch von der Marke zu 1 cuarto, in Spanien „El madroño" (Erdbeerbaum) genannt, wurde im Jahre 1870 ein Neudruck angefertigt. Kennzeichen desselben sind wiederum: Feineres, glätteres Papier ohne Gummirung.

4. Sowohl von der Marke zu 1 cuarto, als auch von derjenigen zu 2 cuartos giebt es eine Reihe von Essais.

Von ersterer sind bekannt:
1 cuarto in Golddruck auf weissem und grauem Papier,
1 cuarto in Bronzedruck auf weissem Papier,
1 cuarto in Golddruck auf weissem, satinirtem Papier.

Von letzterer giebt es:
2 cuartos in blauer, grüner, rotbrauner und grauschwarzer Farbe auf grauem Papier,
2 cuartos in schwarzer, grauschwarzer und Gold-Farbe auf weissem, satinirtem Papier.

2*

Allgemeine Bemerkungen zu den Ausgaben I—VI.

1. Zu der auffallend grossen Zahl von Farben- und Papierverschiedenheiten ist Folgendes zu bemerken: .

   a) Keiner der abweichenden Farbentöne ist beabsichtigt. sie verdanken ihr Dasein sämtlich dem Zufall, der Nachlässigkeit und Sorglosigkeit bei der Herstellung, auch dem niedrigen Stande der spanischen Technik jener Zeit. Manche abweichende Farbenschattirung mag auch durch im Laufe der Zeit eingetretene Farben-Zersetzung oder durch Behandlung von Porto-Defraudanten, welche durch chemische Mittel den Entwertungsstempel zu entfernen suchten, entstanden sein.

   b) In gleicher Weise sind auch die verschiedenen Papiersorten nur eine Folge von Nachlässigkeit der Staatsdruckerei (Fábrica nacional de sellos) einerseits, andererseits der Postverwaltung, welche damals, wo man noch wenig an das Fälschen von Marken dachte, keinen Anstand nahm, Probebogen von der Druckerei abzunehmen und auszugeben. Sorgfältiger wurde man erst, als die ersten Fälschungen auftauchten.

2. Die Richtigkeit der angeführten Verkaufszahlen ist vielfach angezweifelt worden, speziell wollte man nicht zugeben, dass die Marke zu 2 Rs der II. Ausgabe nur in höchstens 1432 gebrauchten Exemplaren existiren könne. Eine Anfrage des Verfassers bei einem der hervorragendsten, der Postverwaltung nahestehenden spanischen Philatelisten erhielt folgende Antwort: „Die von Duro in seinem Werke: „Roseña historico-descriptiva de los Sellos de Correos" angegebenen Zahlen über verkaufte Marken basiren auf den Akten der Postverwaltung und sind absolut richtig. Als im Anfange der 60er Jahre das Sammeln von Briefmarken allgemein wurde und auswärtige Händler die alten spanischen Marken aufkauften, als ferner D. Francisco Lopez in einem berühmt gewordenen Artikel in der Revista de Correos: „Los sellos para el franqueo de la correspondencia" den Wert dieser Marken nachwies, da wurde bei den verschiedenen Postbehörden, sowie in den Bureaux der National-Druckerei auf das eifrigste nach den etwaigen Resten der alten Bestände gesucht. Wie viel Marken der Ausgaben I—V noch gefunden wurden, lässt sich zahlenmässig nicht mehr nachweisen. Was speziell die von Ihnen besonders hervorgehobene Marke des Jahres 1851 zu 2 Rs anbelangt, so dürfte sich dieselbe in spanischen Sammlungen kaum in einem Dutzend Exemplare vorfinden. Erwägen wir, dass sich die meisten und grössten Sammlungen in England, Amerika, Deutschland und Frankreich befinden, dass ferner die grossen Sammler meist in den grossen Städten wohnen, so werden Sie einsehen, dass es sehr wohl möglich wäre, in Berlin allein 1—2 Dtz. Stücke dieser seltenen Marke vorzufinden, dass es aber falsch sein würde, hieraus nach den Grundsätzen der Regel de tri Schlüsse auf das allgemeine Vorhandensein machen zu wollen. Keine der spanischen Marken ist ausserdem so häufig und so vorzüglich gefälscht worden, als die 2 Rs-Marke von 1851 und Mancher, der sich im Besitze eines Schatzes glaubt, hat nur ein wertloses Stückchen Papier in seiner Sammlung."

3. Unter den Marken der Ausgaben I—IV befinden sich eine grosse Zahl von Seltenheiten ersten Ranges, es gilt dies besonders von denjenigen mit der Inschrift „Certificado". Wie die Inschrift besagt, dienten diese Marken ausschliesslich für eingeschriebene Briefe, welche dem Frankirungszwang unterworfen waren und deren Porto nach dem auf Seite 11 mitgeteilten Tarif berechnet wurde. Aus der Höhe dieses Portos erklärt sich schon zur Genüge die seltene Verwendung dieser Marken und damit auch ihre grosse Seltenheit in heutiger Zeit. Das Verfahren der Post bei der Behandlung eingeschriebener Briefe musste diese Seltenheit noch steigern. Enthielt nämlich der einzuschreibende Brief eine Goldsendung, so war der Absender gezwungen, den

Inhalt des Briefes dem expedirenden Beamten zu zeigen und in Gegenwart desselben, also auf der Post, zu verschliessen. Alsdann erhielt er eine Post-Quittung (Certificacion). Am Bestimmungsort wurde der Brief wiederum auf der Post geöffnet, der Inhalt dem Adressaten überliefert, der Umschlag aber als Beleg zurückbehalten. Enthielt der Einschreibebrief keine Geldsendung, so wurde der Umschlag von dem expedirenden Beamten des Aufgabeorts mit zwei Siegeln verschlossen. Der Empfänger hatte dann den Brief in Gegenwart des Briefträgers zu öffnen, den Empfang auf dem Umschlag zu bescheinigen und Letzteren dem Briefträger zurückzugeben. Derselbe wurde alsdann an das Postbüreau des Aufgabeortes zurückgesandt, wo ihn der Absender gegen Rückgabe der Post-Quittung erhalten konnte. Wurde er innerhalb einer bestimmten Zeit nicht zurück verlangt, so erfolgte die amtliche Vernichtung. — Daher die grosse Seltenheit dieser Marken. Das geschilderte Verfahren blieb bis zum 7. Mai 1889 in Gebrauch.

4. Wie schon bei den einzelnen Ausgaben bemerkt, wurden in den Jahren 1850, 1851 und 1852 Fälschungen spanischer Marken nicht bekannt, dieselben tauchten erst vom Jahre 1853 an auf und zwar nicht zum Zwecke, die Sammler, sondern die Postverwaltung zu täuschen. Die Fälschung der Marken der Ausgaben I—IV beginnt erst viel später, nachdem das Sammeln von Briefmarken eine Mode geworden war, die sich rasch über die ganze Erde verbreitet hatte. Dass dabei die seltenen Werte zu 2, 6 und 10 Reales in erster Linie gefälscht wurden, ist selbstverständlich. Die älteren Fälschungen waren dem damaligen geringen Verkaufswert entsprechend, nur mangelhaft ausgeführt; sie lassen sich an der fehlerhaften Zeichnung des Kopfes, der verschwommenen Farbe und am Entwertungsstempel unschwer erkennen.

Die Zahl der Fälschungen vergrösserte sich und ihre Ausführung wurde den Originalen immer ähnlicher, als das Sammeln von Postwertzeichen allgemeiner und die Nachfrage nach den alten Ausgaben immer brennender wurde. Heute ist die Zahl falscher spanischer Marken so gross, dass es geradezu unmöglich ist, sie eingehend zu beschreiben und ihre Ausführung ist zum Teil so vorzüglich, dass selbst Kenner die Unechtheit nur dann mit Sicherheit feststellen können, wenn sie ein zweifellos echtes Stück daneben halten. Den besten Beweis für die Wahrheit des Gesagten liefert die Verurteilung des Markenhändlers Placido Ramon de Torres im Jahre 1889 in Bremen. Es wurden bei demselben 120,000 meist spanische Marken vorgefunden, darunter nach dem Ausspruch des als Sachverständigen zugezogenen Landrichters Lindenberg 4000 Fälschungen. Die gefälschten Werte waren 6 und 10 Rs von 1850, 2 und 5 Rs von 1851, 2 und 6 Rs von 1853, 2 und 6 Rs von 1854 und 1 und 3 Cuartos der Stadtpost Madrid. Die Fälschungen waren nach dem Bericht des genannten Sachverständigen sämtlich sehr gut und der Eindruck der Echtheit wurde noch erhöht durch eine vorzüglich nachgeahmte Abstempelung und durch Aufkleben auf altes Büttenpapier vor der Entwertung. Torres wurde zwar nach achtmonatlicher Untersuchungshaft wegen Betruges zu mehrmonatlicher Freiheitsstrafe verurteilt, sein Vorrat an falschen Marken im Gesamtwert von 58,000 Mark konnte ihm jedoch nach den bestehenden Gesetzen nicht abgenommen werden.

So gut die Torres'schen Fälschungen aber auch ausgeführt waren und sind — denn dass sie aus der Welt verschwunden, wird wohl niemand glauben —, so sind sie doch geradezu harmlos im Vergleich mit den Kunstprodukten eines früheren Leipziger Lichtdruckers und späteren Markenhändlers Namens Schröder. Seine vermittelst Lichtdrucks hergestellten Fälschungen sind von so verblüffend tadelloser Ausführung, dass selbst der grösste Kenner nur nach längerer Untersuchung die Fälschung wird erkennen können. Der Nichtkenner wird um so eher die Echtheit nicht bezweifeln, als bei einigen Werten auch der Entwertungsstempel in vorzüglicher Weise nachgeahmt wurde. Gefälscht wurden von Schröder die 2 Rs-Marken von 1851, 1852 und 1853 und der

Fehldruck der 2 Rs-Marke des Jahres 1851. Die ersteren lagen mir vor und wurden mit den Originalen auf das genaueste verglichen. Einen Unterschied in der Zeichnung konnte ich nicht finden, was ja auch bei Herstellung durch Lichtdruck selbstverständlich ist. Der Ton der Farbe stimmte nicht immer genau mit den in meinem Besitze befindlichen Originalen; da es jedoch von diesen mehrere Farbenschattirungen giebt, so ist hierauf wenig Gewicht zu legen. Auch das Papier, wenn auch nicht ganz so fein und glatt, wie dasjenige der Originale, dürfte nur bei mikroskopischer Untersuchung auf eine Fälschung hinführen. Dagegen ergaben sich bei genauer Messung nachfolgende Differenzen in den Grössen, welche zwar mit blossem Auge nicht erkennbar sind, die aber doch, da die Originale nur in einer Grösse vorkommen, ein Mittel an die Hand geben, sich vor Schaden zu bewahren:

		echt	falsch
1851	2 Rs	$18^1/_2 : 22^1/_2$ mm	$18^1/_4 : 22$ mm
1852	2 „	$18^1/_2 : 22^3/_4$ „	$18 : 22^1/_4$ „
1853	2 „	$19 : 23$ „	$18^1/_2 : 23$ „

Wie viel Stücke dieser wirklich gefährlichen Kunstwerke in den Handel gekommen sind, lässt sich leider nicht feststellen.

Es ist daher jedem Sammler beim Ankauf von Marken dieser Ausgaben die grösste Vorsicht anzuraten.

VII. Ausgabe:

vom 1. Januar bis 31. Oktober 1854.

Wappen Spaniens mit Königskrone, umgeben von der Kette des goldenen Vliesses auf farbigem Untergrund; in den Ecken Zweige; oben und unten ein rechteckiger Schild mit farbiger Inschrift auf weissem Grund und zwar oben: CORREOS 1854. unten FRANCO bezw. CERT^{DO} mit nachfolgender Wertangabe.

Farbiger Buchdruck auf weissem Papier; ungezählt. (Taf. III, 31.)

24. 6 C^s (Cuartos) karmin in drei Abstufungen.

    24 a) 6 C^s karmin,
    24 b) 6 C^s blasskarmin,
    24 c) 6 C^s dunkelkarmin.

Mit CERT^{DO} anstatt FRANCO:

25. 2 R^s (Reales) zinnoberrot in drei Schattirungen.

    25 a) 2 R^s zinnoberrot,
    25 b) 2 R^s blasszinnoberrot,
    25 c) 2 R^s bräunlichrot.

26. **5 R? grün in zwei Schattirungen.**
    26a) 5 R? grün,
    26b) 5 R? gelbgrün.

27. **6 R? blau in zwei Abstufungen.**
    27a) 6 R? blau,
    26b) 6 R? dunkelblau.

Bemerkungen.

1. Die Marke zu 2 Rs blieb mit der nachfolgenden Ausgabe bis zum 31. März 1855 in Gebrauch.

2. Das Papier dieser Ausgabe besitzt manchmal eine gelbliche Färbung, wohl nur eine Folge des Alters.

3. Von Essais giebt es die Marke zu 5 Rs in schwarzem Druck auf dickem,  weissem Papier. Ausserdem folgende von der Regierung nicht angenommene Zeichnung: Spanisches Wappen mit Königskrone, umgeben von der Kette des goldenen Vliesses; oben zu beiden Seiten Lorbeerzweige, unten auf jeder Seite ein flatterndes Band mit der Inschrift: CORREOS und FRANCO 6 Cs, schwarz auf dickem, weissem Papier.

4. Durch Verfügung vom 16. September 1853 wurde der alte, aus dem Jahre 1841 stammende Orts- und Datumstempel abgeschafft und ein neues Stempel-modell (Tafel III, 33) eingeführt. In allgemeinen Gebrauch kam dasselbe jedoch erst im Jahre 1854. Er ist kleiner, trägt wie der abgeschaffte oben den Ortsnamen, unten die Provinz, in der Mitte das Datum. Nummer des Post-bezirkes fehlt fort. Der Name der Provinz ist vielfach durch eine Ziffer (Taf. II, 34) oder auch durch einen kleinen Stern ersetzt.
Bei den Entwertungsstempeln beginnt eine grosse Mannigfaltigkeit der Modelle einzureissen Dieselbe lässt sich nur dadurch erklären, dass man auf Einheitlichkeit der Form dieser Stempel keinen Wert legte und die Be-schaffung derselben den Postbezirken, wenn nicht sogar den Postanstalten überliess. So befindet sich auf Marken der VII. und nachfolgenden Ausgaben der ovale Gitterstempel vielfach verändert (breitere Striche, wie in No 35 Taf. III) oder auch durch Stempel in viereckiger Form ersetzt. (Taf. III, 36 u. 37.)

VIII. Ausgabe:

vom 1. November 1854 bis 31. März 1855.

Wappen Spaniens mit Königskrone, umgeben von der Kette des Goldenen Vliesses auf weissem Untergrund, in den Ecken kleine ornamentartige Verzierungen: oben und unten auf rechteckigem weissem Schild Inschriften und zwar oben: CORREOS 1854 bezw. bei der Marke zu 2 C^s nur CORREOS zwischen zwei Sternchen, unten FRANCO und Wertangabe.

Farbiger Buchdruck auf verschiedenem Papier: ungezähnt. (Taf. III, 32.)

28. **2 C^s grün in drei Schattirungen auf verschiedenem Papier.**

28 a) 2 C^s grün auf weissem Papier,
28 b) 2 C^s gelbgrün auf weissem Papier,
28 c) 2 C^s dunkelgrün auf weissem Papier,
28 d) 2 C^s grün auf grünlichem Papier.

29. **4 C^s karmin in drei Schattirungen auf verschiedenem Papier.**

29 a) 4 C^s karmin auf weissem Papier,
29 b) 4 C^s dunkelkarmin auf weissem Papier,
29 c) 4 C^s karminrosa auf weissem Papier,
29 d) 4 C^s karmin auf gelblichweissem Papier,
29 e) 4 C^s karminrosa auf bläulichem Papier.

30. **1 R$^\downarrow$ blau in fünf Abstufungen auf verschiedenem Papier.**

30 a) 1 R$^\downarrow$ blauschwarz auf weissem Papier,
30 b) 1 R$^\downarrow$ dunkelblau auf weissem Papier,
30 c) 1 R$^\downarrow$ blau auf weissem Papier,
30 d) 1 R$^\downarrow$ blassblau auf weissem Papier,
30 e) 1 R$^\downarrow$ milchblau auf bläulichem Papier.

Bemerkungen.

1. Nachdem schon durch Erlass vom 21. Juni das Porto für eingeschriebene Briefe derart herabgesetzt worden, dass als Einschreibegebühr dem gewöhnlichen Briefporto ohne Rücksicht auf das Gewicht nur eine Marke zu 2 Rs beizufügen war, erfolgte am 1. September 1854 folgende Aenderung der Portosätze:

für Ortsbriefe . . . . 2 Cs
für einfache Briefe innerhalb Spaniens . . . 4 „
für doppelte Briefe innerhalb Spaniens . . . 8 „

für einfache Briefe nach Cuba und Portorico . 1 Rl
für einfache Briefe nach den Philippinen . . 2 Rs
für eingeschriebene Briefe innerhalb Spaniens . 2 „
für solche nach Cuba und Portorico . . . . 4 „
für solche nach den Philippinen . . . . . 8 „
Hierdurch waren die Marken zu 5 und 6 Rs überflüssig geworden.

Für eingeschriebene Briefe wurde die 2 Rs-Marke der vorhergehenden Ausgabe weiter verwandt.

2. Ein Neudruck dieser Marken ist unmöglich, da die Platte zur Herstellung eines neuen Markentypus für die Philippinen benutzt und zu diesem Zwecke wesentlich verändert wurde.

3. Im Frühjahr 1855 wurde die Marke zu 2 Cs auf dickes bläuliches Papier mit Wasserzeichen (Schlingen, Papier der folgenden Ausgabe) gedruckt, jedoch nicht mehr ausgegeben, da die ganze Ausgabe am 1. April durch neue Marken ersetzt wurde.

4. Von Essais sind die Marken zu 2 und 4 cuartos, sowie diejenigen zu 1 real in schwarzem Druck auf weissem Papier bekannt. Von der 2 cuartos-Marke giebt es ein Essai mit CORREOS INT? im oberen Schild.

IX. Ausgabe:

vom 1. April 1855 bis 31. Januar 1860.

Zeichnung der I. Ausgabe von Spanisch-Westindien: Kopf der Königin mit Lorbeerkranz nach rechts innerhalb eines Perlenkreises: um den Kreis ein rechteckiger Rahmen, in demselben oben: CORREOS, unten Wertangabe: an den Seiten und in den Ecken Verzierungen.

Farbiger Buchdruck auf in Farbe und Stärke verschiedenem Papier, mit und ohne Wasserzeichen: ungezähnt.
(Taf. III, 38.)

A. Auf rauhem, mehr oder weniger intensiv bläulichem Papier: Wasserzeichen: Schlingen: angefertigt bis zum 31. Dezember 1855.

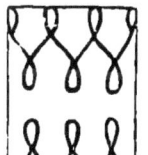

31. 2 CUARTOS grün in zwei Schattirungen.
31 a) 2 CUARTOS grün.
31 b) 2 „ gelbgrün.

32. **4 CUARTOS** rosa, karmin, rotbraun pp. in zahlreichen Abstufungen.

32a) 4 CUARTOS schmutzigrosa,
32b) 4 „ bräunlichrot,
32c) 4 „ dunkelrotbraun.
32d) 4 „ rotviolett,
32e) 4 „ blassrotviolett,
32f) 4 „ karmin,
32g) 4 „ dunkelkarmin,
32h) 4 „ lebhaft karmin.

33. **1 REAL** blau in vier Schattirungen.

33a) 1 REAL blau,
33b) 1 „ blassblau,
33c) 1 „ dunkelblau,
33d) 1 „ grünblau.

34. **2 REALES** violett in zahlreichen Schattirungen.

34a) 2 REALES braunviolett,
34b) 2 „ dunkelbraunviolett,
34c) 2 „ hellviolettbraun,
34d) 2 „ grauviolett,
34e) 2 „ braunviolett auf dickerem Papier.

B. Auf rauhem, grauweissem Papier: Wasserzeichen: gekreuzte Linien; vom 1. Januar bis 11. April 1856 angefertigt.

35. **2 CUARTOS** grün in drei Schattirungen.

35a) 2 CUARTOS grün,
35b) 2 „ dunkelgrün,
35c) 2 „ gelbgrün.

36. **4 CUARTOS** rosa in zahlreichen Schattirungen.

36a) 4 CUARTOS karminrosa,
36b) 4 „ blassrosa,
36c) 4 „ schmutzigrosa,
36d) 4 „ gelblichrosa,
36e) 4 „ gelblichrosa mit gänzlich verschwommenem Druck.

37. **1 REAL** blau in drei Schattirungen.

37a) 1 REAL blau,
37b) 1 „ dunkelblau,
38c) 1 „ grünlichblau.

38. **2 REALES** violett und violettbraun in zahlreichen Schattirungen.

38a) 2 REALES violett,
38b) 2 „ grauviolett,
38c) 2 „ dunkelgrauviolett,
38d) 2 „ braunviolett,
38e) 2 „ braun,
38f) 2 „ blassbraun.

C. Auf glattem, weissem oder wenig bläulichem, verschieden starkem Papier, ohne Wasserzeichen: vom 11. April 1856 bis 31. Januar 1860 in Gebrauch.

39. 2 CUARTOS grün in zahlreichen Schattirungen auf verschiedenem Papier.

39 a) 2 CUARTOS grün,
39 b) 2 „ blassgrün,
39 c) 2 „ gelbgrün,
39 d) 2 „ hellgelbgrün,
39 e) 2 olivengrün,
39 f) 2 grün auf leicht bläulichem Papier,
39 g) 2 gelbgrün auf weissem, dickem Papier.

40. 4 CUARTOS rosa in zahlreichen Schattirungen auf verschiedenem Papier.

40 a) 4 CUARTOS rosa,
40 b) 4 „ blassrosa,
40 c) 4 „ karminrosa,
40 d) 4 karmin,
40 e) 4 rosa auf leicht bläulichem Papier,
40 f) 4 rosa auf weissem dickem Papier,
40 g) 4 rosa auf dickem gelblichem Papier,
40 h) 4 bräunlichrosa auf dickem Papier,
40 i) 4 „ karmin auf dickem Papier,
40 k) 4 „ bräunlichrot.

41. 1 REAL blau in zahlreichen Abstufungen auf verschiedenem Papier.

41 a) 1 REAL blau,
41 b) 1 „ hellblau,
41 c) 1 „ dunkelblau,
41 d) 1 „ sehr lebhaft blau,
41 e) 1 „ mattes, glanzloses blau,
41 f) 1 „ grünlichblau,
41 g) 1 „ lebhaft blau auf dickem Papier.

42. 2 REALES lila in vier Schattirungen auf verschiedenem Papier.

42 a) 2 REALES lila,
42 b) 2 „ rötlichlila,
42 c) 2 „ dunkelrotlila,
42 d) 2 „ bräunlichlila,
42 e) 2 „ bräunlichlila auf dickem Papier.

Bemerkungen:

1. Durch Verfügung vom 15. Februar 1856 wurde für alle Briefe vom 1. Juli ab der Frankirungszwang angeordnet.

2. Die Marken der IX. Ausgabe werden vielfach auf Grund der Verschiedenheit des Papiers und der Farbe in drei Emissionen eingeteilt und getrennt behandelt. Es erscheint dies jedoch nicht zutreffend, da wie die amtlichen Erlasse vom 28. Dezember 1855 und 11. April 1856 beweisen, der Uebergang zu einer anderen Papiersorte allein aus zufälligen technischen Gründen erfolgte und die Verwendung der Marken mit und ohne Wasserzeichen neben einander ausdrücklich gestattet war. Marken auf Papier des Jahres 1855 mit Entwertungsstempel vom Jahre 1860 sind hiernach nichts Auffallendes.

3. Keine Ausgabe ist leichtfertiger hergestellt, als die IX.; es geht dies aus den zahlreichen fehlerhaften Drucken, besonders aber aus den zahllosen Verschiedenheiten in Farbe und Papier deutlich hervor. Die oben angegebenen Farbenunterschiede liessen sich mit Leichtigkeit auf die doppelte Zahl bringen, wenn unsere Sprache die Möglichkeit darböte, sie zu benennen. Der Spezialsammler wird die vier Werte dieser Ausgabe ohne viele Mühe in etwa 120 merklich von einander verschiedenen Farben- und Papier-Nüancen erlangen können.

Von fehlerhaften Drucken wurden bekannt:

zur Ausgabe A:

4 CUARTOS	mit	der	Inschrift	CORRFOS,
4 „	„	„	„	C ARTOS,
1 REAL	„	„	„	CORRFOS,
1 „	„	„	„	CORRLOS,
2 REALES	„	„	„	CORRIOS,
2 „	„	„	„	PEALES.

zur Ausgabe B:

1 REAL	mit	der	Inschrift	CORRLOS,
1 „	„	„	„	CORRFOS.

zur Ausgabe C:

4 CUARTOS	mit	der	Inschrift	CORRFOS.
4 „	„	„	„	CORRFOS,
4 „	„	„	„	CORRLOS,
4 „	„	„	„	CORRECS,
1 REAL	„	„	„	CORRFOS.
1 „	„	„	„	CORRLOS.

In allen Ausgaben:
4 CUARTOS ohne folgenden Punkt.

4. Von der Marke zu 2 REALES Ausgabe A existirt ein Fehldruck in blau, entstanden dadurch, dass ein Cliché derselben aus Versehen in die Platte der 1 Real-Marke eingefügt wurde. Der Fehler wurde schon beim ersten Abzug bemerkt und beseitigt, der Fehldruck ist daher eine der grössten Seltenheiten, die vielfach gefälscht wurde, da sich die violette Farbe auf chemischem Wege mit Leichtigkeit in grünblau verwandeln lässt. Es ist daher dringend zu raten, für diese seltene und interessante Marke nur dann eine grössere Summe anzulegen, wenn man sie mit einem oder mehreren Stücken der Marke 1 Real grünblau zusammenhängend erhalten kann. Nur dann ist man vor jenem höchst gefährlichen chemischen Kunststück sicher.

5. Fast alle Marken Spaniens, besonders aber die ungezähnten und unter diesen wieder am häufigsten diejenigen der IX. Ausgabe findet man zuweilen in zusammenhängenden Bogenstücken (Blocks). Es ist hierüber vielfach die Meinung

verbreitet, als entstammten solche Bogenstücke, die manchmal 50—60 einzelne Marken enthalten, alten Vorräten, die vor dem Verkauf an die Händler postalisch entwertet worden seien. Dies ist jedoch irrig, denn die an die Händler verkauften Restbestände wurden durch Ueberdruck dreier paralleler Striche entwertet. Wohl aber verbrauchten die Königl. Behörden, besonders die Justizbehörden, Marken oft in grossen Mengen, da ihre Akten nicht portofrei befördert wurden, die später eingeführten Dienstmarken aber nur unter ganz besonderen, gesetzlich vorgeschriebenen Verhältnissen (siehe: II. Dienstmarken pp.) verwendet werden durften.

6. Marken der Ausgabe A auf grauweissem Papier, die vielfach erwähnt werden, giebt es nicht. Sie sind entstanden durch Verblassen der blauen Papierfarbe: hält man sie gegen das Licht, so ist der bläuliche Ton des Papiers meist deutlich zu erkennen.

7. Im Jahre 1858 wurden die ersten Versuche zur Zähnung der Marken gemacht und zwar mit der Marke zu 4 cuartos (sägeartig durchschlagen).

8. Ein im August 1859 zwischen Spanien und Frankreich abgeschlossener Postvertrag setzte das Porto für einfache Briefe auf 12 cuartos fest Dies führte zur Anfertigung einer Marke dieses Wertes in orangegelber Farbe, welche aber nicht mehr zur Ausgabe gelangte, da schon am 1. Februar 1860 eine Aenderung der Markenzeichnung eintrat (Taf. III, 39). Von der genannten 12 cuartos-Marke giebt es eine Abart ohne Punkt hinter Cuartos. Probeabzüge dieser Marke giebt es in grüner und schwarzer Farbe, auch auf satinirtem Papier.

9. Die leichtfertige Ausführung der IX. Ausgabe, sowie der mehrjährige Gebrauch derselben ermunterte zu Fälschungen. Keine Emission ist zahlreicher und besser gefälscht worden; die Post selbst war häufig nicht im Stande, die Nachahmung zu erkennen. Es kann daher keine Rede davon sein, hier alle existirenden Fälschungen zu beschreiben, doch sollen diejenigen erwähnt werden, vor deren Annahme und Verwendung seiner Zeit amtlich gewarnt wurde, da sie sich postalisch entwertet vielfach in Sammlungen vorfinden.

Ein Rundschreiben des Chefs der Postverwaltung vom 4. April 1856 giebt ohne Bezeichnung eines Wertes folgende Erkennungszeichen:

a) Die falschen Marken sind auf glattem Papier gedruckt, während die echten bis jetzt rauhes, mit Wasserzeichen versehenes Papier haben.

b) die Büste der Königin zeigt kleine Abweichungen in der Schattirung, insbesondere der obere Teil des Kopfes;

c) am unteren Teil des Halses befindet sich bei den echten Marken ein Schattenstrich, der bei den falschen fehlt;

d) die Punkte hinter Correos sind bei der Fälschung dicker;

e) die Farben sind weniger fein und verändern sich unter dem Einfluss des Lichts und der Wärme.

Eine Verfügung vom 6. September 1856 macht auf neue in Ecija und Malaga gefundene Fälschungen aufmerksam. Nach Moens sind die Kennzeichen derselben:

a) Correos in kleinen, schlecht ausgeführten Buchstaben;

b) das Gesicht der Königin ist zu klein, Nase und Mund ist abweichend;

c) der Perlenkreis steht auf der rechten Seite kaum ½ mm statt 1 mm von dem rechteckigen Rahmen ab.

Im August 1857 tauchen neue Fälschungen der 4 cuartos-Marke auf. Eine Verfügung vom 13. August 1857 giebt folgende Kennzeichen:

a) gröberes und rauheres Papier,

b) Farben ungleichmässig,

c) kleine Unterschiede im Profil der Büste,

d) hinter den Ziffern der Wertangabe fehlt der Punkt.

10. **Essais zur IX. Ausgabe** giebt es in **grosser Zahl. Abdrücke der ange-**
nommenen Zeichnung giebt es in allen Farben und auf verschiedenem Papier
(ohne Wasserzeichen).

Es sind bekannt:

2 cuartos: grün und schwarz auf blauem Papier,
schwarz, violettbraun, chocoladenbraun und grün auf weissem
Papier,
schwarz und braun auf grünlichem Papier,

4 cuartos: rosa auf grauweissem Papier,
rosa in verschiedenen Abstufungen, weinrot, hell- und dunkel-
rotgelb, gelblichbraun in verschiedenen Tönen, gelb,
gelbgrün, schwarz, blau und blassblau auf weissem Papier,
rosa, gelblichbraun und rotgelb auf blass-rosa Papier,
lebhaft rosa auf blasskarmin Papier,
rosa, braun, gelb und gelblichbraun auf grünlichem Papier,
orange auf blauem Papier,
rosa auf gelbem Papier,
gelbgrün auf gelbrötlichem Papier,
rosa in zwei Abstufungen auf chamois Papier,

1 real: blau auf blauem Papier.
schwarz, blau und rosa auf weissem Papier,

2 reales: schwarz, blau und rosa auf weissem Papier,
braun auf blauem Papier.

Ohne Wertangabe: blau,

- Real: blau.

Ausserdem verschiedene Doppeldrucke und auf beiden Seiten bedruckte Stücke.

Von Essais in abweichender Zeichnung sind folgende bekannt:

Kopf der Königin mit Lorbeerkranz nach links in einem
achteckigen Rahmen; rechts und links eine Säule mit der
Inschrift: Plus ultra; oben und unten an der Säule Löwen
und Thürme (Leon und Castilien); über den Säulen auf rechteckigem Schild: CORREOS 1855, unten auf ebensolchem:
FRANCO 4 Cs. Existirt in lebhaft roter Farbe auf weissem
Kartonpapier.

Kopf der Königin mit Krone nach rechts in einem Kreise,
dessen Untergrund mit wagerechten Strichen ausgefüllt ist;
darüber auf einem Band: CORREOS, darunter: 4 CUARTOS.
Existirt in blauer und rosa Farbe auf weissem Papier. (Muster
der englischen 4 pence-Marke von 1854.)

Kopf der Königin mit Perlenkrone nach rechts in ovalem
Rahmen mit einfarbigem Untergrund; darüber auf flatterndem
Band: CORREOS, darunter auf viereckigem Schild: Wertangabe; zu beiden Seiten Lorbeerzweige. Es existirt in verschiedenen Farben auf verschiedenem Papier und zwar:

2 Cuartš blau auf rosa,
4 Cuartš blau auf grün,
4 Cuartš indigoblau auf chinesischem Papier,
2 Realeš schwarzblau auf weissem Papier.

11. **Durch Verfügung vom 19. April 1857 wurde der Datumstempel No. 33**
Taf. III abgeschafft und durch ein neues Modell ersetzt, welches sich von dem

bisherigen nur durch Grösse, kleinere Inschrift und schiefe Stellung der Monats-
angabe unterscheidet. Der Stempel trägt wiederum oben den Ortsnamen,
unten die Provinz, letztere entweder wie bei No. 40 Taf. III in Buchstaben,
oder wie bei No. 41 Taf. III in Ziffern. Der alte Stempel bleibt, wie No. 33
Taf. V beweist, bei einigen Postanstalten noch längere Zeit in Gebrauch.

Madrid erhält in dieser Zeit — das Einführungsdatum lässt sich nicht
ermitteln — einen neuen Datumsstempel: Taf. IV, 42; die im Jahre 1853
zuerst in Madrid ins Leben gerufene und dann in den nächstfolgenden Jahren
auf alle grösseren Städte ausgedehnten Orts-Postanstalten einen Spezialstempel,
welcher oben die Bezeichnung „Interior" und darunter die Zeit der Einlieferung:
mañana (Vormittag) oder tarde (Nachmittag) angiebt, siehe Taf. IV, 43 u. 44.
Schliesslich findet man vom Jahre 1850 an für die Estaciones ambulantes den
Stempel No. 45 Taf. IV, mit der Bezeichnung Ascendente oder Descendente,
(Hinfahrt oder Rückfahrt).

Auch der bisherige Entwertungsstempel wird ersetzt, an Stelle des
Gitterstempels tritt laut Verfügung vom 7. Oktober 1858 bei den Administraciones
principales und den Post-Aemtern I. Klasse ein kreisförmiger Stempel, welcher
in der Mitte und am Rande fünfmal die Nummer der Postanstalt trägt (siehe
Taf. III 46), während von den Post-Aemtern II. Kl. an abwärts die Entwertung
der Marken mit dem Datumsstempel, bei den Estafetas und Carterias (vergl.
Einleitung: Verkehrswesen), welche keinen Entwertungsstempel besassen, die
Entwertung durch Tintenstriche (Kreuzform vorgeschrieben) erfolgen sollte
(siehe Taf. III und IV, 47).

Ein Rundschreiben der G. P. D. vom 2. Januar 1857 teilt den Post-Aemtern
mit, dass sich die Portodefraudanten eines feinen, kaum sichtbaren Lackes
zum Ueberzug der Marken bedienten, um ein Eindringen der Stempelschwärze
unmöglich zu machen und ein Abwaschen des Entwertungsstempels zu er-
möglichen.

X. Ausgabe:

vom 1. Februar 1860 bis zum 16. Juli bezw. 1. August 1862.

Kopf der Königin mit Krone nach links in einem an den
vier Seiten durch Ornamente unterbrochenen Kreise; die den Kreis
umgebenden Felder sind durch wagerechte Striche ausgefüllt; unten
links ein Hermesstab, rechts ein Anker; über dem Kreis auf
flatterndem Band: CORREOS, unten auf viereckigem Schild
Wertangabe.

Farbiger Buchdruck auf leicht gefärbtem Papier; ungezähnt.
(Taf. III, 48.)

43. 2 CUARTOS grün in vier Abstufungen auf grünlichem Papier.

43a) 2 CUARTOS lebhaft grün,
43b) 2 „ hellgrün,
43c) 2 „ gelbgrün,
43d) 2 „ dunkelgelbgrün.

44. 4 CUARTOS orange in fünf Schattirungen auf grünlichem oder bläulichem Papier.

44a) 4 CUARTOS orangerot auf grünlichem Papier,
44b) 4 „ dunkelorange auf grünlichem Papier,
44c) 4 „ blassorange auf grünlichem Papier,
44d) 4 „ orangegelb auf grünlichem Papier,
44e) 4 „ blassorangegelb auf grünlichem Papier,
44f) 4 „ orange auf bläulichem Papier.

45. 1 REAL blau in drei Abstufungen auf gelblichgrünem Papier.

45a) 1 REAL blau,
45b) 1 „ hellblau,
45c) 1 „ dunkelblau.

46. 12 CUARTOS karmin in drei Abstufungen auf verschiedenem Papier.

46a) 12 CUARTOS lebhaft karminrot auf gelblichem Papier,
46b) 12 „ hellkarmin auf gelblichem Papier,
46c) 12 „ karmin auf glattem chamois Papier.

47. 2 REALES lila in fünf Schattirungen auf blasslila oder bläulichem Papier.

47a) 2 REALES helllila,
47b) 2 „ dunkellila,
47c) 2 „ rötlichlila,
47d) 2 „ malvenfarbig,
47e) 2 „ dunkelviolett auf dickerem bläulichem Papier.

Zu diesen fünf Werten tritt noch am 14. September 1861:

48. 19 CUARTOS braun in zwei Abstufungen auf hellbraunem Papier.

48a) 19 CUARTOS braun,
48b) 19 „ dunkelbraun.

Bemerkungen.

1. Die Marke No. 48 verdankt ihren Ursprung dem am 20. Februar 1861 mit Belgien abgeschlossenen Postvertrag, nach welchem das Porto für einfache Briefe auf 19 cuartos festgesetzt wurde. Sie blieb mit den übrigen Werten in Gebrauch bis zum 31. Juli 1862.

2. Von der Marke zu 4 cuartos existirt ein Fehldruck mit der Inschrift CORRROS.

3. Im Juni 1862 tauchten an verschiedenen Orten Fälschungen der Marken zu 4 cuartos auf, weshalb dieser Wert vom 15. Juli ab nicht mehr verausgabt wurde. Es existiren von falschen 4 cuartos-Marken vier verschiedene Typen, welche man vielfach in Sammlungen findet und welche daher in Nachfolgendem kurz beschrieben werden sollen:

I. Type: Perlen des rechteckigen Rahmens ungleich; das s von Correos und das Wort cuartos sehr schlecht ausgeführt; die Ziffer 4 breiter; die Haare dichter, die Schattenstriche am Halse abweichend.

II. Type: Die Ziffer 4 schmal: correos und cuartos in längeren Buchstaben (besonders auffallend das s von correos); der Kopf kleiner, die Haare zahlreicher, der Halsabschnitt abweichend.

III. Type: Die Ziffer 4 abweichend; das C und das S in cuartos zu offen, correos in zu kleinen Buchstaben (besonders das C und das E); der Kreis auf der linken Seite zu weit vom Rahmen, die Perlen des letzteren nicht genug hervortretend.

IV. Type: Unterscheidet sich von den officiellen Marken nicht durch die Zeichnung, sondern nur durch das Papier, welches viel dicker ist; soll durch Unterschlagung eines Clichés entstanden sein.

Aber auch die Marken zu 1 und 2 Rs wurden nachgeahmt. Die Fälschung der ersteren ist schlechter ausgeführt und daher leicht zu erkennen: Nase der Königin dicker, Augen verschoben, Haare weniger zahlreich, Spitze der Büste zu weit vom Kreis, Perlen des Rahmens unregelmässig, das L von REAL hat keinen horizontalen Strich.

Von den Fälschungen der 2 Reales-Marke giebt es zwei Typen:

I. Type: Sehr gute Ausführung. Unterschied besonders in der Ziffer 2, welche zu kurz und zu dick ist; das S von REALES ist oben unvollendet, die Perlen des Rahmens sind weniger dick; das Gesicht ist vorzüglich bis auf die etwas zu dick geratene Nase.

II. Type: Perlen des Rahmens unregelmässig; Kreis zu nahe am Rahmen, das zweite E von REALES ist unvollständig und steht zu nahe am S.

4. Die Essais zu dieser Ausgabe sind sehr zahlreich. Man kennt:

2 cuartos   karmin, blau, orange und lila auf blasslila Papier,
          lila auf blassgrün,
          grün auf lebhaft rosa,
          grün und karmin auf weiss,

4 cuartos   orange auf weiss und blassgrün,
          dunkelblau, grün und rotbraun auf blassgrün,
          orange auf chamois,
          hellblau und orange auf blasslila,
          blassgrün und dunkelblau auf rötlich-chamois,
          dunkelblau auf weiss und weissem Karton,
          orange auf orange,

1 real   schwarz und ultramarinblau auf weiss,

12 cuartos   karmin auf hellchamois.

Ausserdem die 4 cuartos-Marke orange auf gelblichgrünem Papier mit Zähnung 15,5.

Von Essais in abweichender Zeichnung ist nur das folgende bekannt:

Kopf ähnlich der X. Ausgabe, jedoch en relief auf dunklem Untergrund innerhalb eines kreisförmigen Rahmens, der wiederum von einem Acht-ek eingeschlossen ist; der Raum zwischen Oval und Achteck ist guillochirt. Das Essai existirt ohne Wertangabe in weiss, rosa und zinnoberrot auf weissem Papier.

XI. Ausgabe:

vom 16 Juli bezw 1. August 1862 bis 31. Dezember 1863 bezw. 29. Februar 1864.

Kopf der Königin mit Diadem nach links innerhalb eines ovalen Rahmens: oben im Rahmen auf weissem Grund: España, unten: Wertangabe: rechts und links auf dunklem Grund: Correos; in den Ecken Wappen von Castilien und Leon.

Farbiger Buchdruck auf verschieden gefärbtem Papier; ungezähnt. (Taf. IV, 49.)

49. 2 CUARTOS blau in drei Schattirungen auf gelbem und blassgelbem Papier.

    49 a) 2 CUARTOS blau auf gelbem Papier,
    49 b) 2   „ dunkelblau auf gelbem Papier,
    49 c) 2   „ blau auf blassgelbem Papier,
    49 d) 2   „ dunkelblau auf blassgelbem Papier,
    49 e) 2   „ indigoblau auf blassgelbem Papier.

50. 4 CUARTOS braun in vier Schattirungen auf rötlichem oder weissgelbem Papier.

    50 a) 4 CUARTOS braun auf rötlichem Papier,
    50 b) 4   „ dunkelbraun auf rötlichem Papier,
    50 c) 4   „ rotbraun auf rötlichem Papier,
    50 d) 4   „ kaffeebraun auf weissgelbem Papier.

51. UN REAL braun in zahlreichen Schattirungen auf blassgelbem Papier.

    51 a) 1 REAL braun auf blassgelbem Papier,
    51 b) 1   „ dunkelbraun auf blassgelbem Papier,
    51 c) 1   „ blassbraun auf blassgelbem Papier,

51 d) 1 REAL braunrot auf blassgelbem Papier,
51 e) 1 „ dunkelbraunrot auf blassgelbem Papier,
51 f) 1 „ braun auf safrangelbem Papier,
51 g) 1 „ rotbraun auf safrangelbem Papier.

52. 12 CUARTOS blau in vier Schattirungen auf mattrosa
Papier.

52 a) 12 CUARTOS blau,
52 b) 12 „ dunkelblau,
52 c) 12 „ blassblau,
52 d) 12 „ blauschwarz.

53. DOS REALES grün in sieben Abstufungen auf hellrosa
Papier.

53 a) 2 REALES grün,
53 b) 2 „ dunkelgrün,
53 c) 2 „ graugrün,
53 d) 2 „ gelbgrün,
53 e) 2 „ hellgelbgrün,
53 f) 2 „ blassgrün,
53 g) 2 „ saftgrün (fettes glänzendes grün).

54. 19 CUARTOS karmin in zwei Abstufungen auf bläulichem oder gelbem Papier.

54 a) 19 CUARTOS karmin auf bläulichem Papier,
54 b) 19 „ blasskarmin auf bläulichem Papier,
54 c) 19 „ blasskarmin auf gelblichem Papier.

— —

Bemerkungen.

1. Die Marke zu 4 cuartos wurde infolge entdeckter Fälschungen schon am
31. Dezember 1863 ausser Gebrauch gesetzt, während die übrigen Werte bis
zum 29. Februar 1864 in Verkehr blieben.

2. Von den Werten zu 4 und 19 cuartos giebt es Exemplare auf weissem Papier,
dieselben scheinen aber durch Verblassen der Papierfarbe entstanden zu sein.

3. Die im Jahre 1858 begonnenen Zähnungsversuche wurden auch im Jahre
1862 fortgesetzt und zwar wiederum mit der Marke zu 4 cuartos, die dementsprechend in einigen Stücken gezähnt vorkommt (Zähnung 9½, 12 u. 15)

4. Die falschen 4 cuartos-Marken haben laut Rundschreiben des Chefs der Post-
Verwaltung vom 4. Dezember 1862 folgende Kennzeichen:
a) Die falschen Marken sind ½ mm schmaler, als die echten;
b) das Profil des Kopfes ist etwas dicker in den Gesichtszügen, besonders
ist die Nase etwas mehr gewölbt;
c) bei den echten Marken sind 2 Perlen des Diadems ausserhalb der
Zeichnung des Kopfes, bei den falschen nur eine:
d) bei den echten Marken trägt der Löwe in der rechten oberen Ecke den Kopf
aufrecht und fast nach rückwärts geworfen und die Krone des Löwen
zeigt deutlich 3 Spitzen; bei den falschen ist der Kopf des Löwen nach
rückwärts geneigt und die Krone ohne Spitzen hängt bis über die
Augen herab;

3*

e) die Schattirung des Gesichts besteht bei den echten Marken aus schön geschweiften, bei den falschen aus mehr gestreckten Linien;

f) die Zahl „4" steht bei den falschen näher dem „C."

5. Von Essais sind bekannt:

Die Marke zu 2 cuartos in braun, die 4 cuartos-Marke in schwarz und braun und diejenige zu 1 real in blauer Farbe.

6. Die im Oktober 1858 erst eingeführten Entwertungsstempel werden bei zahlreichen Postanstalten im Frühjahr 1862 (?) wieder abgeschafft, ohne dass eine bezügliche Verfügung aufzufinden wäre, welche die Gründe für diesen Wechsel angiebt. Der neue Stempel besteht in einem Gitterstempel, dessen Striche in der Mitte zur Aufnahme der Nummer der Post-Anstalt unterbrochen sind, siehe Taf. V, 50.

Neben diesem Stempel der Haupt-Postanstalten existiren zahlreiche Modelle völlig abweichender Form, über deren Angehörigkeit und Einführung nichts Sicheres zu erfahren ist. Man geht wohl nicht irre, wenn man annimmt, dass es Entwertungsstempel sind, welche sich die Carterias und Estafetas, denen, wie oben erwähnt, keine Stempel geliefert wurden, privatim anfertigen liessen. Es gehören hierher No. 51 und No. 52 auf Taf. V.

Taf. V, 53 stellt den Dienststempel der Post-Verwaltungen dar (Inschrift oben: Administracion de Correos, unten: Ort); die Verwendung von No. 54 Taf. V ist unbekannt.

XII. Ausgabe:

vom 1. Januar bezw. 1. März bis 31. Dezember 1864.

Kopf der Königin mit Diadem nach links in ovalem, mit Ornamenten ausgefüllten Rahmen, welcher in den vier Ecken Kreise bildet; oben auf einem Band: CORREOS, unten: Wertangabe und Jahreszahl.

Farbiger Buchdruck auf verschieden gefärbtem Papier; ungezähnt. (Taf. IV, 55.)

55. **2 C^{TOS} (cuartos) blau in drei Abstufungen auf helllila, manchmal fast weiss scheinendem Papier.**

55 a) 2 C^{TOS} blau,
55 b) 2 „ dunkelblau,
55 c) 2 „ blassblau.

56. 4 C<u>TOS</u> karmin und zinnoberrot in je zwei Abstufungen auf fleischfarbenem Papier.

56 a) 4 C<u>TOS</u> karmin,
56 b) 4 „ blasskarmin,
56 c) 4 „ zinnoberrot,
56 d) 4 „ blasszinnoberrot,

57. 1 R<u>l</u> (Real) braun in drei Schattirungen auf bläulichem Papier.

57 a) 1 R<u>l</u> braun,
57 b) 1 „ rotbraun (rossbraun),
57 c) 1 „ dunkelrotbraun.

58. 12 C<u>TOS</u> grün in drei Abstufungen auf hellrosa, manchmal fast weissem Papier.

58 a) 12 C<u>TOS</u> lebhaft grün,
58 b) 12 „ gelbgrün,
58 c) 12 „ blassgelbgrün.

59. 2 R<u>s</u> (Reales) blau in zwei Abstufungen auf ebensolchem Papier.

59 a) 2 R<u>s</u> blau,
59 b) 2 „ hellblau.

60. 19 C<u>TOS</u> lila in drei Schattirungen auf blassrosa Papier.

60 a) 19 C<u>TOS</u> lila,
60 b) 19 „ helllila,
60 c) 19 „ bräunlichlila.

Bemerkungen.

1. Die Marke zu 4 C<u>TOS</u> wurde am 1. Januar, die übrigen Werte am 1. März 1864 ausgegeben.

2. Von der Marke zu 4 C<u>TOS</u> existirt ein fehlerhafter Druck mit C<u>IOS</u> statt C<u>TOS</u>.

3. Auch von dieser Marke wurde die 4 C<u>TOS</u>-Marke gefälscht. Ein Rundschreiben des Chefs der Post-Verwaltung vom 19. November 1864 giebt folgende Kennzeichen:

a) Die Schraffirung des Halses der Königin besteht bei den echten aus 18, bei den falschen aus 12 Strichen;
b) die Nase der Königin ist bei den falschen mehr gerade und gestreckt;
c) bei den echten Marken markirt sich die Linie der Oberlippe deutlich, bei den falschen existirt diese Linie nicht oder ist kaum erkennbar.

4. Von Essais sind sämtliche Werte in abweichenden Farben bekannt und zwar:
2 cuartos: weinrot auf weissem Papier (gummirt),
4 cuartos: schwarz, blau, dunkelblau, grün, karmin, gelb und braun auf weissem Papier,
rot auf gelblichem Papier,
rot, violett und braun auf grün,

1 real: braun auf grün,
12 cuartos: braun auf rosa und schwarz auf weissem Papier mit Wasserzeichen,
19 cuartos: schwarz auf weissem Papier.

Von nicht angenommenen Typen kennt man nur folgende: Kopf der Königin
mit Krone nach links innerhalb eines kreisförmigen Lorbeer-
kranzes, Untergrund mit horizontalen Strichen ausgefüllt:
über dem Kreis auf halbkreisförmigem Schild: CORREOS
DE ESPAÑA, unter demselben Wertangabe, in den Ecken
Ornamente. Das Essai kommt ausser in der nebenstehenden
Ausführung auch ohne Ornamente in den Ecken vor, ferner ohne
Ornamente und ohne Inschriften, schliesslich mit Ornamenten,
aber ohne Inschriften. Schwarzer Druck auf chinesischem Papier.

XIII. Ausgabe:

vom 1. Januar bis 31, Dezember 1865.

Kopf der Königin mit Diadem nach links auf liniirtem Grund
innerhalb eines ovalen Rahmens, gebildet aus der Halskette des
goldenen Vliesses; oben in den Ecken das Wappen von Castilien
und Leon, dazwischen: ESPAÑA, in den unteren Ecken Wertangabe, dazwischen: CORREOS.
Farbiger Druck in einer oder in zwei Farben auf weissem
Papier. (Taf. IV, 56.)

A. Ungezähnt, mit Ausnahme von No. 62 bis zum Juni 1865
ausgegeben:

61. 2 C^s rosa in drei Schattirungen.

61 a) 2 C^s rosa,
61 b) 2 C^s karmin,
61 c) 2 C^s karminrosa,
61 d) 2 C^s lilarosa, fast lila.

62. 4 C^s hellblau.

63. 1 R^l grün in vier Abstufungen.

63 a) 1 R^l gelbgrün,
63 b) 1 R^l hellgelbgrün,
63 c) 1 R^l dunkelgelbgrün,
63 d) 1 R^l dunkelgrün.

61. 12 C⁵ blau, Oval rosa in sechs Abstufungen.

64 a) 12 C⁵ blau, Oval rosa,
64 b) 12 C⁵ blau, Oval karminrosa,
64 c) 12 C⁵ hellblau, Oval rosa,
64 d. 12 C⁵ hellblau, Oval karminrosa,
64 e) 12 C⁵ dunkelblau, Oval rosa,
64 f) 12 C⁵ dunkelblau, Oval karminrosa.

65. 2 R⁵ in mehreren, stark von einander verschiedenen Farben.

65 a) 2 R⁵ violett,
65 b) 2 R⁵ blassviolett,
65 c) 2 R⁵ violettrosa,
65 d) 2 R⁵ gelblichrosa,
65 e) 2 R⁵ karmin,
65 f) 2 R⁵ ziegelrot,
65 g) 2 R⁵ gelbbraun (lehmgelb).

66. 19 C⁵ rbaun, Oval rosa in vier Schattirungen.

66 a) 19 C⁵ rotbraun, Oval rosa,
66 b) 19 C⁵ rotbraun, Oval karminrosa,
66 c) 19 C⁵ dunkelbraun, Oval rosa,
66 d) 19 C⁵ dunkelbraun, Oval karminrosa.

B. **Gezähnt (14).** vom 1. Juni bis 31. Dezember 1865:

67. 2 C⁵ rosa in zwei Abstufungen.

67 a) 2 C⁵ rosa,
67 b) 2 C⁵ karminrosa.

68. 4 C⁵ blau in vier Abstufungen.

68 a) 4 C⁵ blau,
68 b) 4 C⁵ hellblau,
68 c) 4 C⁵ dunkelblau,
68 d) 4 C⁵ mattes, glanzloses blau.

69. 1 R½ grün in drei Schattirungen.

69 a) 1 R½ grün,
69 b) 1 R½ gelbgrün,
69 c) 1 R½ dunkelgrün.

70. 12 C⁵ blau, Oval rosa in sechs Schattirungen.

70 a) 12 C⁵ blau, Oval rosa,
70 b) 12 C⁵ blau, Oval karminrosa,
70 c) 12 C⁵ hellblau, Oval rosa,
70 d) 12 C⁵ hellblau, Oval karminrosa,
70 e) 12 C⁵ dunkelblau, Oval rosa,
70 f) 12 C⁵ dunkelblau, Oval karminrosa.

71. **2 R.** in zahlreichen, stark von einander abweichenden
Farbenschattirungen.

71 a) 2 R. violett,
71 b) 2 R. blassviolett,
71 c) 2 R. braunviolett,
71 d) 2 R. violettrosa,
71 o) 2 R. gelblichrosa,
71 f) 2 R. braun,
71 g) 2 R. fleischrot,
71 h) 2 R. ziegelrot,
71 i) 2 R. blassbraungelb.

72. **19 C.** braun. Oval rosa in vier Schattirungen.

72 a) 19 C. rotbraun, Oval rosa,
72 b) 19 C. rotbraun, Oval karminrosa,
72 c) 19 C. braun, Oval rosa,
72 d) 19 C. braun, Oval karminrosa.

Bemerkungen.

1. Schon im Jahre 1862 hatte man — wie oben erwähnt — Versuche angestellt, dem Beispiele fremder Postverwaltungen zu folgen und die Marken zu zähnen. Diese Versuche wurden, da die aus Paris bezogenen Maschinen zu langsam und zu schlecht arbeiteten, wieder eingestellt. Im Jahre 1865 und zwar wahrscheinlich schon zu Mitte Januar wurden sie von Neuem aufgenommen und fielen besser aus. Zu diesen Versuchen hatte man ausschliesslich die 4 cuartos-Marke benutzt, welche daher ungezähnt nur einige Tage existirte. Durch Verfügung des Chefs der Post-Verwaltung vom 11. April wurde die Zähnung aller Werte angeordnet, ihre Ausgabe erfolgte am 1. Juni; die im Besitze des Publikums befindlichen ungezähnten Marken durften aufgebraucht werden.

2. Von der Marke zu 12 C. giebt es sowohl ungezähnte, als auch gezähnte Exemplare mit verkehrt gedrucktem Kopf der Königin, oder richtiger: mit verkehrt gedrucktem Rahmen, denn bei zusammenhängenden Exemplaren steht der Kopf der Königin gerade wie bei den übrigen Marken des Bogens. Hieraus ist auch zu erklären, dass dieser Fehldruck lange Zeit unbemerkt blieb, also verhältnismässig zahlreiche Exemplare in Verkehr kamen.

3. Von diesem Fehldruck existirt eine gute Fälschung. Dieselbe lässt sich erkennen an dem Untergrund des Ovals, dessen Linien weiter auseinanderstehen, sowie an kleinen Abweichungen in der Zeichnung der Nase und des Mundes.
Auch von der Marke zu 2 R. giebt es eine Nachahmung, welche man sogar häufig postalisch entwertet findet; sie ist an der mangelhaften Ausführung leicht erkennbar.

4. Von Essais sind die meisten Werte in abweichenden Farben bekannt und zwar:
 2 cuartos: violett, gelb und grün,
 4 cuartos: hellblau, dunkelblau, schwarzblau, indigoblau und schwarz,
  Mittelstück stets rosa, ausserdem braun, gelborange,
  violett, rosa, gelbgrün, grün, blaugrün, lebhaft blau
  und schwarz mit gleichfarbigem Mittelstück,
 12 cuartos: rosa und karminrosa mit schwarzem Mittelstück,
 19 cuartos: braun, Mittelstück braungelb.

Von 4 cuartos blau, Mittelstück rosa, und 12 cuartos rosa, Mittelstück schwarz existiren auch Exemplare mit verkehrtem Rahmen, desgleichen von fast allen Werten Doppeldrucke.

In dem angenommenen Typus giebt es ferner zwei nicht zur Ausgabe gelangte Werte zu 4 reales und zu 20 m͞s (maravedis); ersterer kommt in schwarz und rosa auf chinesischem Papier und in schwarz und grün auf strohgelbem Papier, letzterer in schwarzem Druck auf dickem, weissem Papier vor.

Von nicht angenommenen Entwürfen wurde nur folgender bekannt:

Kopf der Königin mit Krone nach links in ovalem Rahmen, dunkler Untergrund; im Rahmen oben: CORREOS, unten Wertangabe 4 CUARTOS; zu beiden Seiten Verzierungen: um das Oval viereckige Einfassung mit Ornamenten. Existirt in indigoblauer Farbe auf weissem Papier.

Dasselbe Essai existirt mit kleinen Abweichungen in der Ausführung, nämlich mit veränderter Schrift, liniirtem oder quadrirtem Untergrund und dergl. in blauer oder brauner Farbe auf chamois Papier oder weissem Karton.

XIV. Ausgabe:

vom 1. Januar bis 31. Juli bezw. 31. Dezember 1866.

Kopf der Königin mit Diadem nach links in einem Kreise mit liniirtem Untergrund; in den oberen Ecken zwei gekrönte Wappenschilder mit den Wappen von Castilien und Leon, dazwischen auf einem Band: CORREOS; unten Wertangabe.

Farbiger Buchdruck auf verschiedenem Papier: gezähnt 14. (Taf. IV, 57.)

73. **2 CUARTOS rosa in zwei Abstufungen auf verschiedenem Papier.**

73 a) 2 CUARTOS rosa,
73 b) 2 „ blassrosa,
73 c) 2 „ rosa auf bläulichem Papier.

74. **4 CUARTOS blau in zwei Abstufungen.**

74 a) 4 CUARTOS blau.
74 b) 4 „ hellblau.

75. 10 CENT. DE ESC? (céntimos de escudo) grün in vier
Schattirungen.

75 a) 10 CENT. DE ESC? grün,
75 b) 10 „ hellgrün,
75 c) 10 „ dunkelgrün,
75 d) 10 „ gelblichgrün.

76. 12 CUARTOS orange und gelb in verschiedenen
Schattirungen.

76 a) 12 CUARTOS orangerot,
76 b) 12 „ blassorangerot,
76 c) 12 „ dunkelorangerot,
76 d) 12 „ gelborange,
76 e) 12 „ gelb.

77. 20 CENT. DE ESC? lila in zwei Abstufungen.

77 a) 20 CENT. DE ESC? lila,
77 b) 20 „ blasslila.

78. 19 CUARTOS braun in zwei Abstufungen.

78 a) 19 CUARTOS braun,
78 b) 19 „ dunkelbraun.

An Stelle der Marke No. 77 (20 cent. de esc.) trat vom
1. August an eine Marke im Typus der XII. Ausgabe, nur mit
geänderter Wertangabe und Jahreszahl.

Farbiger Druck auf weissem Papier: gezähnt 14. (Taf. V, 54.)

79. 20 C^MOS lila in zwei Abstufungen.

79 a) 20 C^MOS lila,
79 b) 20 „ blasslila.

Bemerkungen.

1. Im Jahre 1866 war in Spanien die neue Geldwährung in Escudos à 100 céntimos eingeführt worden; da sich aber die Werte in cuartos nicht genau in
céntimos umrechnen liessen, man auch nicht die bisherigen Portotarife um-
ändern wollte, so behielten die vier Cuartos-Werte ihre alte Benennung.

2. Von No. 79 giebt es einen fehlerhaften Druck mit C^MUS anstatt C^MOS. Ein Fehldruck in grün, welchen „The Philatelist" erwähnt, ist dagegen wahrscheinlich
ein Essai oder chemische Farbenänderung.

3. Von den Marken zu 2 und 4 cuartos giebt es Fälschungen aus der Zeit ihres
Gebrauchs, dieselben sind jedoch zu selten, als dass es nötig wäre, sie hier

näher zu beschreiben. Eine Fälschung der Marke zu 20 cént. de esc. (No. 77) bewog die Post-Verwaltung, diesen Wert schon am 1. August 1866 einzuziehen und durch die Marke No. 79 zu ersetzen. Dieselbe wurde im Typus der XII. Ausgabe hergestellt, weil es an Zeit zur Anfertigung einer neuen Platte fehlte. So kurz dieselbe in Verkehr war, wurde sie doch sehr bald gefälscht. Man erkennt die Fälschung an der abweichenden Zeichnung der Haare, am grösseren Abstand der Büste vom Oval (unten), an der Zahl 8 (in 1866) und dem Buchstaben O (in Correos), welche breiter sind, als bei den echten.

4. Von Essais ist nur die Marke zu 20 cent. de esc. in schwarzem Druck auf weissem Papier bekannt.

XV. Ausgabe:

vom 1. Januar bis 30. Juni 1867, 31. Dezember 1868 und 31. Oktober 1869.

Kopf der Königin mit Krone nach links auf liniirtem Untergrund in ovalem Rahmen: im Rahmen auf farbigem Grund Inschrift in weissen Buchstaben und zwar oben: CORREOS DE ESPAÑA, unten Wertangabe: in den Ecken bei jedem Wert verschiedene Verzierungen.

Farbiger Buchdruck auf weissem Papier: gezähnt 14. (Taf. IV, 58—63.)

80. **DOS (2) CUARTOS braun in vier Schattirungen.**

80 a)	DOS CUARTOS	dunkelbraun,
80 b)	„	hellbraun,
80 c)	„	gelbbraun,
80 d)	„	dunkelgelbbraun.

81. **CUATRO (4) CUARTOS blau in vier Schattirungen.**

81 a)	CUATRO CUARTOS	lebhaft blau,
81 b)	„	hellblau,
81 c)	„	mattblau,
81 d)	„	himmelblau.

82. **10 CENT. DE ESC. grün in zwei Abstufungen.**

82 a)	10 CENT. DE ESC.	bläulichgrün,
82 b)	„	hellbläulichgrün,

83. DOCE (12) CUARTOS orangegelb in vier Schattirungen.

83 a) DOCE CUARTOS orangegelb,
83 b) „ gelb,
83 c) „ blassgelb,
83 d) „ bräunlichgelb (vielfach verschwommener Druck.)

84. 20 CENT. DE ESC. lila in vier Schattirungen.

84 a) 20 CENT. DE ESC. lila,
84 b) „ blasslila,
84 c) „ rötlichlila,
84 d) „ graulila.

85. 19 CUARTOS rosa in zwei Abstufungen.

85 a) 19 CUARTOS rosa,
85 b) „ blassrosa.

Bemerkungen.

1. Ein Erlass vom 15. Mai 1867 verfügt infolge der Annahme der neuen Münzwährung folgende Aenderung in den Portotarifen:

für Briefe im Lokalverkehr	25	milésimas de escudo,
für Drucksachen unter Kreuzband . .	10	„
für Briefe innerhalb Spaniens bis zu 10 gr.	50	„
von 10—20 gr.	100	„
und dann für je 10 gr.	50	„

Das Porto für Briefe nach dem Auslande erlitt keine Aenderung.

Infolge dieses neuen Tarifs wurden am 30. Juni die Marken zu 2 und 4 cuartos eingezogen, während diejenigen zu 10 und 20 cent. de esc. bis zum 31. Dezember 1868 und diejenigen zu 12 und 19 cuartos noch ein Jahr länger in Verkehr blieben.

2. Die Marke zu 20 cent. de esc. findet sich in einigen sehr seltenen Exemplaren ungezähnt postalisch entwertet.

3. Von der Marke zu 12 Cs existirt ein merkwürdiger, wenig bekannter Fehldruck mit: DOCEO CUARTOS; die Entstehung ist ganz unerklärlich. Ebenso rätselhaft ist ein Fehldruck der Marke zu 19 cuartos mit verunstaltetem UA in CUARTOS; die beiden Buchstaben sind statt weiss auf rosa Grund umgekehrt rot auf weissem Grund und vom A fehlt der Bindestrich zwischen den beiden Schenkeln (A). (Sammlung Eckardt-Prag).

4. Die Marken der XV. Ausgabe sind vielfach gefälscht worden. Durch Rundschreiben vom 18. Juni 1868 macht die General-Post-Direktion auf Fälschungen der 10 céntimos-Marke aufmerksam und giebt folgende Kennzeichen derselben:
   a) In der Krone der Königin ist bei den Fälschungen die mittlere Zacke grösser, als bei den echten. Im Reif der Krone befinden sich bei den echten Marken 5 Perlen, bei den falschen an Stelle der Perlen 5 undeutliche Streifen;
   b) auf der Stirne der Königin befinden sich bei den echten Marken 5, bei den falschen nur 3 Schattenstriche. Das Auge ist bei den letzteren

grösser und der Augapfel markirt sich nicht so scharf. Die Schattirung der rechten Ecke des Halses besteht bei den echten aus 5, bei den falschen aus 4 Strichen;

c) der ovale Rahmen mit der Inschrift ist bei den Fälschungen kleiner, ebenso die beiden Kreuzchen innerhalb desselben;

d) die Zähnung ist bei den Fälschungen ungleich, auf der längeren Seite der Marke befindet sich ein Zahn mehr, als bei den echten.

Im August 1869 tauchten falsche Marken zu 12 cuartos auf. Ein Rundschreiben der G. P. D. vom 4. September giebt folgende Kennzeichen:

a) Die Verzierungen in den Ecken stehen bei den Fälschungen etwas weiter ab von der äusseren Linie des Ovals. In dem Wort CORREOS ist das O getrennt von dem C und mehr an das R angenähert; in ESPANA sind die beiden A schmäler; in CUARTOS ist das U unregelmässig, das R. sowie das S sind kleiner;

b) die Linien des Untergrundes sind bei den Fälschungen gröber, bei den echten feiner;

c) das Profil der Stirne ist bei den echten mehr gebogen, die Entfernung der Nase bis zum äussersten Teil des Haarknotens ist grösser, der ganze Kopf infolge dessen etwas grösser;

d) der innere Teil des Halses (links) hat bei den echten 5, bei den falschen 4 Schattenstriche.

Da diese Kennzeichen leicht zu übersehen waren, so erhielt die 12 cuartos-Marke vom September 1869 an eine rotorange Farbe (siehe XIX. Ausgabe, No. 121).

Die Marke zu 50 milé de esc. ist nicht weniger als dreimal gefälscht worden. Da hierüber kein postalischer Erlass vorliegt, ihre Kennzeichen ausserdem sehr zahlreich und leicht in die Augen fallend sind, so kann hier von einer genaueren Beschreibung Abstand genommen werden.

5 Von Essais giebt es sämtliche Werte in abweichenden Farben auf dickem, weissem, satinirtem Papier und zwar:

2 cuartos in schwarz, orange und braun,
4 cuartos in blau und blassblau,
10 cent. de esc. in grün,
12 cuartos in schwarz und gelborange.
20 cent. de esc. in lila.
19 cuartos in rosa.

XVI. Ausgabe:

vom 1. Juli 1867 bis zum 31. Dezember 1868 bezw. 31. Dezember 1869.

Die Ausgabe besteht aus drei Werten in zwei verschiedenen Zeichnungen.

I. Type: Zeitungsmarke: Grosse, weisse Wertziffer im Kreise mit farbigem Untergrund; um den Kreis viereckiger Rahmen mit Inschriften und zwar oben: ESPAÑA, links: DIEZ MILˢ, rechts: DE ESCUDO), unten: CORREOS; zwischen dem Mittelkreis und dem Rahmen oben: FRANQUEO, unten: IMPRESOS; in den Ecken kleine weisse Kreise mit Wertziffern in farbigem Druck.

Farbiger Buchdruck auf weissem Papier; gezähnt 14. (Taf. VI. 64.)

86. **DIEZ (10) MILˢ DE ESCUDO (milésimas de escudo) braun in drei Schattirungen.**

86 a) DIEZ MILˢ DE ESCUDO hellbraun,
86 b)   „   dunkelbraun,
86 c)   „   gelblichbrauu,

II. Type: Kopf der Königin mit Krone nach links in ovalem Rahmen mit liniirtem Untergrund; innerhalb des Rahmens oben: CORREOS DE ESPAÑA, unten Wertangabe; um das Oval ein viereckiger Rahmen mit arabeskenartigen Verzierungen.

Farbiger Buchdruck auf weissem Papier; gezähnt 14. (Taf. VI, 65.)

87. **25 MILˢ DE ESCᵒ blau, Oval rosa, in vier Abstufungen.**

87 a) 25 MILˢ DE ESCᵒ blau, Oval rosa,
87 b) 25   „   dunkelblau, Oval rosa,
87 c) 25   „   blassblau, Oval rosa,
87 d) 25   „   blassblau, Oval karmin.

88. **5o MILˢ DE ESCᵒ braun in drei Schattirungen.**

88 a) 50 MILˢ DE ESCᵒ braun,
88 b) 50   „   dunkelbraun,
88 c) 50   „   gelblichbrauu,

Bemerkungen.

1. Die Zeitungsmarke zu 10 mil? blieb bis zum 31. Dezember 1860, die Marke zu 25 und 50 mil? nur bis zum 31. Dezember 1868 in Gebrauch.

2. Von der Marke zu 50 Mil? giebt es eine gute Fälschung. Kennzeichen derselben: Die Verzierungen in den Ecken sind etwas verzeichnet und zu weiss gehalten, die Buchstaben S und P weichen ab, die Verzierungen an den Seiten des Rahmens sind zu gross, Nase der Königin zu dick und zu rund, die Unterlippe zu tief herabhängend.

3. Von Essais sind bekannt: die Marke zu 10 mil? in blau und diejenige zu 25 mil? in lila und schwarz auf weissem Karton, erstere auch in schwarz auf weissem Papier. Die Zeitungsmarke zu 10 mil? kommt mit dem Unterdruck der 50 mil?-Marke vor, auch giebt es ungezähnte, verkehrt und auf beiden Seiten gedruckte Stücke, desgleichen von der 25 mil?-Marke solche mit verkehrtem Mittelstück. Vergleiche hierüber: Vorwort zur zweiten Auflage.

4. Moens erwähnt die Marke No. 86 mit Aufdruck einer grossen schwarzen „5". Diese Zahl hat für Sammler keine Bedeutung, da sie, von französischen Post-Aemtern aufgedruckt, das infolge ungenügenden Portos vom Empfänger nachzuzahlende Ergänzungsporto bezeichnet. Es kommt im übrigen nicht blos Marke No. 86 mit diesem Aufdruck vor, sondern fast alle seit August 1859, dem Datum des zwischen Spanien und Frankreich abgeschlossenen Postvertrages verausgabten Marken. Der Aufdruck bedeckt nicht immer die Marke, sondern berührt sie häufig nur zum Teil oder sitzt an einer beliebigen Stelle des Umschlages. (Taf. V, 66.)

XVII. Ausgabe:
vom 1. November 1867 bis 31. Dezember 1869.

Zeitungsmarke: 1. Type der XVI. Ausgabe, nur Veränderung der Wertziffer, Untergrund des Kreises liniirt und in den Ecken römische Zahlen.

Farbiger Buchdruck auf weissem Papier: gezähnt 14.
(Taf. VI, 67.)

89. CINCO (5) MIL? DE ESCUDO grün in drei Schattirungen.

89 a) CINCO MIL? DE ESCUDO dunkelgrün.
89 b)   „   hellgrün,
89 c)   „   blaugrün.

Bemerkungen.

1. Die Marke wurde notwendig, weil durch Verfügung vom 7. Oktober 1867 das Porto für Drucksachen auf die Hälfte ermässigt worden war. Die infolge dessen überflüssig gewordene 10 milS-Marke wurde jedoch nicht eingezogen, sondern auf Grund eines Rundschreibens vom 20. August 1868 gleich der Marke No. 89 trotz der Bezeichnung „Impresos" zur Brief-Frankatur benutzt.

2. Marke No. 89 kommt ungezähnt postalisch entwertet vor.

3. Die bekannt gewordenen Essais zeigen die angenommene Zeichnung auf weissem satinirtem Papier in den Farben: schwarz, karmin, lila, blau und violett. Auch giebt es Doppeldrucke, sowie Stücke mit Unterdruck der 50 milS-Marke

B. Marken der provisorischen Regierung.

eberraschend, wie ein Blitz aus heiterem Himmel, durchzuckte im September 1868 Europa die Kunde von dem Ausbruch der spanischen Revolution und der Vertreibung der Königin Isabella. Binnen wenigen Tagen hatte der durch die Proklamationen Serrano's und Prim's entfachte Freiheitssturm, immer mehr und mehr anwachsend, Spanien von Cadiz bis zu den Pirenäen durchbraust und die Dynastie der Bourbonen wie einen altersschwachen Baum weggefegt. In eiliger Flucht rettete sich Isabella nach Pau, dem Schlosse, von wo einst ihr grosser Ahn, Heinrich IV., seine Laufbahn begonnen, und der Kanonendonner von Alcoléa war das letzte Lebewohl, das Spanien der fliehenden Königin nachsandte.

Vom 17. September an leitete eine „Junta revolucionaria" provisorisch die Regierung des Landes. Wie bei allen Revolutionen hatten auch hier die radikalsten Elemente anfänglich die Oberhand und wie zu allen Zeiten richteten diese auch hier zuerst ihr Augenmerk auf die Beseitigung an und für sich ganz gleichgiltiger und für den Augenblick ganz nebensächlicher Dinge: Entfernung der Königlichen Wappen und Insignien an öffentlichen und privaten Gebäuden, Beseitigung des Bildnisses der Königin auf dem Geld.

4

auf gestempelten Papieren, auf Post- und Telegraphen-Wertzeichen — alles Dinge, an deren Weiterbenutzung die revolutionsgewohnteren Franzosen bei solchen Gelegenheiten nie Anstoss zu nehmen pflegten. Den Forderungen der Presse nachgebend, verfügte die „Junta revolucionaria" in Madrid sofort die Anfertigung neuer Postwertzeichen. Da aber die in allen Zweigen der Staatsverwaltung eingerissene Verwirrung und Unordnung, sowie die Leere der Staatskassen eine Ausführung dieses Befehls vorläufig unmöglich machte, es aber nötig erschien, sofort ein äusseres Zeichen des Hasses gegen die monarchische Vergangenheit des Landes zu schaffen, so ordnete die provisorische Regierung am 30. September an, alle gestempelten Papiere, sowie alle Post- und Telegraphenmarken mit dem Aufdruck: „HABILITADO POR LA NACION" zu versehen. Damit wurden einige Serien der interessantesten spanischen Marken geschaffen, interessant deshalb, weil sich in diesem Aufdruck das weltgeschichtliche Ereignis der Revolution und der Abschaffung des spanischen Königtums weit mehr wiederspiegelt, als es die Ausgabe ganz neuer Marken gethan haben würde. Nur Unkenntnis oder mangelnder philatelistischer Sinn wird diesen Marken ihren Wert absprechen und sie in einen Topf werfen wollen mit den zahlreichen Aufdruckmarken anderer Länder, die mit Recht die Antipathie aller Sammler auf sich gezogen haben.

Dem Befehl der „Junta revolucionaria" vom 30. September konnte jedoch nur in beschränktem Masse nachgekommen werden, da sich die Anfertigung der vielen hierzu nötigen Stempel unter den gegebenen Verhältnissen naturgemäss verzögerte, die Fábrica nacional de sellos aber mit der Ueberstempelung von Formularen und Stempelpapieren derart beschäftigt war, dass sie erst an diejenige der Postwertzeichen denken konnte, als die Ausgabe der neuen Marken täglich zu erwarten stand. Auch nachdem die Handstempel angefertigt und in die Provinzen gesandt waren, wurden nur sehr wenige Marken überdruckt, da die Ueberstempelung für die Beamten unbequem war, man auch schon nach kurzer Zeit einsah, dass das Wohl des Staates nicht gefährdet wurde, wenn das Bild der Königin Isabella auch ferner in ungetrübter Schönheit auf den Briefmarken sichtbar blieb.

So ist die Zahl der überdruckten Marken thatsächlich sehr unbedeutend; in den Hauptstädten und Hauptcentren des Handels, wo der Bedarf an Postwertzeichen ein grösserer war, wie in Madrid und Barcelona, wurde nachweislich auch nicht eine einzige Marke überdruckt. Andererseits warteten die Heisssporne einiger Provinzial-Juntas die Anfertigung und Uebersendung der offiziellen Stempel nicht ab, sondern überdruckten ihre Marken mit Stempeln und Farben, die infolge ihres privaten Ursprungs mehr oder weniger von den offiziellen abwichen. Die hierdurch entstandenen Verschiedenheiten der Habilitado-Marken, der dunkle Ursprung mancher Aufdrucke, die zahlreichen Fälschungen und die Schwierigkeit, dieselben mit Sicherheit nachzuweisen, — Alles dies hat zu zahlreichen Fehlern in den verschiedenen philatelistischen Handbüchern und Katalogen geführt und eine kaum glaubliche Verwirrung hervorgerufen.

a. Offizielle Aufdrucke.

Am 30. September erliess, wie oben erwähnt, die Junta revolucionaria in Madrid den Befehl, alle Staatsformulare, alle mit Stempeln versehenen Drucksachen, sowie alle Post- und Telegraphenmarken mit dem Aufdruck: „HABILITADO POR LA NACION" zu versehen. Es wurden zu diesem Zwecke in der Casa de moneda (Münze) 2 Stempel (Matritzen) angefertigt, dieselben galvanoplastisch vervielfältigt und an alle Provinzialbehörden (richtiger an die Bureaus der Rentas Estancadas) versandt. Der Aufdruck erfolgte hier mit der Hand.

1. Typus von Vizcaya,

(Taf. IV, 68), so benannt, weil man anfänglich irrtümlicherweise annahm, dass er ausschliesslich in dieser baskischen Provinz gebraucht worden wäre. Dies war jedoch durchaus nicht der Fall, er wurde vielmehr fast in ganz Spanien, wie auch in den Kolonien verwandt.

HABILITADO POR LA NACION.

4*

Seine Abmessungen sind folgende:

	1. Zeile	2. Zeile	3. Zeile
Höhe der Buchstaben in mm . . .	$2^1/_2$	$1^1/_2$	$2^1/_2$
Breite der Buchstaben in mm .	2	1	$2^1/_2$
Länge der Zeilen	21	9	$16^3/_4$
Abstand der 1. von der 2. Zeile	$1^1/_4$ mm		
Abstand der 2. von der 3. Zeile .	$^3/_4$ „		
Gesamthöhe	$8^3/_4$ „		

Die Maasse der Buchstaben in Höhe und Breite sind genommen beim Buchstaben O, die Länge der Zeilen ist gerechnet ohne den darauf folgenden Punkt. Abnutzung der Stempel, flüchtige Abstempelung und andere natürliche Ursachen bewirken manchmal eine, wenn auch geringe Veränderung der angegebenen Grössenverhältnisse.

Die Farbe des Aufdruckes ist schwarz; Aufdrucke in roter und blauer Farbe sind entweder durch Laune eines Beamten entstanden oder es sind Schwindelprodukte.

Die Frage, welche Marken mit diesem Stempel überdruckt worden, beantwortet sich sehr einfach durch folgende Betrachtung: Befohlen wurde der Aufdruck am 30. September 1868, die Ausgabe der neuen Marken der provisorischen Regierung, mit deren Erscheinen der Aufdruck naturgemäss abgeschafft war, erfolgte am 1. Januar 1870. Alle diejenigen Marken, welche zwischen diesen beiden Daten in Verkehr waren, können also mit diesem, wie auch mit den später beschriebenen Aufdrucken überdruckt worden sein.

Wir verzeichnen daher:

XVIII. Ausgabe:

von Mitte Oktober 1868 bis Dezember 1869.

A. Zeichnung der XV., XVI. und XVII. Ausgabe mit dreizeiligem schwarzem Aufdruck: HABILITADO POR LA NACION, sogen. Typus von Vizcaya.

XV. Ausgabe:

90. **10 CENT. DE ESC. bläulichgrün in zwei Abstufungen.**

    90 a) 10 CENT. DE ESC. bläulichgrün,
    90 b) 10 „ hellbläulichgrün,

91. **DOCE CUARTOS gelb.**

92. **20 CENT. DE ESC. lila in zwei Schattirungen.**

    92 a) 20 CENT. DE ESC. blasslila,
    92 b) 20 „ röthlichlila.

93. **19 CUARTOS rosa in zwei Abstufungen.**

    93 a) 19 CUARTOS rosa,
    93 b) 19 „ blassrosa.

XVI. Ausgabe:

94. **DIEZ MIL^s DE ESCUDO braun in drei Schattirungen.**

    94 a) DIEZ MIL^s DE ESCUDO hellbraun,
    94 b) DIEZ „ dunkelbraun,
    94 c) DIEZ „ gelblichbraun.

95. **25 MIL^s DE ESC^o blau, Oval rosa, in vier Abstufungen.**

    95 a) 25 MIL^s DE ESC^o blau, Oval rosa,
    95 b) 25 „ dunkelblau. Oval rosa,
    95 c) 25 „ blassblau. Oval rosa.
    95 d) 25 „ blassblau, Oval karmin.

96. **50 MIL^s DE ESC^o braun in drei Schattirungen.**

    96 a) 50 MIL^s DE ESC^o braun,
    96 b) 50 „ dunkelbraun,
    96 c) 50 „ gelblichbraun.

XVII. Ausgabe:

97. **CINCO MIL^s DE ESCUDO in drei Schattirungen.**

    97 a) CINCO MIL^s DE ESCUDO dunkelgrün.
    97 b) CINCO „ hellgrün,
    97 c) CINCO „ blaugrün.

---

2. Typus von Cadiz.

HABILITADO POR LA NACION. Auch dieser Name ist nicht zutreffend, da dieser Aufdruck nicht blos in der kleinen Provinz Cadiz, sondern fast im ganzen südlichen Spanien. in der Provinz Andalusien aber ganz ausschliesslich gebraucht wurde. Seine Farbe ist blau oder blauschwarz. (Taf. VI, 69.)

Seine Abmessungen sind folgende:

	1. Zeile	2. Zeile	3. Zeile
Höhe der Buchstaben	$3^1/_2$	$1^1/_2$	$3^1/_2$
Breite der Buchstaben	2	1	$2^1/_2$
Länge der Zeilen	$21^1/_2$	$9^1/_4$	17
Abstand der 1. von der 2. Zeile . .		1 mm	
Abstand der 2. von der 3. Zeile .		$^3/_4$ „	
Totalhöhe		$10^1/_4$ „	

B. Typus der XV., XVI. und XVII. Ausgabe mit blauem dreizeiligem Aufdruck: **HABILITADO POR LA NACION**, sogen. Typus von Cadiz.

XV. Ausgabe:

98. 10 CENT. DE ESC. bläulichgrün in zwei Abstufungen.
   98 a) 10 CENT. DE ESC. bläulichgrün.
   98 b) 10   „   hellbläulichgrün.

99. DOCE CUARTOS gelb.

100. 20 CENT. DE ESC. lila in zwei Schattirungen.
   100 a) 20 CENT. DE ESC. blasslila,
   100 b) 20   „   rötlichlila.

101. 19 CUARTOS rosa in zwei Abstufungen.
   101 a) 19 CUARTOS rosa,
   101 b) 19   „   blassrosa.

XVI. Ausgabe:

102. DIEZ MIL⁵ DE ESCUDO braun in drei Schattirungen.
   102 a) DIEZ MIL⁵ DE ESCUDO hellbraun,
   102 b) DIEZ   „   dunkelbraun,
   102 c) DIEZ   „   gelblichbraun.

103. 25 MIL⁵ DE ESCᵒ blau, Oval rosa in vier Abstufungen.
   103 a) 25 MIL⁵ DE ESCᵒ blau, Oval rosa,
   103 b) 25   „   dunkelblau, Oval rosa,
   103 c) 25   „   blassblau, Oval rosa,
   103 d) 25   „   blassblau, Oval karmin.

104. 50 MIL⁵ DE ESCᵒ braun in drei Schattirungen.
   104 a) 50 MIL⁵ DE ESCᵒ braun,
   104 b) 50   „   dunkelbraun,
   104 c) 50   „   gelblichbraun.

XVII. Ausgabe:

105. CINCO MILᶳ DE ESCUDO in drei Schattirungen.

105 a) CINCO MILᶳ DE ESCUDO dunkelgrün.
105 b) CINCO „ hellgrün,
105 c) CINCO „ blaugrün.

Bemerkungen zu den beiden offiziellen Aufdruck-Typen.

1. Da die Marken zu 10 und 20 Cent. de esc. ebenso wie diejenigen zu 25 und 50 milᶳ de esc, nur bis zum 31. Dezember 1868 in Gebrauch blieben, so sind sie kaum mehr als zwei Monate überdruckt worden, müssen daher „gebraucht" seltener vorkommen, als die übrigen Werte.

2. Moens weicht in seinem vor kurzem erschienenen Werke: „Histoire des Timbres-Poste employés en Espagne" von obiger Darstellung ab, indem er nur den Typus von Vizcaya als offiziell bezeichnet, den Typus von Cadiz aber unter die weiter unten zu besprechenden Provinzialaufdrucke verweist. Für diese Abweichung giebt Moens in seinem Buche keine Gründe an, dieselben sind uns aber aus einem Briefe an einen bekannten Spezialsammler spanischer Marken, der ihn wegen dieser Frage interpellirt hatte, bekannt geworden. Moens sagt in diesem Briefe, dass die Voraussetzung zweier offizieller Aufdrucktypen auf der Darstellung von Duro („Reseña historico-descriptiva de los sellos de correos de España") beruhe. Duro habe aber selbst nichts von Marken verstanden und seine Informationen von Leuten bezogen, die ebensowenig Kenntnis der thatsächlichen Verhältnisse gehabt hätten. Er schliesst mit der Gegenfrage, welche Gründe wohl zur Schaffung zweier verschiedener Typen bewogen haben sollten.

Demgegenüber lässt sich folgendes sagen: Allerdings war Duro nicht Markenkenner in unserem heutigen Sinne; er war nicht einmal Sammler und legte auf kleine Unterschiede in Farbe und Papier ebensowenig Wert, wie auf Wasserzeichen. Nichtsdestoweniger verdient seine Geschichte der spanischen Postwertzeichen im allgemeinen und seine Darstellung der Habilitado-Marken im besonderen die grösste Beachtung, da er stets bemüht war, nach den besten Quellen zu arbeiten und er infolge seiner Stellung mit allen denjenigen Personen bekannt sein musste, die über diesen Gegenstand die beste Auskunft zu geben vermochten. Er begann sein von der Akademie der Wissenschaften und der Postverwaltung in gleicher Weise ausgezeichnetes Werk kurz nach der Revolution, wo es noch verhältnismässig leicht war, sich genaue Auskunft zu verschaffen. Seine mit anerkennenswertem Fleisse zusammengetragenen Angaben haben auch in der spanischen philatelistischen Presse keine Widerlegung gefunden und gelten jetzt noch dort als die allein richtigen. Was D. Felipe Garcia Mauriño, auf dessen Untersuchungen die Angaben von Duro hauptsächlich beruhen, anbelangt, so hat er, wie aus dem von Duro citirten Briefe desselben an Rothschild hervorgeht, keine Mühe gescheut, um Licht in das Dunkel dieses Abschnittes der Philatelie zu bringen. Seine Darstellung ist so logisch, seine Gründe sind so überzeugend, dass ein Jeder, der spanisch zu lesen versteht, nicht an der Richtigkeit der Ergebnisse seiner Forschungen zweifeln wird.

Es sind aber nicht nur Duro und Mauriño allein, welche von 2 offiziellen Aufdrucktypen sprechen, sondern noch eine ganze Reihe von hervorragenden spanischen Philatelisten. Dr. Thebussem, einer der bedeutendsten Markenkenner Europas, giebt in seiner „Leteratura Philatélica en España" die Facsimiles beider Typen und beschreibt die Originalstempel bis zum Handgriff. Wenn einer, so musste aber Dr. Thebussem über diesen Gegenstand unterrichtet sein. Die gleichen Angaben machte auch D. Esteban Argiles in seinem Werke über die Postwertzeichen Spaniens, sowie eine Reihe ungenannter Verfasser von im „Diario de Cadiz" erschienenen Aufsätzen.

Für den offiziellen Charakter des Typus von Cadiz spricht aber ganz besonders das häufige Vorkommen desselben in unleugbar echten Stücken. Während es sehr schwer sein dürfte, alle oben erwähnten Marken mit irgend einer der sogen. Provinzial-Aufdrucktypen zusammenzubringen, während die grosse Mehrzahl derselben nur auf wenigen Marken gefunden sind, einzelne sogar nur in einem Stücke festgestellt werden konnten, ist es leicht, Aufdrucke der beiden offiziellen Typen auf allen zu jener Zeit in Verkehr befindlich gewesenen Marken zu erhalten.

Wenn Moens schliesslich mit der Frage, welche Gründe zur Schaffung zweier verschiedener Aufdrucktypen geführt haben sollten, andeuten will, dass damit einer Fälschung Thür und Thor geöffnet worden wäre, so ist dagegen zu sagen, dass eine derartige Fälschung der spanischen Postverwaltung völlig gleichgiltig sein konnte, wenn nur die benutzten Marken echt waren. Wie der Aufdruck der Worte: „Habilitado por la nacion" hergestellt, war dem spanischen Postbeamten bei Beförderung eines Briefes ganz einerlei, was schon daraus hervorgeht, dass auf mehreren Post-Anstalten nachweislich überhaupt kein Stempel benutzt, sondern diese Bezeichnung stets mit der Feder hergestellt wurde.

Es erscheint mir deshalb nach allem diesem richtiger, die spanische Darstellung als massgebend anzusehen, wenn nicht Moens für seine abweichende Meinung bessere und überzeugendere Gründe veröffentlicht. Wie dem aber auch sei, ob wir einen oder zwei offizielle Typen annehmen, das Eine müssen wir stets im Auge behalten, dass die Zahl der mit ihnen wirklich überdruckten Marken nur gering gewesen ist und in keinem vernünftigen Verhältnis steht zu der Zahl der in Sammlungen oder im Handel befindlichen. Von diesen ist die grosse Mehrzahl erst nachträglich überdruckt worden, was keineswegs schwierig war, da die Stempel nach ihrer Einziehung auf den Bureaux der Provinzialbehörden aufbewahrt wurden und jedem Beamten zugänglich waren. Bei gebrauchten Marken lässt sich die nachträgliche Habilitirung oft leicht daran erkennen, dass sich der Aufdruck über dem Entwertungsstempel befindet; häufig findet man auch Marken, welche zwar den echten Aufdruck besitzen, deren Entwertungsstempel aber deutlich ein Datum trägt, welches vor dem 30. September 1868 liegt, ein Anachronismus, der auf den Kenner ebenso komisch wirkt, wie die prophetischerweise überdruckten Marken mit dem Bildnis des Königs Amadeo. Auch Marken, die niemals überdruckt worden, wie die Marken zu 4 und 12 Cs 1865 findet man manchmal mit echtem Aufdruck. Dass daneben die Zahl der Fälschungen zahllos, ist bei dem hohen Wert, welchen diese Marken im Handel haben, leicht begreiflich.

b. Private bezw. falsche Aufdrucke.

Mit der Feststellung der offiziellen Aufdrucktypen ist eigentlich die Frage der Habilitado-Marken gelöst, da alle übrigen Aufdrucke, die sich als sogenannte Heimattypen einzelner Provinzen in die philatelistischen Handbücher eingeschlichen haben, hiernach privaten Ursprungs sind und somit philatelistisch nur den Wert von Curiositäten haben. Man kann denselben selbst als Curiosa nicht einmal einen besonderen Wert zuerkennen, da sie ja s. Zt., mochten sie aussehen, wie sie wollten, von der spanischen Post anstandslos befördert wurden, wenn nur die Marke, auf welche sie aufgedruckt waren, echt war.

Wenn ich nun auch persönlich die Ansicht habe, dass die Sammler der Zukunft schon durch die alljährlich immer mehr anwachsende Zahl der Postwertzeichen gezwungen sein werden, ihr Geld nicht mehr für postalische Curiosa zweifelhaften Wertes auszugeben, so herrschen doch heute noch über den Wert von solchen die entgegenstehendsten Ansichten. Es erscheint deshalb gerechtfertigt, auch diese nichtoffiziellen Aufdrucktypen einer genauen Betrachtung zu unterziehen.

Was den Ursprung dieser Provinzial-Aufdrucke anbelangt, so ist er in den meisten Fällen dunkel. Einige von ihnen sollen ihre Existenz fanatischen Republikanern unter den Beamten verdanken, welche die Ankunft der offiziellen Stempel nicht erwarten konnten, um den Befehl der provisorischen Regierung vom 30. September auszuführen; andere sind — wie nachweisbar — Abdrucke von Stempeln, welche anderweitigen fiskalischen und kommunalen Zwecken dienten und die durch irgend welchen Zufall auf Briefmarken kamen; andere — und dies ist ein beträchtlicher Teil — sind Erzeugnisse schlauer Spekulanten und Fälscher, welche aus der allgemeinen Verwirrung, welche in den Jahren 1868 und 1869 in allen Zweigen der spanischen Staatsverwaltung herrschte und aus der Schwierigkeit, diese Verhältnisse heute noch aufzuklären, Geld zu ziehen trachteten. Je nach diesem Ursprung treten sie in mehr oder weniger zahlreichen Exemplaren auf. Der Sammler wird daher gut thun, allen diesen Aufdrucken von vornherein mit grössten

Misstrauen entgegenzutreten, sie nur aus zuverlässigen Händen
zu kaufen und auch hier noch einer eingehenden Prüfung zu unterziehen oder unterziehen zu lassen Denn wenn auch die in Nachfolgendem gegebenen Kennzeichen genau genug scheinen, wer will
über die Echtheit oder Unechtheit einer Marke entscheiden, deren
Dasein nachweislich nur in einem oder in einigen wenigen
Exemplaren festgestellt ist? Auch der erfahrenste Händler selbst
wird hier kaum Täuschungen entgehen können.

3. Aufdruck: „*Habilitado por la Junta Rebolucionaria*" in 3 Zeilen
   und italienischen Lettern. Farbe: schwarz.

Dieser Aufdruck ist nach spanischen Autoritäten
reines Schwindelprodukt, da genannte Junta wohl
das Habilitiren anordnete, aber selbst keine Aufdrucke anfertigte Auch ich schliesse mich dieser
Ansicht an, schon wegen der Schreibweise „rebolucionaria" mit einem b, welche in Spanien gänzlich
ungebräuchlich ist und auf ausländischen Ursprung schliessen lässt.
Nach Moens ist der Aufdruck dagegen unbestreitbar echt, kommt nach
der „Histoire des Timbres-Poste employés en Espagne" auf den Marken
zu 50 Mil? und 20 cent de esc. vor und hat folgende Abmessungen:

	1. Zeile	2. Zeile	3. Zeile
Breite in mm	18½	11	20½
Höhe in mm	2	2	2

Zwischenraum zwischen der 1. und 2. Zeile 2½ mm
Zwischenraum zwischen der 2. und 3. Zeile 1¾ „

4. Aufdruck: HABILITADO POR LA NACION, in drei Zeilen, sogen.
   Typus von Valladolid,

nach Moens unbestreitbar echt und in den Provinzen
Valladolid und Madrid gebraucht. Auch spanische
Autoritäten wollen diesen Aufdruck in einigen Exemplaren gesehen haben, betonen aber, dass in der
Provinz Madrid niemals eine Marke offiziell habilitirt
worden und dass man auch auf den Bureaux der

Regierung in Valladolid von diesem Aufdrucktypus nichts weiss. (Taf. VI, 70.) Die nachfolgenden Abmessungen entnahm ich von einem zweifellos echten Exemplar mit dem Stempel Valladolid:

	1. Zeile	2. Zeile	3. Zeile
Höhe der Buchstaben in mm . . .	$2^3/_4$	2	$2^3/_4$
Breite der Buchstaben in mm	$1^1/_2$	1	$1^1/_2$
Länge der Zeilen	$16^3/_4$	10	$12^1/_4$
Entfernung der 1. von der 2. Zeile .		$3^1/_4$ mm	
Entfernung der 2. von der 3. Zeile . .		3 „	
Totalhöhe		14 „	

Es wurden alle Werte mit Ausnahme der beiden Zeitungsmarken mit diesem Aufdruck gefunden.

5. Aufdruck: **HPN** innerhalb eines Querovals, sogen. Typus von Murcia.

Dieser Aufdruck existirte im Jahre 1869 kurze Zeit in einigen wenigen, jetzt äusserst seltenen Exemplaren. Seine Verwendung ist zweifellos, sein Ursprung ist ebenfalls nicht offiziell: der Stempel ist wahrscheinlich fiskalisch und bedeutet nicht „Habilitado por la nacion", sondern „Hacienda pública nacional".

Die Zahl der mit diesem Aufdruck versehenen Marken ist so gering, dass sie im Jahre 1869 nur wenig bekannt wurden. Nichtsdestoweniger tauchten einige Jahre später im Auslande grosse Mengen dieser Marken auf, die man jetzt vielfach in den Sammlungen vorfindet. Dieselben, in Madrid hergestellt, waren sämtlich falsch und unterschieden sich von den echten wie folgt:

	bei den echten	bei den falschen
Höhe des Ovals in mm .	12	13 oder $13^1/_2$
Breite des Ovals in mm	15	15 „ 17
Höhe der Buchstaben in mm	$6^3/_4$	7 „ $7^1/_2$

(Echter Aufdruck Taf. VI, 71, falscher Aufdruck 72.)

Nach Moens existiren mit diesem Aufdruck nur die Marken zu 12 cs., 20 cents, 25 und 50 mil" de esc.; ich selbst konnte bisher nur eines einzigen unbestreitbar echten Exemplares ansichtig werden.

6. Aufdruck: **HPN** in grösseren Buchstaben ohne ovalen Rahmen, sogen. **Typus de las Canarias**. Farbe: schwarz.

HPN

Höhe der Buchstaben 9 mm,
Breite der 3 Buchstaben 9¾ mm.

Er ist nur einmal und zwar auf einem Brief von Villaverde de Canarias mit der 50 milˢ-Marke gefunden worden. (?) Ich habe diesen Aufdruck nie gesehen und gebe daher seine Abmessungen nach Moens.

7. Aufdruck: HABILITADO POR LA NACION in doppeltem Queroval, sogen **Typus von Zaragoza**. Farbe: blau.

Auch dieser Aufdruck hat in einigen Exemplaren existirt, wenn man auch seinen Ursprung nicht kennt. Die nämlichen Madrider Fälscher haben auch diesen Aufdruck gefälscht und ihn unter obigem Namen in den Handel gebracht. In der Provinz Zaragoza hat man diesen Aufdruck offiziell nie gekannt.

Seine Abmessungen sind folgende:

	1. Zeile	2. Zeile	3. Zeile
Höhe der Buchstaben in mm.	2½	2½	2½
Länge der Zeilen in mm	18½	12½	14
Höhe des Ovals . . . . 17½ mm			
Breite des Ovals . . . . . 21½ „			

Der Unterschied zwischen den echten und falschen Aufdrucken besteht nicht in abweichenden Dimensionen, sondern in der Ausführung. Während bei den echten die Buchstaben schlank, dabei aber unregelmässig sind, das Oval schlecht gerundet und an den Seiten unterbrochen ist, sind bei den falschen die Buchstaben durchaus korrekt, nur etwas fetter und das Oval tadellos.

Nach Moens ist nur die Marke zu 50 Milˢ mit diesem Aufdruck gefunden.

8. Aufdruck: **HABILITADO por la NACION** in 3 Zeilen, sogen.
Typus von Salamanca. Farbe: schwarz und blau.

 In Salamanca hat man niemals eine Marke habilitirt und diese Type ist daselbst nie bekannt gewesen. Marken mit diesem Aufdruck sind stets Fälschungen. Er wird häufig mit dem offiziellen Typus von Vizcaya verwechselt, der Hauptunterschied zwischen beiden besteht in dem Abstand der einzelnen Zeilen. Das „O" in Habilitado ist ausserdem völlig verunglückt, d. h. zu schmal. (Taf. VI, 73.)

Seine Abmessungen sind:

	1. Zeile	2. Zeile	3. Zeile
Höhe in mm	2½	1½	2½
Länge in mm	21	10	16¼
Entfernung der 1. von der 2. Zeile			1 mm
Entfernung der 2. von der 3. Zeile			1 „
Gesamthöhe			9 „

9. Aufdruck: **HABILITADO por la NACION,*** in drei Zeilen, sogen.
Typus de las Vascongadas. Farbe: schwarz.

Wurde auf einigen Briefen aus den baskischen Provinzen gefunden. Seine Abmessungen sind:

	1. Zeile	2. Zeile	3. Zeile
Höhe in mm	2	1½	2¼
Länge in mm	18½	10	14
Abstand der 1. von der 2. Zeile		2 mm	
Abstand der 2. von der 3. Zeile		1½ „	

Soll auf den Marken zu 12 cs, 10 und 20 cents und 50 mils de esc. vorkommen.

* **Anmerkung:** Es ist sehr zu bedauern, dass Moens diese Type in seinem neuen Werke mit dem Namen „Vizcaya" bezeichnet, während er den in der 6. Auflage seines Katalogs noch mit „Type dite de Biscaye" aufgeführten und von mir unter dieser Bezeichnung erwähnten Aufdruck jetzt „Type employé pour l'Espagne" benennt. Durch einen solchen Namenswechsel muss natürlich die Verwirrung in der Sammlerwelt noch gesteigert werden. Einmal eingeführte und in weiteren Kreisen bekannt gewordene Bezeichnungen müssen meines Erachtens von Jedem respektirt und können nicht willkürlich geändert werden.

10. Aufdruck: **HABILITADO** por la **NACION**, in drei Zeilen. sogen.

Typus von Oviedo. Farbe: schwarz.

Dieser Aufdruck diente in der Provinz Oviedo zu fiskalischen Zwecken, er wurde nur auf der Marke zu 50 mil^s gefunden.

Seine Abmessungen sind:

	1. Zeile	2. Zeile	3. Zeile
Höhe in mm . .	3	3	3
Länge in mm .	9½	12	13¹/₄
Entfernung der 1. von der 2. Zeile .	1 mm		
Entfernung der 2. von der 3. Zeile . . .	2 „		

11. Aufdruck: **H** über, **P N** unter einem Löwen mit Fähnchen.

Farbe: schwarz.

Dieser häufig vorkommende Aufdruck ist reines Phantasie-Produkt.

12. Doppeltes Oval (26 × 19 mm), oben in demselben: HABILITADO. in der Mitte: POR LA JUNTA, unten: REVOLUCIONARIA. Ebenfalls die spätere Erfindung eines Schwindlers.

Schlussbemerkungen.

Fassen wir nochmals das Ergebnis unserer Untersuchungen in kurzen Sätzen zusammen, so ergiebt sich Folgendes:

1. Die Zahl der s. Zt. mit dem Aufdruck: „Habilitado por la nacion" versehenen Marken war eine äusserst geringe und steht in keinem Verhältnis zu der Zahl der heute in Sammlungen oder im Handel befindlichen; die grosse Mehrzahl der letzteren sind entweder GefälligkeitsAufdrucke oder Fälschungen.

2. Von den 12 existirenden resp. bis heute bekannt gewordenen Aufdrucktypen sind nur 2 offiziellen Ursprungs, die Typen von Vizcaya und Cadiz, der Ursprung aller übrigen ist dunkel.

3. Die sogen. Typen von Salamanca, die verschiedenen Aufdrucke: „Habilitado por la Junta revolucionaria", sowie der Löwentypus sind Fälschungen, alle übrigen sind entweder privaten Ursprungs oder dienten fiskalischen Zwecken, gehören daher in die Klasse postalischer und philatelistischer Kuriositäten.

4. Von sämmtlichen Typen existiren so viele Fälschungen, dass die grösste Vorsicht beim Ankauf geboten ist.

Zum Schluss mögen noch einige wichtige, beim Ankauf und der Untersuchung zu beachtende Regeln mitgeteilt werden:

Zur genauen Untersuchung dieser Marken gehört eine gute Lupe, welche das Objekt mindestens 2–3 mal vergrössert und ein Massstab mit einer Einteilung bis zu $\frac{1}{2}$ mm. Den letzteren nimmt man am besten aus Elfenbein mit abgeschrägter Seitenkante, weil sich auf dem Weiss des Elfenbeins die schwarze Einteilung am besten ablesen lässt und die abgeschrägte Seite ein scharfes Anlegen an das zu messende Wort oder den zu messenden Buchstaben gestattet. Viertelmillimeter lassen sich bei guter Lupe mit Leichtigkeit genügend genau abschätzen (Sehr zu empfehlen sind die von der Firma Hilckes, Kirkpatrick & Comp. in London in den Handel gebrachten Elfenbeinmassstäbe „Universal", welche sogar in Viertelmillimeter geteilt sind.)

An den zu untersuchenden Aufdruck gehe man mit dem grössten Misstrauen, man halte ihn so lange für falsch, bis man den Beweis für das Gegenteil erlangt hat. Man traue keinem Verkäufer, weil unter den reellsten Händlern viele sind, welche wenig oder nichts von diesen Marken verstehen und bona fide Fälschungen für echt verkaufen.

Man betrachte genau das allgemeine Aeussere des Aufdrucks und sei besonders misstrauisch gegen alle völlig undeutlichen und verwischten, aber auch gegen alle mit sichtbarer Sorgfalt aufgedruckten Exemplare; erstere sind meist falsch, letztere meist Gefälligkeits-Aufdrucke. Der Beamte der Rentas Estancadas, der auf einmal mehrere hundert Marken oder sogar Bogen zu überstempeln hatte, nahm sich selbstverständlich nicht die Mühe, jeden Stempel genau in die Mitte der Marke zu setzen und Sorge zu tragen, dass jeder Buchstabe scharf lesbar war.

Man betrachte genau die Farbe der Stempelschwärze. Bei allen schwarzen Aufdrucken wurde dieselbe Schwärze benutzt, wie zu dem Entwertungsstempel. Weichen beide Farben von einander ab, so liegt, falls der Aufdruck überhaupt echt ist, meist ein später aufgedruckter Gefälligkeitsaufdruck vor.

Man untersuche genau den Entwertungsstempel. Mit guter Lupe lässt sich meist konstatiren, ob der Entwertungsstempel über oder unter dem Aufdruck liegt. In letzterem Falle liegt natürlich, wenn der Aufdruck sonst echt ist, ein Gefälligkeits-Aufdruck vor. Lässt sich das Datum des Entwertungsstempels entziffern, so muss dasselbe zwischen dem 1. Oktober 1868 und dem 30. Dezember 1869 liegen.

In Bezug auf die Abmessungen der Worte und Buchstaben beachte man sorgfältig die oben gemachten Angaben, berücksichtige jedoch dabei, dass Abnutzung der Stempel, Dicke der Schwärze und Flüchtigkeit der Stempelung häufig eine Verbreiterung der Buchstaben hervorrufen.

Man vergleiche schliesslich, wenn irgend möglich, den Aufdruck mit anerkannt echten Stücken und suche sich durch vielfaches Betrachten von solchen das Auge für die Eigentümlichkeiten jeder einzelnen Type zu schärfen.

Nur durch strenge Befolgung dieser Hauptregeln wird man sich davor bewahren, vieles Geld für wertloses Papier auszugeben.

XIX. Ausgabe:

vom 1. Januar bis 31. Dezember 1869.

Die Ausgabe besteht aus sechs Werten, von denen fünf in Typen früherer Ausgaben, nur mit Aenderung der Farbe und der Wertbezeichnung ausgeführt sind.
Farbiger Druck auf weissem Papier: gezähnt 14.

1. Typus der XV. Ausgabe (Taf. VI, 74 und 75):

a) mit schwarzem Aufdruck: „Habilitado por la nacion" im Typus von Vizcaya:

106. 100 MIL⁵ DE ESC. braun.

107. 200 MIL⁵ DE ESC. grün in zwei Abstufungen.
107 a) 200 MILS DE ESC. grün,
107 b) 200   „   dunkelgrün.

108. 19 CUARTOS braun in zwei Abstufungen.
108 a) 19 CUARTOS braun,
108 b) 19   „   hellbraun.

b) mit blauem Aufdruck: „Habilitado por la nacion" im Typus von Cadiz:

109. 100 MIL⁵ DE ESC. braun.

110. 200 MIL⁵ DE ESC. grün in zwei Abstufungen.
110 a) 200 MILS DE ESC. grün.
110 b) 200   „   dunkelgrün.

111. 19 CUARTOS braun in zwei Abstufungen.
111 a) 19 CUARTOS braun,
111 b) 19   „   hellbraun.

c) ohne Aufdruck:

112. 100 MIL⁵ DE ESC. braun.

113. 200 MIL⁵ DE ESC. grün in zwei Abstufungen.
113 a) 200 MILS DE ESC. grün.
113 b) 200   „   dunkelgrün.

111. 19 CUARTOS braun in zwei Abstufungen.
114 a) 19 CUARTOS braun,
114 b) 19 „ hellbraun.

2. Zeichnung der XVI. Ausgabe:

a) mit schwarzem Aufdruck: „Habilitado por la nacion" im Typus von Vizcaya:

115. 25 MIL⁵ DE ESC" blau in drei Abstufungen.
115 a) 25 MILⁿ DE ESCⁿ blau,
115 b 25 hellblau,
115 c) 25 „ dunkelblau.

b) mit blauem Aufdruck: „Habilitado por la nacion" im Typus von Cadiz:

116. 25 MIL⁵ DE ESC" blau in drei Abstufungen.
116 a) 25 MILⁿ DE ESCⁿ blau,
116 b) 25 „ hellblau,
116 c) 25 „ dunkelblau.

c) ohne Aufdruck:

117. 25 MIL⁵ DE ESCⁿ blau in drei Abstufungen.
117 a) 25 MIL⁵ DE ESCⁿ blau,
117 b) 25 „ hellblau,
117 c) 25 „ dunkelblau.

3. Neue Zeichnung: Kopf der Königin Isabella mit Krone nach links in einem Oval mit liniirtem Untergrund; im Oval oben in weissen Buchstaben auf farbigem Untergrund: CORREOS DE ESPAÑA, unten Wertangabe. (Taf. VI, 76.)

a) mit schwarzem Aufdruck: „Habilitado por la nacion" im Typus von Vizcaya:

118. 5o MIL⁵ DE ESCⁿ violett in vier Schattirungen.
118 a) 50 MILⁿ DE ESCⁿ violett,
118 b) 50 „ dunkelrötlichviolett,
118 c) 50 „ blassrotviolett,
118 d) 50 „ bräunlichviolett.

5

b) mit blauem Aufdruck: „Habilitado por la nacion" im Typus von Cadiz:

119. 50 MIL⁵ DE ESC⁰ violett in vier Schattirungen.

119 a)	50 MILS DE ESC⁰	violett,
119 b)	50	„	dunkelrötlichviolett,
119 c)	50	„	blassrotviolett,
119 d)	50	„	bräunlichviolett.

c) ohne Aufdruck:

120. 50 MIL⁵ DE ESC⁰ violett in vier Schattirungen.

120 a)	50 MILS DE ESC⁰	violett,
120 b)	50	„	dunkelrötlichviolett,
120 c)	50	„	blassrotviolett,
120 d)	50	„	bräunlichviolett.

4. September 1869, Zeichnung der XV. Ausgabe, nur Farbenänderung; ohne Aufdruck:

121. DOCE CUARTOS rotorange.

Bemerkungen.

1. Die Ordnung der Marken dieser Ausgabe weicht von der in anderen Handbüchern üblichen etwas ab, sie ist jedoch durchaus logisch, denn wenn auch die sub a, b und c aufgeführten Marken thatsächlich zu gleicher Zeit in Umlauf waren, so durften sie doch, dem Gesetze vom 30. September 1868 entsprechend, eigentlich nicht ohne den Aufdruck: „Habilitado por la nacion" gebraucht werden.

2. Es erscheint befremdlich, dass noch nach dem Sturze der bourbonischen Dynastie neue Marken mit dem Kopfe Isabellas in Umlauf gesetzt wurden, allein dieselben waren schon im Herbst 1868 zur Ausgabe fertig gestellt, zur Anfertigung neuer Platten fehlte es aber an Zeit und Geld.

3. Ueber die Ausgabe der Marke zu 19 cuartos in braun giebt es keine genauen Angaben, vielfach wird dieselbe schon in Dezember 1868 verlegt.

4. Mit Aufdrucken nicht-offiziellen Ursprungs kommen die Marken der XIX. Ausgabe wie folgt vor:
19 cuartos mit dem Aufdruck: „Habilitado por la nacion" im Typus von Valladolid,
25 Mils de esc. mit dem Typus von Valladolid,
50 Mils de esc. mit den Typen von Oviedo, Valladolid und de las Vascongadas,
100 u. 200 Mils de esc. mit den Typen von Murcia, Valladolid und Vascongadas.

5. Die Marke zu 12 cuartos, deren Farbenänderung infolge von Fälschungen nötig wurde siehe Ausgabe XV, Bemerk. 4), ist mit Aufdruck nicht bekannt, wie überhaupt von Sommer 1869 an wohl nur noch wenige Marken habilitirt wurden.

6. Von der Marke zu 50 Mils de esc. giebt es zwei Fälschungen, welche hauptsächlich beide an den schlecht ausgeführten Inschriften, ausserdem aber auch daran erkennbar sind, dass die erstere eine Zähnung von $14^1/_2$, die andere eine solche von $13^1/_2$ besitzt; bei der letzteren fehlt überdies der Tilde über dem N von ESPAÑA.

7. Von Essais giebt es: 50 mils de esc. in rosa, schwarz, dunkelviolett und gelbbraun auf dünnem, weissem, Papier, 200 mils de esc. in schwarz und karmin auf dickem. weissem, satinirtem Papier, sämtlich ungezähnt. Ausserdem existiren aber noch eine Reihe sehr schön ausgeführter Entwürfe, deren Annahme durch die Revolution verhindert wurde:

Büste der Königin mit Krone im Profil nach links innerhalb eines Ovals mit quadrirtem Untergrund; um das Oval viereckiger Rahmen, ohne Inschrift pp. Das Essai ist in Stahlstich ausgeführt und in roter, blauer und schwarzer Farbe auf weissem Papier, letzteres auch auf weissem Karton gedruckt.

Büste der Königin mit Krone zu $^3/_4$ nach links innerhalb eines Ovals mit quadrirtem Untergrund; um das Oval viereckiger Rahmen, ohne Inschrift pp. Kommt in Kupferstich in blauer und schwarzer Farbe auf weissem Papier oder Karton vor.

Büste der Königin mit Krone zu $^3/_4$ nach rechts innerhalb eines Ovals mit quadrirtem Untergrund; um das Oval ein viereckiger Rahmen mit liniirtem oder weissgelassenem Untergrund und folgenden Inschriften: links: CORREOS, rechts: DE ESPANA, unten: Wertangabe. Kommt vor, in Kupferstich ausgeführt, in blauer, zinnoberroter und schwarzer Farbe auf Papier oder Karton, mit und ohne Inschriften.

Büste der Königin mit Krone zu $^3/_4$ nach rechts innerhalb eines Ovals mit quadrirtem Untergrund; um dieses Oval ein weisser Rahmen mit Inschriften und zwar oben: CORREOS DE ESPANA, unten: 25 MILS DE ESCº; die Ecken sind wieder quadrirt oder auch weiss gelassen.
In Kupferstich mit quadrirten Ecken in blau oder schwarz auf weissem Papier, ohne solche in zinnoberroter Farbe auf weissem Karton.

Büste der Königin mit Krone im Profil nach links innerhalb eines Perlenkreises mit quadrirtem Untergrund; über und unter dem Kreise weissgelassene bogenförmige Schilder zur Aufnahme der Inschriften: um das Ganze ein viereckiger, mit Strichen ausgefüllter Rahmen.
Ist, in Kupferstich ausgeführt, nur in rosa und olivengrüner Farbe auf weissem Karton bekannt.

Büste der Königin mit Krone zu $^3/_4$ nach rechts innerhalb eines ovalen Rahmens mit guillochirtem Untergrund: über dem Kopf der Königin, wenig hervortretend: CORREOS, unten auf einem Band: 50 MILS DE ESC2.

In Kupferstich ausgeführt und auf weissem Karton in schwarzer, grüner, blauer, zinnoberroter, orange und roter Farbe gedruckt.

In vergrösserter Ausführung (49 : 38 mm): Kopf der Königin mit Krone und Halskette zu $^3/_4$ nach rechts in ovalem Rahmen, Untergrund schraffirt; über dem Rahmen Krone auf nach beiden Seiten herabfallendem, zur Aufnahme der Inschriften bestimmtem Band, darunter rechts und links geflügelte Frauenköpfe (Sphynxe); unter dem Rahmen auf jeder Seite ein Füllhorn mit Blumen und Früchten, zwischen beiden zwei weiss gebliebene Schilder zur Aufnahme der Inschrift.

Das Essai kommt in vorzüglichem Kupferstich auf dickem, weissem Papier in schwarzer, blauer und roter Farbe ohne Inschriften vor.

Frauenkopf nach rechts (von Moens irrtümlich als Isabella II. bezeichnet) in einem Oval mit liniirtem Untergrund; in den Ecken Wappen von Castilien und Leon; unten weiss gelassener viereckiger Schild ohne Inschriften.

In Kupferstich ausgeführt, in verschiedenen Farben auf Papier oder Karton, und zwar:

in schwarz, grün, blau, ultramarin, violett, violettrosa, braun und blassrot auf weissem Karton,

in schwarz auf rosa und blassgrünem Karton,

in karmin, violett und zinnoberrot auf weissem und

in schwarz auf blauem Papier.

XX. Ausgabe:

vom 1. Januar und 9. Juni 1870 bis 30. September 1872.

Frauenkopf mit Mauerkrone, die España darstellend, darüber ein Stern, in einem Oval mit liniirtem Untergrund; über dem Oval auf einem sich um dasselbe schlingenden Band: COMUNICACIONES (Verkehr, Mitteilungen), unten Wertangabe; am Halse die Initialen des Kupferstechers E. J. (Eugenio Julia).

Farbiger Buchdruck auf weissem Papier; gezählnt 14. (Taf. VI, 77.)

A. 1. Januar 1870:

122. 25 MIL$ DE E^0 (milésimas de Escudo), lila in fünf
   Schattirungen.

122 a) 25 MIL$ DE E^0 lila,
122 b) 25   „   blasslila,
122 c) 25   „   graulila,
122 d) 25   „   violett,
122 e) 25   „   blassviolett.

123. 50 MIL$ DE E^0 blau in drei Schattirungen.

123 a) 50 MIL$ DE E^0 ultramarinblau,
123 b) 50   „   blassultramarinblau,
123 c) 50   „   mattblau.

124. 100 MIL$ DE E^0 braunrot in fünf Schattirungen.

124 a) 100 MIL$ DE E^0 braunrot,
124 b) 100   „   dunkelbraunrot,
124 c) 100   „   dunkelrot,
124 d) 100   „   weinrot,
124 e) 100   „   blassgelbbräunlich.

125. 12 CUARTOS braun in fünf Schattirungen.

125 a) 12 CUARTOS braunrot,
125 b) 12   „   dunkelbraunrot,
125 c) 12   „   hellbraunrot.
125 d) 12   „   gelblichbraun.
125 e) 12   „   bräunlichgelb.

126. 200 MIL$ DE E^0 braun in zwei Abstufungen.

126 a) 200 MIL$ DE E^0 dunkelbraun,
126 b) 200   „   hellbraun

127. 19 CUARTOS grün in drei Schattirungen.

127 a) 19 CUARTOS gelbgrün,
127 b) 19   „   blassgelbgrün,
127 c) 19   „   blassgrün.

128. 400 MIL$ DE E^0 grün in vier Schattirungen.

128 a) 400 MIL$ DE E^0 grün,
128 b) 400   „   blassgrün,
128 c) 400   „   blaugrün,
128 d) 400   „   gelbgrün.

129. 1 E^0 600 M$ lila in vier Schattirungen.

129 a) 1 E^0 600 M$ lila,
129 b)   „   blasslila,
129 c)   „   lebhaft lila,
129 d)   „   bräunlich lila.

130. 2 ESCUDO blau in drei Abstufungen.

130 a) 2 ESCUDOS blau,
130 b) 2 „ blassblau,
130 c) 2 „ himmelblau.

B. 9. Juni 1870. Ergänzungswerte. Farbiger Druck auf verschieden gefärbtem Papier:

131. 1 MIL᷎ DE E⁰ violett in vier Schattirungen auf fleischfarbenem oder chamois Papier.

131 a) 1 MIL᷎ DE E⁰ violett auf fleischfarbenem Papier,
131 b) 1 „ dunkelviolett auf fleischfarbenem Papier.
131 c) 1 „ lila auf fleischfarbenem Papier,
131 d) 1 „ lila auf chamois Papier.
131 e) 1 „ violettbraun auf chamois Papier.

132. 2 MIL᷎ DE E⁰ schwarz und braun auf fleischfarbenem oder chamois Papier.

132 a) 2 MIL᷎ DE E⁰ schwarz auf chamois Papier,
132 b) 2 „ schwarz auf fleischfarbenem Papier,
132 c) 2 „ tiefschwarz auf fleischfarbenem Papier,
132 d) 2 „ braun auf fleischfarbenem Papier.

133. 4 MIL᷎ DE E⁰ bräunlich in zwei Schattirungen auf weissem Papier.

133 a) 4 MILS DE E⁰ gelblichbraun,
133 b) 4 „ bräunlich.

134. 10 MIL᷎ DE E⁰ rosa in vier Schattirungen.

134 a) 10 MIL᷎ DE E⁰ rosa,
134 b) „ blassrosa,
134 c) „ bräunlichrosa,
134 d) „ karminrosa.

Bemerkungen.

1. Nach dem Sturze der Königin Isabella forderte die Regierung die Academia de historia in Madrid auf, zum Zwecke der Herstellung von Münzen, Post- und Telegraphenmarken pp. eine allegorische Figur der España zu entwerfen. Ein Ausschuss von Akademikern schlug vor, die España darzustellen als sitzende Frauengestalt mit einem Oelzweig in der rechten Hand; auf dem Kopfe eine Krone, als Symbol des Friedens und der Volkssouveränität. Ein entsprechender Entwurf wurde auch für Münzen und fiskalische Marken angenommen, für die Postwertzeichen beschränkte man sich auf Wiedergabe des Kopfes allein.

2. Durch Erlass vom 8. Dezember 1869 wurde befohlen, dass in Zukunft für Post und Telegraphie die nämlichen Marken zu verwenden seien und diese deshalb nicht mehr die Bezeichnung: „Correos" bezw. „Telegrafos", sondern: „Comunicaciones" zu führen hätten. Die für Telegraphenzwecke verwendeten Marken erkennt man, soweit sie gebraucht sind, an der Durch-

lochung, welches System für die Entwertung der Telegraphenmarken eingeführt war. Die Marken zu 400 Mil?, 1 Esc. 600 Mil? und 2 Escudos dienten fast ausschliesslich zur Frankirung von Telegrammen, weshalb sie gebraucht meist durchlocht, postalisch entwertet sehr selten sind.

3. Die Ausführung der Marken dieser Ausgabe ist infolge übelangebrachter Sparsamkeit und der Notwendigkeit eiliger Herstellung äusserst schlecht; die Klagen über die unschönen Marken füllen daher vielfach die Spalten der Zeitungen jener Zeit und dies umsomehr, als sich während des Jahres 1869 namhafte Künstler mit Entwürfen zu neuen Marken beschäftigt hatten. Die mangelhafte Ausführung ermunterte natürlich zu Fälschungen. Die ersten Falsifikate wurden im Dezember 1870 entdeckt, weshalb am 4. Dezember die Anfertigung neuer Typen befohlen wurde, welcher Befehl jedoch nicht zur Ausführung gelangte. Im August 1871 fand man in Sevilla falsche Marken zu 50 Mil?, welche sich von den echten nur durch den weniger guten Stich und die Unregelmässigkeit in der Zähnung unterschieden. Im April 1872 entdeckte man in Sevilla und Murcia neue Falsifikate der 50 Mil?-Marke, auch bei ihnen ist der Stich roher und die Zähnung abweichend (13 statt 14). Falsche Marken zu 400 Mil? und 1 Esc. 600 Mil?, im Herbst desselben Jahres auftauchend, sind an der mangelhaften und abweichenden Ausführung der Inschriften erkenntlich.

4. Die Essais zu dieser Ausgabe sind sehr zahlreich. Es kommen sämtliche Werte in grauschwarzer und blauer Farbe auf dickem und dünnem Papier vor, ausserdem die Marke zu 50 mil? de esc. in blassgrün auf weissem Papier vergé, 19 cuartos in violett und 100 mil? de esc. in blau, beide auf fleischfarbenem Papier; auch giebt es Abzüge in blauer Farbe ohne Wertangabe. Am zahlreichsten sind die Essais zu 1 mil? de esc. Dieselben giebt es in

grauschwarz, gelbbraun, violett und rosa auf weissem Papier,

schwarz auf blau und malvenfarbig auf blassgelbem Papier.

Von der Aufzählung der zahlreichen Doppeldrucke nehme ich Abstand.

Ausser diesen Probedrucken der angenommenen Type giebt es noch eine Reihe sehr schöner Entwürfe, von denen einige jedoch so eigenartig erscheinen, dass selbst die Autorität eines Moens und Duro mir nicht genügt, sie als Essais für Postwertzeichen anzuerkennen. Hierher gehören:

Kopf des Malers und Bildhauers Alonso Cano (nach einem im Museo del Prado zu Madrid befindlichen Gemälde von Velasquez) nach rechts im Oval mit quadrirtem Untergrund; in den Ecken vier kleine Kreise mit den Buchstaben M, N, V, P (Museo nacional, Velasquez pinxit), unten auf viereckigem Schild: A. CANO. In Kupferstich in schwarz, dunkelbraun, gelbgrün, dunkelgelb, blaugrün, dunkelrot, bronzegrün, weinrot, schwarzviolett und dunkelblau auf weissem Papier, ausserdem in blau, dunkelblau, rosa, chamois und grün auf farbigem Papier.

Büste des Malers Goya nach links in einem kreisförmigen Rahmen mit quadrirtem Untergrund; oben in viereckigem Schild: MUSEO, unten in ebensolchem: GOYA. Das Essai ist in Kupferstich ausgeführt und nur in schwarzgrauem Druck auf gelblichem Papier bekannt.

Goya geniesst allerdings in Madrid, dessen Bewohner seine Werke im Museo del Prado stets vor Augen haben, einer lokalen Berühmtheit, Alonso Cano aber dürfte als Künstler wohl den wenigsten Spaniern bekannt sein, beide verschwinden jedenfalls unter den zahllosen illustren Namen, welche die Geschichte Spaniens, namentlich in Bezug auf bildende Kunst zu verzeichnen hat, es dürfte deshalb schwer zu erklären sein, weshalb man gerade die Köpfe dieser beiden Männer als Verzierung für Postwertzeichen gewählt haben sollte. Grösse, Art der Zeichnung, Inschriften pp. lassen vielmehr darauf schliessen, dass diese Entwürfe für eine andere Bestimmung gemacht und erst später aus Gründen der Spekulation als postalische Essais ausgegeben wurden.

Philatelistisch wertvoller erscheinen dagegen folgende Essais:

 Kopf der España mit Mauerkrone in viereckigem Rahmen mit liniirtem Untergrund; oben C. ESPAÑA C., unten weissgelassener Schild für die Wertangabe. In Kupferstich ausgeführt, in zwanzig verschiedenen Farben auf Papier und Karton, und zwar: blassblau, lebhaft blau, gelbgrün, grün, lebhaft grün, schwarz, grauschwarz, gelbbraun, braun, zeisiggrün, goldgelb, blassgelb, rot, karminrot, braunrot, zinnoberrot, blassmalven, lebhaft malven, braunmalven, hellrosa auf weissem Papier, schwarz auf weissem Karton und schwarz und ultramarinblau auf glacirtem Papier: auch giebt es Exemplare mit veränderter Inschrift und zwar oben: ESPAÑA ohne die beiden C, unten: P. del P. E., in brauner und grauer Farbe auf weissem Papier.

Kopf Guttenbergs en face in einem Oval; um dasselbe ein viereckiger Rahmen mit Inschriften und zwar oben: España, unten: Correos, rechts: Franqueo, links: Impresos, zwischen Oval und Rahmen links die Ziffer 10, rechts ms (maravedis.) In Lithographie hergestellt, nur schwarzblau auf weissem Papier bekannt. (Eine Abbildung des äusserst seltenen Essais war leider nicht zu beschaffen.)

 Spanisches Wappen mit Mauerkrone in kreisrundem Rahmen mit weissem Untergrund; über demselben: CORREOS DE ESPAÑA, unten Wertangabe. Existirt für die Werte 50 und 100 Mil⁵ de esc. in grüner und ziegelroter Farbe auf weissem Papier.

Ein ähnliches Essai unterscheidet sich von diesem nur durch farbigen Untergrund des Kreises, kleinere Krone und einige Details in der Ausführung. Nur 50 Mil⁵ rot auf weissem Papier bekannt.

 Grosses Wappen der Stadt Madrid (siehe Einleitung: Heraldisches) mit Mauerkrone in ovalem Rahmen mit farbigem Untergrund; im Rahmen: CORREOS DE ESPAÑA und Wertangabe in weissen Buchstaben; um das Wappen viereckiger Rahmen mit griechischer Bordüre. Bekannt ist nur der Wert von 25 mil⁵ in blau auf weissem Papier.

5. Mit Beginn des Jahres 1870 wurde ein neuer Entwertungsstempel eingeführt, der bei vielen Postanstalten heute noch in Gebrauch ist. Es ist ein Punktstempel in Form eines schiefwinkeligen Parallelogramms, siehe Taf. VII. 78. Neben diesem Stempel der Haupt-Postanstalten finden wir bei den Carterías und Estafetas völlig abweichende Modelle in Gebrauch, über deren Einführung und Verwendung offizielle Daten nicht zu erlangen waren. Es gehören hierher No. 79. 80 und 81 Taf. VII, doch existiren noch einige andere Abarten.

Zur Bezeichnung der eingeschriebenen Briefe wurden im Laufe des Jahres 1870 neue Stempel eingeführt. Dieselben haben zumeist die Form eines Rechtecks mit abgestumpften Ecken und tragen die Inschrift: CERTIFICADO, oder auch abgekürzt: CERTIF.

C. Marken aus der Zeit der Regierung des Königs Amadeo I.

XXI. Ausgabe:

vom 1. Oktober bis 31. Dezember 1872 und 30. Juni 1873.

ie Ausgabe setzt sich zusammen aus 12 Werten in vier Typen.

1. Type: Zeitungsmarke. Grosses Quadrat aus vier Marken à ¼ céntimos de peseta bestehend; in der Mitte einer jeden Marke ein Oval mit der Ziffer ¼, darunter: de cent^s de peseta, darüber die Königskrone; um das Ganze ein quadratischer Rahmen, in demselben oben und unten: Correos España, rechts und links Wertangabe.

Farbiger Druck auf weissem Papier, ungezähnt. (Taf. VI, 82.)

135. ¼ cent^s de peseta blau in zwei Abstufungen.

    135 a) ¼ cent^s de peseta blau,
    135 b) ¼   „   blassblau.

II. Type: Zeitungsmarke, ähnlich derjenigen der XVII. Ausgabe, nur Wertangabe verändert und an Stelle von „Correos" die Bezeichnung „COMUNIC⸗ (comunicaciones). Farbiger Druck auf weissem Papier, gezähnt 14. (Taf. VI, 83).

136. 2 (Dos) CENTS DE PESETA violett und grau in verschiedenen Schattirungen.

136 a)	2 CENTS DE PESETA	violett,
136 b)	2	„	hellviolett,
136 c)	2	„	lila,
136 d)	2	„	grau,
136 e)	2	„	blaugrau.

137. 5 (Cinco) CENTS DE PESETA grün in vier Schattirungen.

137 a)	5 CENTS DE PESETA	gelbgrün,
137 b)	5	„	blaugrün,
137 c)	5	„	hellblaugrün,
137 d)	5	„	graugrün.

III. Type: Büste des Königs Amadeo zu ³/₄ nach rechts in einem Oval mit liniirtem Untergrund; über demselben: COMU-NICACIONES; in den beiden unteren Ecken Wertangabe in Zahlen, dazwischen: C. ESPAÑA C. Farbiger Druck auf weissem Papier; gezähnt 14. (Taf. VI, 84.)

138. 6 C. (céntimos) blau in zwei Abstufungen.
138 a) 6 C. hellblau,
138 b) 6 C. blassblau.

139. 10 C. violett in drei Abstufungen.
139 a) 10 C. violett,
139 b) 10 C. blassviolett,
139 c) 10 C. dunkelviolett.

140. 12 C. lila in zahlreichen Schattirungen.
140 a) 12 C. lila,
140 b) 12 C. helllila,
140 c) 12 C. blassviolett,
140 d) 12 C. blauviolett,
140 e) 12 C. grau.

141. 25 C. braun in zwei Schattirungen.
141 a) 25 C. braun,
141 b) 25 C. gelblichbraun.

112. 40 C. rötlichbraun in drei Schattirungen.
142 a) 40 C. rötlichbraun,
142 b) 40 C. hellbraun,
142 c) 40 C. dunkelbraun.

143. 5o C. blaugrün in zwei Abstufungen.
143 a) 50 C. blaugrün,
143 b) 50 C. dunkelblaugrün.

IV. Type: Kopf des Königs nach rechts in einem Oval mit liniirtem Untergrund: darüber: COMUNICACIONES, darunter auf viereckigem Schild Wertangabe: in den Ecken unten zwischen Oval und Wertangabe: ESP., auf dem Halsabschnitt der Name des Kupferstechers Julia. Farbiger Buchdruck auf weissem Papier; gezähnt 14. (Taf. VI, 85.)

144. UNA PESETA violett in zwei Abstufungen.
144 a) UNA PESETA violett,
144 b) „ hellviolett.

145. CUATRO PESETAS gelbbraun in zwei Abstufungen.
145 a) CUATRO PESETAS gelbbraun,
145 b) „ blassgelbbraun.

146. DIEZ PESETAS grün in zwei Abstufungen.
146 a) DIEZ PESETAS blaugrün,
146 b) „ hellgrün.

Bemerkungen.

1. Im Oktober 1872 war die neue Münzwährung eingeführt worden, daher die veränderte Wertbenennung.

2. Die Marke zu $1/4$ cents de peseta konnte einzeln oder im Ganzen ($4/4$) gebraucht werden; bei ihrer Herstellung hatte die Marke zu 4 Gute Groschen von Braunschweig als Muster gedient.

3. Die Marken zu 2, 5 und 40 céntimos (No. 136, 137 und 142) existiren auch ungezähnt.

4. Die Essais zu dieser Ausgabe sind wieder sehr zahlreich. Es sind bekannt:
in Type I:
$1/4$ cent. de pes. schwarz auf chamois Papier.
in Type II:
dos cents de peseta karmin auf dickem, weissem, satinirtem Papier,
cinco cents de peseta grün, ultramarin und violett auf ebensolchem Papier.

in Type III:

  5 c. d. p. grün und blau auf dickem. weissem, satinirtem Papier,
  6 c. d. p. blau auf weissem Papier,
             blassblau, gelbgrün und blassgelbgrün auf dickem, weissem,
             satinirtem Papier,
10 c. d. p. blau, gelbgrün und blassgelbgrün auf ebensolchem Papier.
12 c. d. p. blau, gelbgrün und blassgelbgrün auf ebensolchem Papier.
25 c. d. p. gelbbraun, braungelb und grün auf weissem Papier,
             grün, blau und schwarz auf dickem, weissem, satinirtem Papier.
40 c. d. p. blau, malven, violett, grün und braungelb auf weissem Papier,
             grün, blau, dunkelbraun, rotbraun und violettbraun auf cha-
             mois Papier,
             grün, dunkelblau, orange, schwarz und violett auf dickem,
             weissem, satinirtem Papier.
50 c. d. p. grün, gelbbraun auf weissem Papier,
             grün und schwarz auf dickem, weissem, satinirtem Papier.

in Type IV:

Una peseta grün, blassgrün, blau, dunkelblau, braun, violett und
             schwarz auf dickem, weissem, satinirtem Papier,
Cuatro pesetas blau auf gelbem Papier,
             grün, blau und schwarz auf dickem, weissem, satinirtem Papier.
Diez pesetas grün, blau und schwarz auf dickem, weissem, satinirtem Papier;
mit schwarzer Borde um die Marke:
Una peseta   schwarz auf dickem, weissem, satinirtem Papier.
Ohne Angabe des Wertes:
             blau, dunkelblau, orange, lebhaft orange, gelbgrün, blaugrün,
             gelbbraun, braungelb, dunkelbraun, karmin und rosa.

Ausser diesen Essais in den angenommenen Typen giebt es noch eine Reihe
sehr schöner, nicht angenommener Entwürfe:

Kopf des Königs Amadeo $^{3}/_{4}$ nach rechts im Kreise mit
liniirtem Untergrund (ähnlich Type III); in den beiden oberen
Ecken: España auf dunklem Grund, unten in den Ecken auf
kleinem sechseckigem Schild Wertangabe, dazwischen Cent.
de peseta. Das Essai kommt auch ohne jegliche Inschrift
und Wertangabe vor.

Es sind in dieser Zeichnung bekannt:

a) mit Wertangabe 12 cent. de peseta: gelbgrün, grün, lila, malven, violett.
    rosa, gelblichbraun, blau und schwarz.

b) mit Wertangabe 12 cent. de peseta, Kopf mit Umrandung, Rechteck ausser-
    halb des Kreises und Inschriften in 3 verschiedenen Farben und zwar:

Kopf blau,	Rechteck schwarz,	Inschriften und obere Ecken rot,
„ blau,	„ grün,	„ schwarz,
„ blau,	„ orange,	„ schwarz,
„ dunkelblau,	„ orange,	„ schwarz,
„ dunkelblau,	„ grün,	„ schwarz,
„ dunkelblau,	„ grün,	„ rot,
„ grün,	„ rosa,	„ blau,
„ grün,	„ orange,	„ blau,
„ blau,	„ grün,	„ rot,
„ blau,	„ schwarz,	„ orange,
„ grün,	„ blau,	„ schwarz,
„ blau,	„ grün,	„ schwarz,

Kopf blau,	Rechteck orange,	Inschriften und obere Ecken	rot,
" blau,	" rot,	"	schwarz
" blassblau,	" rot,	"	schwarz,
" blau,	" schwarz,		rot,
" blau,	" orange,	"	rot.

c) ohne Wertangabe und ohne Inschrift:
schwarz, blass- und dunkellila, grün, rosa, blau, dunkelblau, orange
und lebhaft orange,

in zwei Farben: Kopf blau, Ecken grün,
" blau, " orange.

Typus der Philippinen-Marken des Jahres 1872 (siehe Philippinen.
Ausgabe XIII), nur an Stelle von „CORREOS" das Wort „ESPAÑA" und
„COMUNICACIONES" an Stelle von „FILIPINAS". Das Essai ist selten
und nur mit Wertangabe 12 cents de pesetas in schwarzer Farbe auf weissem
Papier bekannt

Kopf des Königs zu ³/₄ nach rechts innerhalb eines ovalen
Rahmens mit liniirtem Untergrund; oben in demselben:
ESPAÑA, der untere Teil ist weiss gelassen zur Aufnahme
der Wertbezeichnung; in den Ecken Verzierungen.
Das Essai kommt, in Kupferstich ausgeführt, in verschiedenen Farben vor:
auf weissem Karton in schwarz, zinnober, fleischfarben, grün,
bronzegrün, dunkelblau und dunkelrot,
auf glacirtem Papier in schwarz, violett, blassgrün, blau,
orange, perlgrau und weinrot.

Kopf des Königs zu ³/₄ nach rechts innerhalb eines ovalen
Rahmens mit liniirtem Untergrund; der Rahmen ist zum Teil
weiss gelassen für die Inschriften; in den Ecken kleine weisse
Schilder für die Wertangabe.
Das Essai existirt, in Kupferstich ausgeführt, in verschiedenen Farben, und zwar:
auf weissem Karton in blau und gelbbraun,
auf glacirtem Papier in braunviolett, schwarz und blassgrün.

Kopf des Königs nach rechts in einem Kreise mit
liniirtem Untergrund; über dem Kreise ein weissgelassenes
Band und zwei kleine Schilder, unten ein grösseres Schild
zur Aufnahme der Inschriften.
Das in Kupferstich hergestellte Essai kommt auf weissem,
glacirtem Papier in schwarzer, dunkelblauer, braunvioletter,
dunkelbrauner und violetter Farbe vor.

Kopf des Königs nach links in einem Oval mit liniirtem
Untergrund, um das Oval viereckiger Rahmen, an den Seiten
und in den Ecken Verzierungen, oben: COMUNICACIONES,
unten: Wertangabe.
Das Essai existirt, in Kupferstich ausgeführt, für den
Wert von 12 Cents.
auf weissem, glacirtem Papier in lila, blau und gelbbraun,
auf weissem Karton in schwarzer Farbe.

Kopf des Königs nach rechts in einem Kreise mit liniirtem Untergrund; über dem Kreis ein viereckiger Schild mit: COMUNICACIONES, unten ein ebensolcher mit Wertangabe.

Ist auf weissem und glacirtem Papier in lila und blau bekannt.

Kopf des Königs nach rechts in einem ovalen Rahmen mit liniirtem Untergrund; die Ecken sind mit wagerechten Strichen ausgefüllt; unten ein weissgelassener Rahmen zur Aufnahme der Inschrift.

Ist nur in schwarzem und braunem Druck (Kupferstich) auf weissem Papier bekannt.

Kopf des Königs in Hochrelief nach links in einem Perlenoval mit farbigem Untergrund; über dem Oval ein länglicher, an den Ecken abgerundeter Schild mit der Inschrift: ESPAÑA, COMUNICACIONES, CORREOS oder IMPRESOS, unten ein ebensolcher mit der Wertangabe; zwischen beiden arabeskenartige Verzierungen. Existirt für verschiedene Werte auf weissem und farbigem Papier und zwar:

a) mit „COMUNICACIONES" im oberen Schild:

25 MIM§ DE E̱ͦ rot und blassrot,
50 „ „ „ orange,
100 „ „ „ gelbgrün,
200 „ „ „ blassviolett, dunkelviolett,
400 „ „ „ bronzegrün,
1 E̱ͦ 600 MIL§ orange,
2 ESCV DOS rosa.

b) mit „CORREOS 1871" im oberen Schild:

25 MIL§ DE ESC̱ͦ orange,
50 „ „ „ weinrot,
100 „ „ „ dunkelviolett,
200 „ „ „ gelbgrün,
400 „ „ „ orange,
1 ESCͦ 600 MIL§ bronzegrün,
2 ESCV DOS rot,

c) mit „IMPRESOS" im oberen Schild:

1 MILᴬ DE E̱ͦ rot auf gelbem Papier,
1 „ „ „ gelb auf lila Papier,
10 MIL§ „ „ violettrosa auf blauem Papier,
10 „ „ „ grün auf lila Papier.

d) mit „ESPAÑA" im oberen Schild:

10 MIL§ DE ESC̱ͦ rosa auf blauem Papier,
grün auf rosa Papier,
12 CUARTOS schwarz auf rosa Papier,
19 „ schwarz auf gelbem Papier.

Grosse Wertziffer in einem Oval mit liniirtem Untergrund, über und unter demselben auf einem in den Ecken Kreise bildenden Band: ESPAÑA bezw. Wertangabe; in den Eckkreisen Wiederholung der Wertangabe. Das Essai kommt in Reliefdruck und gewöhnlichem Buchdruck vor:

a) in Reliefdruck:
5 MILS DE E⁹ orange, grün und schwarz auf weissem Papier.

b) ohne Relief:
5 MILS DE E⁹ gelbgrün, lila, schwarz, grauschwarz und rot auf weissem Papier.

XXII. Ausgabe:

vom 1. Januar bis 30. Juni 1873.

III. Type der vorigen Ausgabe, nur Aenderung der Farben und der Wertangabe. (Taf. VI, 84.)

Farbiger Buchdruck auf weissem Papier; gezähnt 14.

147. 5 C. karmin in zwei Abstufungen.

147 a) 5 C. karmin,
147 b) 5 „ karminrosa.

148. 10 C. blau in zwei Schattirungen.

148 a) 10 C. ultramarinblau,
148 b) 10 „ blassblau.

149. 20 C. violett in zwei Abstufungen.

149 a) 20 C. violett,
149 b) 20 „ blassviolett.

Bemerkungen.

1. Am 1. Januar 1873 traten folgende Portotarif-Aenderungen ein:

   einfache Briefe (bis 15 gr.) innerhalb Spaniens . . . 10 Céntimos,
   einfache Stadtbriefe . . . . 5 „
   Drucksachen, Manuscripte und Waarenproben bis 15 gr. 5 „
   Eingeschriebene Briefe . . . . 50 „

   Infolge dieses Tarifes wurden am 1. Januar die Marken zu 5, 6, 10 und
   12 céntimos eingezogen und durch solche zu 5 und 10 es. in anderen Farben
   ersetzt; der Wert 20 C. wurde neu geschaffen.

2. Von den Marken zu 5 und 20 céntimos giebt es Essais in abweichenden
   Farben auf dickem, weissem, satinirtem Papier und zwar:

   5 C. de p. grün und dunkelblau,
   5   „   gelbgrün und dunkelblau.

3. Briefe mit dem Aufdruck „Por rapor" in rechteckigem Rahmen von 34 : 19 mm
   Grösse stammen aus der Stadt Bilbao, welche im Jahre 1873 von den Carlisten
   belagert und von jedem Verkehr zu Lande abgeschlossen, einen Dampfer aus-
   gerüstet hatte, um die Postsendungen auf dem Rio Nervion nach Castro,
   Santoña und Santander zu befördern. Die hierdurch verursachten Kosten
   wurden durch ein Zuschlagporto von 25 céntimos de real pro Brief gedeckt.
   Das ursprünglich private Unternehmen ging im April 1873 in die Hände der
   Regierung über, was eine Erhöhung des Zuschlagportos auf 10 céntimos de
   peseta zur Folge hatte.

   Der als Zeichen des bezahlten Zuschlagportos aufgedrückte Stempel
   existirt in zwei Abarten, von denen die eine etwas grössere und gerundetere
   Buchstaben besitzt. Beide finden sich in schwarzer und blauer Farbe vor.
   (Tafel VII, No 86).

D. Marken der Republik.

XXIII. Ausgabe:

vom 1. Juli 1873 bis 30. Juni 1874.

eichnung der X. Ausgabe von Span. Westindien, nur Aenderung der Inschriften: España, als sitzende Frauengestalt dargestellt, in der rechten Hand einen Olivenzweig, den linken Arm auf ein Wappenschild stützend, liniirter Untergrund: oben auf einem Band: COMUNICACIONES, zu beiden Seiten in weissen Buchstaben auf dunklem Grund: ESPAÑA, unten Werthangabe: rechts unten in der Ecke: E. J., Initialen des Kupferstechers Eugenio Julia.

Farbiger Buchdruck auf weissem Papier; gezähnt 14. (Taf. VI,87).

150. 2 **C. D. PESETA (céntimos de P.) orange in drei Abstufungen.**

150 a) 2 C. D. PESETA orange,
150 b) 2   „   blassorange.
150 c) 2   „   lebhaft orange.

151. 5 **C. D. PESETA rosa in drei Schattirungen.**

151 a) 5 C. D. PESETA rosa,
151 b) 5   „   blassrosa,
151 c) 5   „   schmutzigrosa.

6

152. **10 C. D. PESETA grün in vier Schattirungen.**
152 a) 10 C. D. PESETA grün,
152 b) 10 „ blaugrün,
152 c) 10 „ hellblaugrün,
152 d) 10 „ gelbgrün.

153. **20 C. D. PESETA mehr oder weniger intensiv schwarz.**
153 a) 20 C. D. PESETA schwarz,
153 b) 20 „ grauschwarz.

154. **25 C. D. PESETA braun in zwei Schattirungen.**
154 a) 25 C. D. PESETA braun,
154 b) 25 „ gelbbraun.

155. **40 C. D. PESETA violett in zwei Abstufungen.**
155 a) 40 C. D. PESETA violett,
155 b) 40 „ blassviolett.

156. **50 C. D. PESETA blau in drei Abstufungen.**
156 a) 50 C. D. PESETA blau,
156 b) 50 „ blassblau,
156 c) 50 „ dunkelblau.

157. **UNA PESETA lila in drei Schattirungen.**
157 a) UNA PESETA lila,
157 b) UNA „ blasslila,
157 c) UNA „ blaugrau.

158. **4 PESETAS braun in zwei Schattirungen.**
158 a) 4 PESETAS rotbraun,
158 b) 4 „ braungelb.

159. **10 PESETAS violettbraun in drei Schattirungen.**
159 a) 10 PESETAS violettbraun,
159 b) 10 „ blassbraun,
159 c) 10 „ bräunlich.

Zu diesen zehn Werten kommt noch hinzu:

Zeitungsmarke: Zeichnung der XXI. Ausgabe, nur statt der Königskrone die sogen. Mauerkrone. (Tafel VI. 88.)
Farbiger Buchdruck auf weissem Papier; ungezählt.

160. **¼ Cent^s de peseta grün in drei Schattirungen.**
160 a) ¼ Cent^s de peseta grün,
160 b) ¼ „ „ „ blaugrün,
160 c) ¼ „ „ „ gelbgrün.

Bemerkungen:

1. Die Marke zu ¼ c. d. p. blieb in Gebrauch bis zum Oktober 1877, nach andern Angaben sogar bis zum Frühjahr 1878.

2. Im November 1873 wurden in Sevilla zwei verschiedene Fälschungen der Marken zu 10 céntimos entdeckt. Die Eine ist daran erkennbar, dass sie im Untergrund 88, anstatt 82 Linien besitzt, die Buchstaben der Inschriften grösser und fetter sind, die Linien des sechseckigen Rahmens sich nicht bis unten hin verlängern, der Fuss der España den liniirten Raum überragt und die Initialen E. Julia's fehlen. Die Andere hat dagegen 99 Linien im Untergrund, bei España fehlt der Tilde über dem n, der Fuss der España ist 1 mm von der Umfassungslinie entfernt, der Löwe im Wappenschilde ist magerer, der Turm dagegen breiter; die Buchstaben E. J. fehlen.

3. Von Essais zu dieser Ausgabe ist nur die Marke zu 10 Pesetas in gelbbrauner und grüner Farbe bekannt.

XXIV. Ausgabe:

vom 1. Juli bis 30. September 1874 und 31. Juli 1875.

Weibliche Figur mit den Attributen der Gerechtigkeit innerhalb eines Kreises. Im Kreise links: COMUNICACIONES, rechts Wertangabe, unten Jahreszahl; unter dem Kreise: ESPAÑA zwischen Wertangabe in Ziffern.

Farbiger Buchdruck auf weissem Papier; gezähnt 14. (Taf. VI. 89.)

161. 2 C. D. PESETA gelb in zwei Schattirungen.

161 a) 2 C. D. PESETA schwefelgelb,
161 b) 2   „   blassgelb.

162. 5 C. D. PESETA violett in drei Schattirungen.

162 a) 5 C. D. PESETA violett,
162 b) 5   „   blassviolett,
162 c) 5   „   rotviolett.

163. 10 C. D. PESETA blau in zwei Abstufungen.

163 a) 10 C. D. PESETA blau,
163 b) 10   „   blassblau.

164. 20 C. D. PESETA grün in zwei Abstufungen.

164 a) 20 C. D. PESETA dunkelgrün,
164 b) 10   „   hellgrün.

6*

165. 25 C. D. PESETA rotbraun in zwei Abstufungen.

165 a) 25 C. D. PESETA rotbraun,
165 b) 25 „ blassrotbraun.

166. 40 C. D. PESETA violett in zwei Abstufungen.

166 a) 40 C. D. PESETA violett,
166 b) 40 „ blassviolett.

167. 50 C. D. PESETA gelb und orange in verschiedenen Schattirungen.

167 a) 50 C. D. PESETA orange,
167 b) 50 „ gelborange,
167 c) 50 „ gelb,
167 d) 50 „ blassgelb.

168. UNA PESETA grün in drei Schattirungen.

168 a) UNA PESETA gelbgrün,
168 b) UNA „ blassgelbgrün,
168 c) UNA „ grün.

169. 4 PESETAS karmin und rot in verschiedenen Schattirungen.

169 a) 4 PESETAS karmin,
169 b) 4 „ karminrosa,
169 c) 4 „ rot.

170. 10 PESETAS mehr oder weniger intensiv schwarz.

170 a) 10 PESETAS schwarz,
170 b) 10 „ grauschwarz.

Bemerkungen.

1. Um die leeren Staatskassen etwas zu füllen, hatte die Regierung der Republik am 1. Juli 1874 zu dem traurigen Mittel gegriffen, die Herstellung und den Vertrieb aller Post-, Telegraphen- und Stempelmarken einer Gesellschaft, der „Sociedad de timbre" in Entreprise zu geben. Der Vertrag bestand bis zum 30. Juni 1878.

2. Die Ausgabe des Jahres 1874 war ursprünglich als Judicialmarke für Portorico angefertigt, daher die eigentümliche Darstellung der España als „Justitia".

3. Die Marke zu 10 C. de peseta wurde im Laufe des Jahres 1874 mehrfach gefälscht, die Fälschungen lassen sich an abweichender Zeichnung und Inschrift, sowie an der unregelmässigen Zähnung unschwer erkennen. Von den Marken zu 4 und 10 Pesetas existiren vorzügliche Fälschungen. Kennzeichen derselben sind: Unterschiede der Buchstaben S und E in Pesetas, S in España, und der Ziffer 0 in 10 und zwar: bei den Fälschungen ist der obere und untere Teil des S gleich, während sie bei den echten Marken differiren, der wagerechte Mittelstrich des E ist bei den Fälschungen zu weit nach oben,

während er bei den Originalen sich genau in der Mitte befindet, die Ziffer 0 vor Pesetas ist bei den Fälschungen zu schlank, während sie bei den Originalen breiter und fetter erscheint. Ausserdem ist bei den Fälschungen die Farbe meist grau, bei den Originalen dagegen schwarz.

Die Gleichheit dieser Merkmale bei der 4 und 10 Pesetas-Marke lassen auf den nämlichen Urheber schliessen. Beide Falsifikate werden vielfach, selbst von renommirten Händlern als echt verkauft.

4. Von Essais giebt es die Marken zu 10 c d. p. in ultramarinblau, die zu 20 c. in schwarzer, diejenige zu 25 cs. in violetter und karminroter, diejenige zu 40 cs. in brauner Farbe, die beiden ersten ungezähnt.

Von nicht angenommenen Typen kennt man:

Frauenkopf mit Mauerkrone (España) nach links in einem viereckigen Rahmen; in demselben oben: COMUNICACIONES, rechts und links: España, unten und in den unteren Ecken Wertangabe. Man behauptet, dieses Essai wäre zur Ausgabe fertig gestellt gewesen, die Ausgabe wäre aber durch die Thronbesteigung König Alfonso's verhindert worden. Es existirt für den Wert von 10 c. in blauer, carminroter, gelber und schwarzer Farbe auf weissem, schwarz auch auf grünem Papier.

Frauenkopf mit Mauerkrone en face in einem Kreise mit liniirtem Untergrund; unter dem Kreise auf einem viereckigen Schild: Wertangabe.

Das Essai existirt für den Wert von 5 c. d. Peseta in schwarzer, gelbgrüner, blauer, gelbbrauner und roter Farbe auf weissem Karton, in schwarz und hellbrau auch auf weissem Papier.

XXV. Ausgabe:

vom 1. October 1874 bis 31. Juli 1875.

Spanisches Wappen mit Mauerkrone, Lorbeerzweige auf beiden Seiten, Untergrund liniirt; oben in achteckigem Schild: COMUNI-CACIONES, unten Wertangabe.

Farbiger Druck auf weissem Papier: gezähnt 14. (Taf. VI, 90.)

171. 10 CENT^s PESETA braun in vier Schattirungen.

171 a) 10 CENTS^s PESETA	braun,	
171 b) 10	„	dunkelbraun,
171 c) 10	„	gelblichbraun,
171 d) 10	„	rotbraun.

Bemerkungen.

1. Die Marke wurde notwendig, wegen der zahlreichen Fälschungen der 10 Cents-Marke der vorigen Ausgabe.

2. Von ihr sind eine Reihe mangelhafter Drucke bezw. Fehldrucke bekannt und zwar:
   - a) eine runde 3 an Stelle des S in CENTS
   - b) eine eckige 3   „   „
   - c)   =   „   „
   - d) ein C   „   „
   - e) ein Z   „   „

3. Einige Bogen der Ausgabe entgingen der Zähnung und wurden ungezähnt postalisch verwendet.

4. Von Essais existirt die angenommene Type in blauer Farbe auf weissem Papier  und in braun auf weissem Karton; auch giebt es dieselbe in unvollendeter Ausführung, d. h. ohne Schraffirung des Untergrundes und ohne Inschriften in blauer Farbe auf hellblauem Papier.

E. Marken aus der Zeit der Regierung des Königs Alfonso XII.

XXVI. Ausgabe:

vom 1. August 1875 bis 31. Mai 1876 bezw. 30. Juni 1878.

Kopf des Königs Alfons XII. nach rechts in einem Oval mit liniirtem Untergrund; um das Oval ein viereckiger Rahmen, ausgefüllt in den vier Ecken mit den Wappen von Castilien und Leon, an den Seiten mit Ornamenten, oben durch das Wort: COMUNICACIONES, unten durch die Wertangabe; auf dem Halsabschnitt E. J., Initialen des Kupferstechers Engenio Julia.

Auf der Rückseite befinden sich Kontrollziffern von 1 bis 100 innerhalb eines Vierecks, entsprechend nebenstehender Abbildung.

Farbiger Buchdruck auf weissem Papier: gezählt 14. (Taf. VI, 91).

172. 2 C⁵ PESETA rotbraun in drei Schattirungen.

    172 a) 2 C⁵ PESETA rotbraun,
    172 b) 2 C⁵   „   hellrotbraun,
    172 c) 2 C⁵   „   gelblichbraun.

173. 5 C^s PESETA violett in drei Schattirungen.

 173 a) 5 C^s PESETA blasslila,
 173 b) 5 C^s „ rötlichviolett,
 173 c) 5 C^s „ braunviolett.

174. 10 C^s PESETA blau in drei Schattirungen.

 174 a) 10 C^s PESETA blau,
 174 b) 10 C^s „ blassblau,
 174 c) 10 C^s „ mattblau.

175. 20 C^s PESETA braungelb in zwei Abstufungen.

 175 a) 20 C^s PESETA braungelb,
 175 b) 20 C^s „ blassbraungelb.

176. 25 C^s PESETA rosa und karmin in drei Schattirungen.

 176 a) 25 C^s PESETA rosa,
 176 b) 25 C^s „ karminrosa,
 176 c) 25 C^s „ karmin.

177. 40 C^s PESETA braun in drei Abstufungen.

 177 a) 40 C^s PESETA braun,
 177 b) 40 C^s „ , dunkelbraun,
 177 c) 40 C^s „ blassbraun.

178. 50 C^s PESETA violett in vier Schattirungen.

 178 a) 50 C^s PESETA violett,
 178 b) 50 C^s „ blassviolett.
 178 c) 50 C^s „ rötlichlila,
 178 d) 50 C^s „ bläulichlila.

179. 1 PESETA mehr oder weniger intensiv schwarz.

 179 a) 1 PESETA schwarz,
 179 b) 1 „ grauschwarz.

180. 4 PESETAS grün in drei Schattirungen.

 180 a) 4 PESETAS dunkelgrün,
 180 b) 4 „ grün,
 180 c) 4 „ graugrün.

181. 10 PESETAS blau in zwei Abstufungen.

 181 a) 10 PESETAS ultramarinblau,
 181 b) 10 „ blassblau.

Bemerkungen.

1. Die Marke zu 2 C^s peseta blieb in Gebrauch bis zum 30. Juni 1878.

2 Wie schon erwähnt, hatte die republikanische Regierung den Verkauf der Postwertzeichen der Sociedad de timbre in Entreprise gegeben, welche, um ihren Gewinn nicht zu schmälern, mit allen Mitteln das Fälschen der Marken zu verhindern oder doch zu erschweren suchte. Daher die Einführung der

Kontrollziffern. Trotzdem tauchten nach kurzer Zeit falsche Marken zu 1, 4 und 10 pesetas auf, die sich von den echten nur durch die etwas abweichende Form der Buchstaben in „Comunicaciones" und „Pesetas" erkennen lassen.

3. Von den Marken zu 2, 5 und 10 C$ haben sich einige Bogen der Zählung entzogen.

4. Von Essais wurden bekannt:

10 C$ Peseta blau auf weissem und dunkelgrünem Papier,
gelbbraun auf blassgrünem Papier, gezähnt,
25 C$ Peseta karmin auf blassgrünem Papier,
40 C$ Peseta karmin auf blassgrünem Papier, gezähnt.
1 Peseta schwarz auf weissem Papier, mit Kontrollnummern auf der Rückseite

5. Durch Erlass vom 1. April 1874 wurde die Anfertigung neuer Datumstempel angeordnet und dieselben am 1. August 1874 in Madrid, im Januar 1875 in den Provinzen verausgabt, der Stempel des Jahres 1857 wird jedoch heute noch von einzelnen Post-Anstalten gebraucht. Der neue Stempel zeigt die gewöhnlichen Angaben und unterscheidet sich von den bisher üblichen Modellen durch die Grösse, Taf. VIII, 92 und IX, 93. Neben diesem Stempel giebt es bei einigen Post-Anstalten ein kleines Modell (Tafel VIII, 94), auch tauchen um dieselbe Zeit an verschiedenen Orten Stempel in achteckiger Form auf (Tafel VIII, 95). Auf Einheitlichkeit der Post-Utensilien scheint man in Spanien keinen Werth gelegt zu haben.

Ein im nämlichen Jahre neu verausgabter Certificado-Stempel besteht aus einem Rechteck mit abgestumpften Ecken, welcher in 3 Reihen: Certificado, Datum und Aufgabeort angiebt. Er ist noch heute in Gebrauch, (siehe Taf. VIII, 96 und IX, 97) und existirt in mehreren Grössen.

Ein Rundschreiben der G. P. D. vom 29. October 1874 ordnet die Entwertung der Marken ausschliesslich durch Datumstempel an. Dieser Befehl scheint jedoch bald wieder aufgehoben worden zu sein, wie die verschiedenen Formen von neu eingeführten Entwertungsstempeln auf Tafel VIII (98—101) beweisen.

XXVII. Ausgabe:

vom 1. Juni 1876 bis 30. Juni 1878.

Büste des Königs Alfons XII zu ³/₄ nach rechts innerhalb eines Perlen-Ovals mit liniirtem Untergrund; um das Oval quadratischer verzierter Rahmen, darüber rechteckiger Schild mit COMUNICACIONES, darunter in den Ecken Wertziffern und zwischen beiden Wertbezeichnung.

Farbiger Druck auf weissem, satinirtem und nicht-satinirtem Papier mit Wasserzeichen (Turm); gezähnt 14.
(Taf. VI, 102.)

A. 1876. Auf weissem, satinirtem Papier.

182. 5 C$\frac{s}{}$ PESETA **braun** in drei Schattirungen.
    182 a) 5 C$\frac{s}{}$ PESETA gelbbraun.
    182 b) 5 C$\frac{s}{}$ „   rotbraun,
    182 c) 5 C$\frac{s}{}$ „   dunkelbraun.

183. 10 C$\frac{s}{}$ PESETA **blau** in zwei Abstufungen.
    183 a) 10 C$\frac{s}{}$ PESETA hellblau,
    183 b) 10 C$\frac{s}{}$ „   dunkelblau.

184. 20 C$\frac{s}{}$ PESETA **russischgrün** in zwei Abstufungen.
    184 a) 20 C$\frac{s}{}$ PESETA russischgrün,
    184 b) 20 C$\frac{s}{}$ „   blassrussischgrün.

185. 25 C$\frac{s}{}$ PESETA **rotbraun** in zwei Abstufungen.
    185 a) 25 C$\frac{s}{}$ PESETA rotbraun,
    185 b) 25 C$\frac{s}{}$ „   dunkelrotbraun.

186. 40 C$\frac{s}{}$ PESETA **schwarzbraun** in zwei Abstufungen.
    186 a) 40 C$\frac{s}{}$ PESETA schwarzbraun,
    186 b) 40 C$\frac{s}{}$ „   blassschwarzbraun.

187. 5o C$\frac{s}{}$ PESETA **grün** in drei Schattirungen.
    187 a) 50 C$\frac{s}{}$ PESETA gelbgrün,
    187 b) 50 C$\frac{s}{}$ „   hellgelbgrün,
    187 c) 50 C$\frac{s}{}$ „   grün.

188. 1 PESETA **blau** in drei Schattirungen.
    188 a) 1 PESETA blau,
    188 b) 1   „   dunkelblau,
    188 c) 1   „   indigoblau.

189. 4 PESETAS **rötlichviolett** in drei Abstufungen.
    189 a) 4 PESETA rötlichviolett,
    189 b) 4   „   blassrötlichviolett,
    189 c) 4   „   lebhaft rotviolett.

190. 10 PESETAS **zinnoberrot.**

B. 1877. Auf wenig oder gar nicht satinirtem, dünnerem Papier:
die Platten sind etwas aufgearbeitet, was besonders an den
Inschriften erkenntlich ist.

191. 5 C$\frac{s}{}$ PESETA **braun** in zwei Schattirungen.
    191 a) 5 C$\frac{s}{}$ PESETA olivenbraun.
    191 b) 5 C$\frac{s}{}$ „   rotbraun.

192. 10 C$\frac{s}{}$ PESETA **lebhaft blau.**

193. 25 C⁸ PESETA braun.

194. 5o C⁵ PESETA grün.

195. 1 PESETA blau (mit dünneren, schlankeren Wertziffern).

196. 4 PESETAS rötlichviolett.

197. 10 PESETAS blasszinnoberrot.

Bemerkungen.

1. Nach den schlechten Erfahrungen, welche man bisher mit den in Madrid angefertigten Marken gemacht hatte, entschloss sich die Sociedad de timbre diese Ausgabe in London anfertigen zu lassen. Die Ausführung derselben ist vorzüglich gelungen, und wenn auch die Kosten dieser Emission sich auf 160000 Pesetas beliefen, so konnte man sich doch rühmen, dass während der achtzehnmonatlichen Verkehrsdauer derselben auch nicht eine einzige Fälschung bekannt wurde. Leider kehrte die Postverwaltung im Jahre 1878 aus falscher Sparsamkeit wieder zur Fábrica nacional de sellos zurück. und sofort tauchten auch wieder Fälschungen auf.

 2. Um eine Wiederbenutzung von gebrauchten Postwertzeichen unmöglich zu machen, wurde im Jahre 1877 der Vorschlag gemacht, die Marken mit einem abtrennbaren Coupon zu versehen. Die nebenstehende Type, privaten Ursprungs, verdankt diesem Gedanken ihr Dasein. Sie wurde jedoch aus praktischen Gründen zurückgewiesen.

3. Merkwürdigerweise hatte man noch keine Stempelschwärze gefunden, welche den Bemühungen der Portodefraudanten erfolgreichen Widerstand zu leisten vermochte. So lieferte im Jahre 1875 der Apotheker Escalera zu Gijon eine grosse Zahl von Marken an die Postverwaltung ein, bei welchen die Entwertungsstempel vermittelst einer Ammoniaklösung abgewaschen waren, und welche somit zum zweitenmal zur Frankirung dienen konnten. Es wurde infolgedessen vorübergehend eine Entwertung vermittelst flüssigen Karmins eingeführt, indem man mit einem kleinen Pinsel einen dicken Strich in dieser Farbe über die Marke zog, s. Tafel VIII, Nr. 103. Dieses Verfahren erwies sich sehr bald als durchaus unpraktisch, und da auch andere Versuche, die Marken den Manipulationen der Portodefraudanten gegenüber dauernd zu entwerten, zu keinen brauchbaren Ergebnissen geführt, der zu dieser Zeit ebenfalls probirte Durchlochungsstempel aber von der öffentlichen Meinung einstimmig verurteilt worden war, so kehrte man nach kurzer Zeit (Erlass vom 30. Oktober 1876) wieder zur bisherigen Entwertung durch Datumstempel und Druckerschwärze zurück. Durch Erlass vom 18. Januar 1878 wurde ein neuer Typus eines Datumstempels eingeführt. Derselbe zeigt die bisher üblichen Angaben und unter-

scheidet sich von dem bisherigen, der im Uebrigen von einer grossen Zahl Post-Anstalten weiter benutzt wird, durch die Grösse und das Mittelschild. (Tafel IX, Nr. 104.) Man findet diesen Stempel häufig auch in blauer Farbe. Für die Administraciones ambulantes wurde am 7. Dezember 1878 ein neues Stempelmodell eingeführt. Dasselbe ist ein längliches Viereck mit abgestumpften Ecken und trägt in drei Reihen die Bezeichnung: Administracion ambulante, Datum und Aufgabeort.

Von Entwertungsstempeln finden sich auf den Marken dieser Ausgabe neue Typen von Punktstempeln, teils mit, teils ohne einen Stern in der Mitte.

XXVIII. Ausgabe:

vom 1. Oktober 1877 an.

Zeitungsmarke in der Zeichnung der XXI. Ausgabe, nur etwas veränderte Königskrone.

Farbiger Buchdruck auf weissem Papier; ungezähnt. (Tafel VI, 105.)

198. ¹/₄ de cents de peseta grün in drei Schattirungen.

198 a) ¹/₄ de cents de peseta gelbgrün,
198 b) ¹/₄   „   blaugrün,
198 c) ¹/₄   „   dunkelgrün.

Bemerkungen.

1. Ueber das Ausgabedatum dieser Marke findet man abweichende Angaben. Duro rechnet sie zur vorigen Ausgabe, bemerkt aber, dass sie erst, nachdem die gleichwertige Marke der XXI. Ausgabe (mit Mauerkrone) völlig aufgebraucht. d. h. nicht vor Januar 1878, in Gebrauch genommen wäre.

2. Gezähnte Exemplare sind privaten Ursprungs.

3. Es giebt einen Fehldruck mit umgekehrter 1 in der Wertangabe.

XXIX. Ausgabe:

vom 1. Juli 1878 bis 30. April 1879.

Kopf des Königs nach rechts in einem Oval mit liniirtem Untergrund; darüber in rechteckigem Schild: COMUNICACIONES, darunter Wertangabe; die Ecken zwischen Oval und Inschriften sind mit Ornamenten ausgefüllt; auf dem Halsabschnitt der Name des Kupferstechers Julia.

Farbiger Buchdruck auf weissem Papier; gezähnt 14. (Taf. VI, 106).

199. **2 CENT. PESETA lila in zwei Abstufungen.**
199 a) 2 CENT. PESETA rötlichlila,
199 b) 2 „ „ blassrötlichlila.

200. **5 CENT. PESETA orange in drei Schattirungen.**
200 a) 5 CENT. PESETA gelborange,
200 b) 5 „ „ blassgelborange,
200 c) 5 „ „ blassrötlichgelb.

201. **10 C. DE PESETA braun in zwei Abstufungen.**
201 a) 10 C. DE PESETA braun,
201 b) 10 „ „ dunkelbraun.

202. **20 CENT. PESETA mehr oder weniger intensiv schwarz.**
202 a) 20 CENT. PESETA schwarz,
202 b) 20 „ „ grauschwarz.

203. **25 CENT. PESETA gelblichbraun in vier Schattirungen.**
203 a) 25 CENT. PESETA gelblichbraun,
203 b) 25 „ „ blassgelblichbraun,
203 c) 25 „ „ dunkelgelblichbraun,
203 d) 25 „ „ oliven.

204. **40 CENT. PESETA braunrot in zwei Abstufungen.**
204 a) 40 CENT. PESETA braunrot,
204 b) 40 „ „ blassbraunrot.

205. **50 C. DE PESETA blaugrün in zwei Abstufungen.**
205 a) 50 C. DE PESETA blaugrün,
205 b) 50 „ „ blassblaugrün.

206. **UNA PESETA graulila in zwei Abstufungen.**
206 a) UNA PESETA graulila,
206 b) „ „ blassgraulila.

207. **4 PESETAS** dunkelviolett.

208. **10 PESETAS blau in zwei Abstufungen.**

208 a) 10 PESETAS dunkelblau.
208 b) 10 „ hellblau.

Bemerkungen.

1. Die Marke zu 2 cents peseta existirt auch ungezähnt.

2. Im September 1878 wurden in Bilbao falsche Marken zu 1 und 4 pesetas entdeckt. Ein Rundschreiben der Postverwaltung giebt folgende Kennzeichen derselben:

    a) Die falschen Marken à 1 Peseta zeigen Unterschiede im Umriss des Kopfes des Königs, insbesondere ist die Nasenspitze runder;

    b) Die Entfernung vom Augenwinkel zur Nasenwurzel ist grösser;

    c) Die Buchstaben des Wortes „Comunicaciones" sind schmaler;

    d) Die Haut des Königs, welche bei den echten Marken durch Gruppen von schön geschweiften Linien bezeichnet wird, besteht bei den falschen aus einer Reihe unordentlich gezeichneter Linien.

Die falschen Marken à 4 Pesetas zeigen dieselben Unvollkommenheiten des Stiches, ausserdem aber in der Schattirung des Gesichts und des Untergrundes weisse Stellen in Folge nicht scharf genug gezogener Linien.

3. Von Essais wurden bekannt:

    sämtliche Werte in grün, blau, karminrot, gelblichbraun und dunkelbraun, ausserdem:

    2 cents d. p. schwarz, gummirt, auch gezähnt,
    10 cents d. p. orange und lila,
    1 peseta   rosa und weinrot auf blasschamois Papier,
    10 pesetas   weinrot.

Von den Marken zu 40 cents giebt es Essais mit der Inschrift: Correos y Teleg.^{FOS} anstatt Comunicaciones.

XXX. Ausgabe:

vom 1. Mai 1879 bis 1. Oktober 1889.

Kopf des Königs nach links in einem Oval mit liniirtem Untergrund; über dem Oval auf rechteckigem Schild: CORREOS Y TELEG?, unten Wertangabe; zwischen Oval und Inschrift Ornamente: auf dem Halsabschnitt der Name Julia.

Farbiger Buchdruck auf weissem Papier; gezähnt 14. (Taf. VI, 107.)

209. **2 CENTIMOS mehr oder weniger intensiv schwarz.**
209 a) 2 CENTIMOS schwarz,
209 b) 2   „   grauschwarz.

210. **5 CENTIMOS blaugrün in drei Abstufungen.**
210 a) 5 CENTIMOS blaugrün,
210 b) 5   „   blassblaugrün,
210 c) 5   „   dunkelblaugrün.

211. **10 CENTIMOS karmin in vier Schattirungen.**
211 a) 10 CENTIMOS karmin,
211 b) 10   „   karminrosa,
211 c) 10   „   blassrosa,
211 d) 10   „   bräunlichrosa.

212. **20 CENTIMOS gelblichbraun in zwei Abstufungen.**
212 a) 20 CENTIMOS gelblichbraun,
212 b) 20   „   blassgelblichbraun.

213. **25 CENTIMOS blau in zahlreichen Schattirungen.**
213 a) 25 CENTIMOS ultramarinblau,
213 b) 25   „   blassblau,
213 c) 25   „   lilablau,
213 d) 25   „   graublau,
213 e) 25   „   grau.

214. **40 CENTIMOS braun in zwei Abstufungen.**
214 a) 40 CENTIMOS braun,
214 b) 40   „   blassbraun.

215. **50 CENTIMOS gelb in zahlreichen Schattirungen.**
215 a) 50 CENTIMOS gelb,
215 b) 50   „   blassgelb,
215 c) 50   „   braungelb,
215 d) 50   „   orangegelb,
215 e) 50   „   lebhaft orange,
215 f) 50   „   blasszinnoberrot.

216. **UNA PESETA karmin in drei Schattirungen.**

216 a) UNA PESETA karmin,
216 b) UNA „ karminrosa,
216 c) UNA „ blassrosa.

217. **4 PESETAS grau in zwei Abstufungen.**

217 a) 4 PESETAS grau,
217 b) 4 „ dunkelgrau.

218. **10 PESETAS oliven in zwei Abstufungen.**

218 a) 10 PESETAS olivengelb,
218 b) 10 „ blassolivon.

Bemerkungen.

1. Die Ausgabe wurde aus zwei Gründen notwendig, einerseits, weil infolge internationalen Uebereinkommens die Farben der Werte von 5, 10 und 25 céntimos in grün, karmin und blau festgesetzt, andererseits, weil durch Erlass vom 27. Februar 1879 die Kriegssteuermarken eingezogen, ihr Wert aber zum Porto zugeschlagen wurde. Die Portosätze veränderten sich dementsprechend wie folgt:

für Briefe im Ortsverkehr . . . . 10 céntimos,
für Briefe im Innern Spaniens und den Adjacentes 25 „
für Briefe nach Cuba und Portorico . . . . . 40 „
für Briefe nach den Philippinen . . . . . . 65 „

Die Zeichnung dieser Ausgabe war ursprünglich für eine neue Ausgabe der Kriegssteuermarken bestimmt.

2. Die Marken zu 2 und 25 céntimos kommen auch ungezähnt vor.

3. Die grosse Zahl von Essais zu dieser und der nachfolgenden Ausgabe in der angenommenen Type lässt den Verdacht aufsteigen, dass hier von der National-Markenfabrik ein neuer Handelsartikel geschaffen werden sollte. Es existiren sämtliche Werte der Ausgabe auf dickem, weissem Papier:

a) in den offiziellen Farben,
b) in den Farben: lila, gelbbraun und blau,
c) in braunrot; ausserdem noch die Marken zu 25 c. u. 1 pes. in grüner Farbe.

Von nicht angenommenen Typen ist ein sehr schönes Essai der Amerikanischen Banknoten-Compagnie bekannt, welches den König in einem ogivalen Rahmen zu ³/₄ nach rechts darstellt; in den Ecken Wertziffern, oben España, unten Wertangabe.

Das Essai existirt in folgenden Farben:

2 céntimos de peseta grün.
5 „ braun, rot, schwarz, grün, blau, zinnoberrot und violett,
10 „ blau,
20 „ schwarz,
25 „ bräunlichrot,
40 „ zinnoberrot,
50 „ gelblichbraun,

1 peseta   dunkelblau,
4 pesetas   karminrot,
10 „   malvenfarbig.

Neuerdings wurden noch Essais bekannt, welche sich von der angenommenen Type nur dadurch unterscheiden, dass die Bezeichnung Correos y Teleg^{Fos} durch Comunicaciones ersetzt ist. Man kennt die Werte 5 céntimos in blau, 10 céntimos in grün und 15 céntimos in violett.

XXXI. Ausgabe:

vom 1. Januar 1882 bis 30. September 1889.

Kopf des Königs nach links in einem Oval mit liniirtem Untergrund, worüber in hufeisenförmigem Rahmen: CORREOS Y TELEG^{Fos}, unten Wertangabe; auf dem Halsabschnitt der Name Julia.

Farbiger Druck auf weissem Papier; gezähnt 14. (Taf. VI, 108.)

219. 15 CENTIMOS zinnoberrot in drei Schattirungen.
    219 a) 15 CENTIMOS zinnoberrot,
    219 b) 15   „   blasszinnoberrot,
    219 c) 15   „   fleischfarben.

220. 30 CENTIMOS violett in zwei Abstufungen.
    220 a) 30 CENTIMOS violett,
    220 b) 30   „   blassviolett.

221. 75 CENTIMOS lilablau.

Bemerkungen.

1. Da die durch die verschiedenen Bürgerkriege zerrüttete Finanzlage des Staates sich allmählig etwas gebessert hatte, so wurde durch Erlass vom 1. Januar 1882 eine Herabsetzung der Portosätze angeordnet und dieselben, wie folgt, festgesetzt:

    für einfache Briefe im Ortsverkehr   10 céntimos
    für einfache Briefe innerhalb Spaniens und der Adjacenten 15 „
    für einfache Briefe nach Cuba und Portorico   30 „
    für einfache Briefe nach den Philippinen und Fernando Póo 50 „

2 Die Ausgabe zeichnet sich vielfach durch mangelhafte Zähnung aus; von den Marken zu 15 céntimos giebt es einen fehlerhaften Druck mit 5 anstatt 15 céntimos.

3. Von den Marken zu 15 céntimos sieht man häufig Stücke in blassgelber Farbe; diese Schattirung entsteht durch längeres Liegen im Wasser. Die Marke zu 30 céntimos kommt halbiert postalisch gebraucht vor.

4. Eine neue Type war zur Ausgabe fertig gestellt, als König Alfons XII. starb. Sie zeigt den Kopf des Königs nach rechts in einem Oval mit liniirtem Untergrund; darüber auf rechteckigem Schild: COMUNICACIONES, darunter Wertangabe. Es existiren in dieser Type 13 Werte in verschiedenen Farben auf weissem Papier und zwar:

2 céntimos dunkelschieferblau und grau,
5   „   lebhaft blau und rot,
10   „   grün und blau,
15   „   rot, braun, schieferblau, grün, blau und rotbraun,
20   „   grün und rotbraun,
25   „   dunkelschieferblau und rot,
30   „   dunkelschieferblau und gelblichbraun,
40   „   violettrot, grün und blau,
50   „   rot und gelblichbraun,
75   „   grün und rotbraun,
1 peseta gelblichbraun und schieferblau,
4 pesetas dunkelschieferblau,
10   „   lebhaft blau.

5. Von Essais existiren die sämtlichen Werte der Ausgabe, ausserdem aber noch diejenigen zu 5 und 10 céntimos in abweichenden Farben und Papiersorten und zwar:

5 céntimos blau auf dickem, weissem Papier,
10   „   grün auf dickem, weissem Papier,
15   „   blau, lebhaft blau, braunrot, lila und gelblichbraun auf
             dickem, weissem Papier,
             orange auf dünnerom, weissem Papier,
             gelblichbraun auf grünem Papier, auch gezähnt,
25   „   gelblichbraun und karminrot auf dickem, weissem Papier,
             blau auf dickem, weissem Papier,
30   „   malvenfarbig auf dünnerem, weissem Papier,
75   „   schieferblau auf dünnerem, weissem Papier,
             violett, lebhaft blau auf dickem, weissem Papier.

F. Marken aus der Zeit der Regentschaft der Königin Maria Christina bezw. der Regierung des Königs Alfonso XIII.

XXXII. Ausgabe:

vom 1. Oktober 1889 an.

opf des Königs Alfonso XIII. nach rechts in einem Oval mit liniirtem Untergrund; oben auf rechteckigem Schild: COMUNICACIONES, unten Wertangabe; Ecken zwischen Oval und Schild mit Verzierungen ausgefüllt; auf dem Halsabschnitt der Name Julia. Farbiger Buchdruck auf weissem Papier; gezähnt 14. (Taf. VI, 109.)

222. **2 CENTIMOS** grün in drei Abstufungen.
222 a) 2 CENTIMOS blaugrün,
222 b) 2 „ blassgrün,
222 c) 2 „ dunkelblaugrün.

223. **5 CENTIMOS** blau in zwei Abstufungen.
223 a) 5 CENTIMOS blau,
223 b) 5 „ dunkelblau.

7*

224. 10 CENTIMOS rotbraun in drei Abstufungen.
224 a) 10 CENTIMOS rotbraun,
224 b) 10 „ blassrotbraun,
224 c) 10 „ lebhaft rotbraun.

225. 15 CENTIMOS braunviolett in drei Abstufungen.
225 a) 15 CENTIMOS braunviolett,
225 b) 15 „ dunkelbraunviolett,
225 c) 15 „ blassbraunviolett.

226. 20 CENTIMOS gelbgrün.

227. 25 CENTIMOS dunkelblau in zwei Schattirungen.
227 a) 25 CENTIMOS schwarzblau,
227 b) 25 „ stahlblau.

228. 30 CENTIMOS russischgrün in zwei Abstufungen.
228 a) 30 CENTIMOS russischgrün,
228 b) 30 „ hellrussischgrün.

229. 40 CENTIMOS dunkelbraun.

230. 50 CENTIMOS rosa in drei Schattirungen.
230 a) 50 CENTIMOS rosa,
230 b) 50 „ bräunlichrosa,
230 c) 50 „ dunkelkarmin.

231. 75 CENTIMOS orange in zwei Schattirungen.
231 a) 75 CENTIMOS rotorange,
231 b) 75 „ gelborange.

232. UNA PESETA dunkelviolett.

233. 4 PESETAS lebhaft karmin.

234. 10 PESETAS zinnoberrot in drei Schattirungen.
234 a) 10 PESETAS zinnoberrot,
234 b) 10 „ blasszinnoberrot,
234 c) 10 „ fleischfarben.

Bemerkungen.

1. Die Marken zu 2, 15 und 30 céntimos kommen halbirt gebraucht vor (siehe Taf. XIII, 151).

2. Von der Marke zu 15 céntimos giebt es einen angeblichen Fehldruck in rötlichbraun oder gelbbraun. Derselbe wird in neuerer Zeit — wohl mit Recht — als chemische Fälschung erklärt.

3. Von der Marke zu 15 céntimos giebt es zwei, von derjenigen zu 25 c. drei verschiedene Fälschungen, welche man trotz ihrer mangelhaften Ausführung häufig postalisch entwertet findet.

4. Von allen Werten giebt es ungezähnte Exemplare.

5. Von Essais der angenommenen Zeichnung in abweichenden Farben sind bis jetzt bekannt:

     25 céntimos dunkelblau auf graugrünlichem Papier,
               blau auf blassgraugrünlichem Papier,
               blau auf schmutziggraublauem Papier,
               dunkelblau auf blassrosa Papier;

ungezähnt:

     5 céntimos dunkelultramarinblau auf weissem Papier,
    25 céntimos dunkelschwarzblau auf weissem Papier.

Von Essais in abweichender Zeichnung kennt man nur folgendes:

 Kopf der Königin-Regentin in ovalem Rahmen nach rechts, alles übrige Detail wie bei den eingeführten Marken. Das Essai findet sich für den Wert von 30 céntimos in den Farben: karminrosa, dunkelkarmin, zinnoberrot, orangegelb, blau, hell- und dunkelviolett, violettbraun, braunrot, gelblichbraun, dunkelbraun, bronzegrün, blaugrün, gelbgrün, ultramarinblau und stahlblau, sämtlich auf weissem Papier, ungummirt.

Der Timbre-Poste vom Februar 1893 meldet das Essai einer für die spanische Post in Marokko bestimmten Marke. Dasselbe ist in der Zeichnung der XXXII. Ausgabe ausgeführt, trägt oben die Inschrift: ESPAÑA-CORREOS, unten: 15 CTS MARRUECOS und ist in blauer Farbe auf weissem Papier gedruckt. Von einer Einführung dieser Marke wurde bis jetzt nichts bekannt.

6. Zu der grossen Zahl der vorhandenen Stempelmodelle tritt Ende 1892 ein neues für Madrid. Dasselbe scheint für sämtliche Postanstalten zur Beschaffung in Aussicht genommen zu sein. (Taf. XIII, 152). Markenentwertungsstempel werden in neuerer Zeit nicht mehr verwendet, sondern die Postwertzeichen durch den Aufgabestempel entwertet.

II.

Dienstmarken, Marken für Privatpersonen, Kriegssteuermarken.

A. Dienstmarken.

ie Marken für dienstliche Korrespondenzen wurden eingeführt durch Königlichen Erlass vom 16. März 1854. Sie wurden nur verwendet bei dienstlichen Schreiben einer Behörde an eine andere, waren dagegen unverwendbar bei Briefen, welche die Adresse einer Privatperson trugen, auch wenn dieselben von einer Behörde ausgingen und dienstlichen Inhalt hatten. Die Berechtigung, sich solcher Marken bedienen zu dürfen, musste durch Beifügung des Dienstsiegels der betreffenden Behörde documentirt werden, fehlte dasselbe, so hatte die Dienstmarke keinerlei Gültigkeit. Eine Eigentümlichkeit der spanischen Dienstmarken besteht darin, dass sie nicht die Höhe des Portos, sondern das Höchstgewicht der Sendung angeben, welches der betreffenden Marke entspricht. Die Dienstmarken wurden durch den oben angeführten Erlass auch in den Kolonien eingeführt, am 4. Juli 1866 in Spanien, einige Wochen später auch in den Kolonien wieder abgeschafft und durch handschriftlichen oder auch vorgedruckten Vermerk der Behörden mit beigedrucktem Dienstsiegel ersetzt. (Taf. IX, 105.)

Es existiren zwei Ausgaben:

I. Ausgabe:

vom 1. Juli bis 31. Dezember 1854.

Spanisches Wappen mit Krone, umgeben von dem Orden des goldenen Vliesses; oben auf rechteckigem Schild: CORREOS 1854, unten das Höchstgewicht, für welches die Marke gebraucht werden durfte. Schwarzer Buchdruck auf farbigem Papier, ungezähnt. (Taf. IX, 110.)

1. **MEDIA ONZA gelb.**

2. **UNA ONZA rosa in zwei Abstufungen.**
   2a) UNA ONZA rosa,
   2b) UNA „ dunkelrosa.

3. **CUATRO ONZAS grün.**

4. **UNA LIBRA lila-blau.**

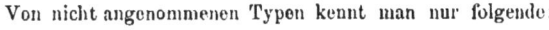

Bemerkungen:

1. Von der I. Ausgabe giebt es mehrere Fälschungen, die Zeichnung des Wappens und der Inschriften sind jedoch bei allen derart ungeschickt ausgeführt, dass nur ein Anfänger durch sie getäuscht werden kann.

2. Von Essais ist die angenommene Zeichnung in den verschiedensten Farben bekannt und zwar:

MEDIA ONZA	weiss, lila, lebhaft rosa, violettrosa, dunkelchamois, gelblichchamois und dunkelgelb,
UNA ONZA	dunkelviolett, lila, hell- und dunkelchamois,
CUATRO ONZAS	weiss, strohgelb, violett, rosa, blassblau und lila,
UNA LIBRA	weiss, blau, blassblau, lila und blasschamois.

Von nicht angenommenen Typen kennt man nur folgende:

Kopf der Königin Isabella im Relief ohne Krone nach links in einem ovalen Rahmen; oben im Rahmen: CORREO OFICIAL, unten: 1 LIBRA 1854, dazwischen auf jeder Seite ein Stern; das Essai ist nur in grüner Farbe auf gelblichem Papier bekannt.

II. Ausgabe:

vom 1. Januar 1855 bis 31. Juli 1866.

Spanisches Wappen mit Krone in einem Oval; oben zu beiden Seiten der Krone: CORREO OFICIAL, unten Gewichtsangabe. Schwarzer Buchdruck auf farbigem Papier; ungezähnt. (Taf. IX, 111.)

5. **MEDIA ONZA gelb in drei Schattirungen.**
   5 a) MEDIA ONZA orangegelb,
   5 b) MEDIA   „   strohgelb,
   5 c) MEDIA   „   blassgelb.

6. **UNA ONZA rosa in vier Schattirungen.**
   6 a) UNA ONZA rosa,
   6 b) UNA   „   dunkelrosa,
   6 c) UNA   „   blassrosa,
   6 d) UNA   „   fleischfarben.

7. **CUATRO ONZAS grün in drei Schattirungen.**
   7 a) CUATRO ONZAS grün,
   7 b) CUATRO   „   gelbgrün,
   7 c) CUATRO   „   blassgrün.

8. **UNA LIBRA blau in zwei Schattirungen.**
   8 a) UNA LIBRA blau,
   8 b) UNA   „   graublau.

Bemerkungen:

1. Von diesen Marken sind grosse Restbestände in die Hände der Händler über-gegangen, trotzdem giebt es einige Fälschungen. Es gilt auch über diese das in Bemerkung 1 zur I. Ausgabe Gesagte.

2. Von Essais giebt es zahlreiche Abzüge in abweichenden Farben und zwar:
   MEDIA ONZA   weisslichgrau,
   UNA ONZA   weisslichgrau, rosa, lebhaft rosa, weiss und gelblich-chamois,
   CUATRO ONZAS weiss,
   UNA LIBRA   schwarzgrau, grün, gelblichbraun, gelbgrün, lila, malven, blau und bronzegrün,
   Ohne Inschriften   weisslichgrau.

B. Marken für Privatpersonen.

ie hierher gehörigen Marken sind Erzeugnisse zweier spekulativen Spanier, denen für die Herausgabe eines Buches bezw. zu dem Versande desselben von der spanischen Postverwaltung auf eine gewisse Zeit Portofreiheit bewilligt worden war.

I. Durch Erlass vom 22. Dezember 1868 wurde dem Lithographen Diego Castell für die Veröffentlichung eines Werkchens, betitelt: „Cartilla postal," welches eine Anleitung zum richtigen Schreiben von Briefadressen pp. enthielt und für die Schüler der Volksschulen bestimmt war, Portofreiheit auf die Dauer von sechs Monaten — vom 1. Januar bis 1. Juli 1869 — für den Versand dieses Buches gewährt. Castell erfand zu diesem Zweck eine Marke, welche einen Brief innerhalb eines Ovals mit der Umschrift: „CARTILLA POSTAL DE ESPAÑA" zeigt. Blauer Druck auf weissem Papier, ungezählt. (Taf. IX, 112.)

    1. **Ohne Wertangabe blau.**

II. In gleicher Weise wurde im Juni 1881 dem Verfasser der Geschichte und Beschreibung der spanischen Postwertzeichen

(„Reseña histórico-descriptiva de los sellos de correos de España"). Don Antonio Duro, eine sechsmonatliche Portofreiheit für den Versand dieses Werkes bewilligt, zu welchem Zwecke derselbe ebenfalls eine Marke anfertigen liess: Aufgeschlagenes Buch mit der Inschrift: „Sellos de correos Reseña histórica" in einem Oval mit liniirtem Untergrund, um dasselbe ein rechteckiger Rahmen mit der Inschrift: Franquicia Postal (Portofrei).

Schwarzer Druck auf farbigem Papier, ungezähnt. (Taf. IX, 113.)

2. Ohne Wertangabe schwarz auf chamois.

Bemerkungen.

1. Es ist klar, dass derjenige, welcher die Dienstmarken in seine Sammlung aufnimmt, logischerweise auch dieser Erzeugnisse des Erfindungsgeistes nicht entbehren darf. Der hohe Preis, welchen die Händler für diese beiden Marken beanspruchen, ist jedoch in keiner Weise gerechtfertigt, umsoweniger als nichts zu der Annahme berechtigt, dass die Platten zu diesen Marken vernichtet und Neudrucke unmöglich sind.

2. Von Marken No. 1 werden Stücke in schwarzem Druck auf blaugrauem Papier vielfach als Essais betrachtet und verkauft. Dieselben stammen von dem Titelblatt des Werkchens und sind daher völlig wertlos.

3. Beide Marken findet man selten postalisch entwertet. Am häufigsten tragen sie den Entwertungsstempel 114, Taf. IX.

4. Ende November 1893 meldeten politische und philatelistische Blätter die Ausgabe einer Feldpostmarke für die Soldaten des gegen die Kabylen ausgerüsteten Expeditionscorps in Melilla. Dieselbe zeigt  das spanische Wappen, umgeben von Fahnen und Lorbeerzweigen, darüber die Königskrone, darunter ein Postament aus zwei ruhenden Löwen mit der Aufschrift: MELILLA; um das Markenbild ein rechteckiger Rahmen mit folgenden Inschriften: links: FRANQUICIA-POSTAL, oben: ESPAÑA-CORREOS, unten und rechts: EJERCITO EXPEDICIONARIO (Expeditionscorps), in den Ecken die Jahreszahl 1893 in einzelnen Ziffern.
Die Marke wurde in dreifarbigem Druck schwarz, roth und gelb oder auch blau, rot und gelb hergestellt und kommt sowohl gezähnt, als auch ungezähnt vor. Ihre mangelhafte Ausführung zeigte sofort, dass es nicht ein offiziell ausgegebenes Postwertzeichen, sondern ein Erzeugnis der Privatspekulation war. Thatsächlich hat bis zum November 1893 keine Portofreiheit für die Truppen in Afrika bestanden; die Briefe derselben waren wie gewöhnlich zu frankiren und wurden gesammelt dem Postamt in Malaga übergeben und dort vorschriftsmässig entwertet. Durch Königlichen Erlass vom 5. No-

vember 1893 wurde den Soldaten Portofreiheit für die Dauer des Feldzuges gewährt, das äussere Zeichen derselben bildete der Dienststempel des betreffenden Truppenteiles. Die obige Marke ist daher, auch wenn sie mit einem postalischen Stempel versehen, völlig wertlos.

Das gute Geschäft, welches der Anfertiger der Marken — ein Marken-Händler in Malaga — machte, erzeugte im Januar 1894 eine rege Konkurrenz. Nicht blos erschien eine neue, der ersten ähnlichen Type in bedeutend besserer Ausführung, welche für jeden in Melilla befindlichen Truppenteil in besonderer Farbe und mit Aufschrift der Regiments-Nummer (z. B. Reg$\underline{^{to}}$ de Infantes blau,

Reg$\underline{^{to}}$ de Toledo blasskarmin, Reg$\underline{^{to}}$ de Asia braun, Caz$\underline{^{res}}$ (Jäger) de Cataluña blassrosa u. s. w.) hergestellt wurde, sondern es wurden auch Markenbilder angefertigt und in einigen 1000 Exemplaren an die Soldaten in Melilla unentgeltlich verteilt, welche an Stelle des spanischen Wappens Ansichten einzelner Gebäude pp. Melillas (z. B. Cabrerizas altas, Camellos u. A.) zeigen. Damit nicht genug, wurden auch die Matrosen der an der afrikanischen Küste kreuzenden Kriegsschiffe mit besonderen Marken beglückt, welche in einem Oval das Bild des betreffenden Panzers und die Inschrift ESCUADRA DE OPERACIONES (Operations - Geschwader) tragen. Es ist zu hoffen, dass gerade die Masslosigkeit dieser Spekulation die Sammler vor dem Ankauf dieser völlig wertlosen und auf der Stufe der Dauth'schen Soldaten - Briefmarken stehenden Machwerke abhalten wird.

C. Kriegssteuermarken.

ährend die grosse Masse der Sammler die philatelistisch recht geringwertigen Dienstmarken anstandslos in ihre Sammlungen aufnimmt und kein Vordruck-Album ihnen bis jetzt einen Platz verweigert hat, machte sich in den letzten Jahren merkwürdigerweise in Bezug auf die Kriegssteuermarken eine entgegengesetzte Strömung geltend: man erklärte sie für philatelistisch wertlos. Die Ausscheidung derselben aus unseren philatelistischen Handbüchern und Alben vollzog sich allerdings nur langsam und zögernd, gewissermassen mit innerem Widerstreben. Während Moens die Kriegssteuermarken schon seit vielen Jahren als rein fiskalische Wertzeichen auffasste, konnte die Mehrheit der Philatelisten über diese Marken entschieden nicht in's Klare kommen; man stiess sich zwar allenthalben an der Bezeichnung „Steuermarken", konnte aber andererseits offenbar nicht einsehen, wie Marken, welche in Form und Aussehen nach allen Richtungen den Postmarken Spaniens gleich waren, die sich in Verwendung und Behandlung seitens der Post ebensowenig von den letzteren unterschieden und über welche eine Menge postalischer Erlasse vorlagen, für den Postwertzeichensammler völlig wertlos sein könnten. Erst das

Erscheinen des Moens'schen Spezialwerkes: „Histoire des timbres-poste employés en Espagne" scheint diese Frage endgültig zu Ungunsten der Kriegssteuermarke entschieden zu haben, indem dieselben in neueren Auflagen unserer verbreitetsten Alben nicht mehr erwähnt, kaum noch in den Preislisten unserer Händler aufgeführt werden.

In Nachfolgendem sollen daher die Gründe, welche „für" und „gegen" die Sammelberechtigung der Kriegssteuermarken sprechen, ausführlich besprochen werden, der Leser mag sich dann selbst sein Urteil bilden.

Der Carlistenkrieg, der Aufstand in Cartagena und der Bürgerkrieg auf Cuba hatten direkt und indirekt durch Brachlegen jeglichen Handels und Verkehrs und damit auch Verminderung der Steuerkraft des Landes die Kassen des Staates auf's Aeusserste erschöpft. Um der Regierung die Mittel zur Fortführung des Krieges zu verschaffen, wurde von dem Präsidenten der Republik, Emilio Castelar, durch Gesetz vom 2. Oktober 1873 die Einführung einer Kriegssteuer (Impuesto de guerra) angeordnet, welche im Betrage von 5 und 10 céntimos auf die verschieden-artigsten Dinge aufgeschlagen wurde und in Form von Marken zu bezahlen war.

Der Artikel 3 des erwähnten Gesetzes besagt, dass die Marke zu 5 céntimos auf jedem im Innern der Halbinsel zirkulirenden oder von da nach den Kolonien gehenden Brief, die Marke zu 10 céntimos auf jedem Lotterieloos, Theaterbillet, Eisenbahn-Fahr-karte, auf allen gestempelten Papieren, Wechseln, Affichen, Diplomen, Kauf- und Mietskontrakten zu verwenden sei.

Eine provisorische Instruktion der Regierung vom 22. Ok-tober 1873 erläutert die Verwendung dieser Marken noch näher und ein Rundschreiben der General-Post-Direktion giebt speziell die in Bezug auf postalische Verwendung nötigen Erklärungen. Da uns diese am meisten interessiert, so möge dieses Rundschreiben hier in wortgetreuer Uebersetzung nachfolgen. Dasselbe lautet:

„Der Erlass vom letzten 2. Oktober schreibt in seinem Art. 3 die Ein-führung einer provisorischen Steuer vor, welche unter dem Namen: „Impuesto de guerra" unter den nachfolgenden, in dem genannten Artikel angegebenen Bedingungen erhoben werden soll.

In Uebereinstimmung mit dem § 2 desselben Erlasses unterwirft der Art. 3 der provisorischen Instruktion vom 22. Dezember, gegeben zur Ausführung genannten Erlasses, der Bezahlung dieser aussergewöhnlichen, vorübergehend eingeführten Steuer alle Briefe, zirkulirend auf der Halbinsel und den Adjacenten, ebenso wie diejenigen, welche nach den überseeischen Provinzen vermittelst spanischer Postschiffe befördert werden.

Jeder Brief muss tragen den Wert von 5 céntimos, ausgedrückt durch eine eigens für diesen Zweck geschaffene Marke, welche von dem Absender auf dem Umschlag und der Seite der Adresse zu befestigen ist, ohne Beeinträchtigung der nach den bestehenden Portotarifen zur Frankirung der Briefe nötigen Marken.

Diese neue Steuer wird in Kraft treten am 1. Januar 1874. Infolge hiervon werden die Postanstalten von diesem Tage an alle diejenigen Briefe zurückbehalten, welche nicht mit dieser Spezialmarke versehen sind und die Adressaten davon benachrichtigen in der Form, welche für unfrankirte Briefe vorgeschrieben ist.

Um alle Zweifel und Anfragen zu vermeiden, glaube ich hinzufügen zu sollen, dass von dieser Verfügung ausgeschlossen ist alle internationale Korrespondenz, da Vorschriften eines internen Reglements nicht ein durch Postverträge abgeschlossenes Uebereinkommen aufzuheben vermögen.

In gleicher Weise sind ausgenommen die Postkarten, welche der Erlass vom 2. Oktober nicht einschliesst, da eine Erhöhung des Portos derselben im Widerspruch stände mit den Ideen, welche zu deren Einführung führten.

Madrid, 15. Dezember 1873.

Der General-Direktor:
Antonio del Val."

Diesem Rundschreiben ist noch ergänzend hinzuzufügen, dass laut Instruktion vom 23. Oktober auch die Briefe im Ortsverkehr diese Steuer nicht zahlten und dass durch Erlass vom 13. März 1874 die Steuer von 5 céntimos auch auf die Telegramme ausgedehnt wurde.

Heben wir aus diesen Erlassen und Bestimmungen nochmals diejenigen Sätze hervor, welche für die Geschichte und Verwendung der Kriegssteuermarken besonders wichtig sind, so ergiebt sich:

1. dass die Kriegssteuermarken durch ein Finanz- und Steuergesetz ins Leben gerufen wurden;

2. dass dieses Gesetz die Marke zu 10 céntimos für die verschiedenartigsten Dinge, diejenige zu 5 céntimos aber ganz ausschliesslich für postalische Zwecke bestimmt und ferner

8

3. dass diese 5 céntimos als ein integrirender Bestandteil des für die Frankirung eines Briefes zu bezahlenden Portos zu betrachten sind, da ohne Bezahlung derselben der Brief als unfrankirt angesehen und — da in Spanien Frankirungszwang besteht — als solcher nicht befördert wurde.

Schon hiernach, sollte ich meinen, könnte jeder unbefangen Urteilende nur zu dem Schlusse kommen, dass die Marke zu 10 c. allerdings rein fiskalischen Charakters ist, dass aber die Marke zu 5 c. einen entschiedenen Doppelcharakter, d. h. neben dem steuerfiskalischen einen postalischen besitzt, also auch in eine Postwertzeichen-Sammlung gehört. Doch gehen wir auf die Sachlage näher ein!

Dass die Kriegssteuermarken durch ein Finanzgesetz ins Lebengerufen, dass sie in allen angeführten Erlassen als eine „Steuer" bezeichnet werden, ist nach Obigem ebenso unbestreitbar, als dass sie die Bezeichnung „Impuesto de guerra" an der Stirne tragen. Wenn man jedoch hieraus folgert, dass die Marken zu 5 c. — um diese handelt es sich in Nachfolgendem ganz besonders — deshalb rein fiskalische Marken seien, und wenn man hieraus einen wesentlichen Unterschied zwischen ihnen und den Postmarken konstruiren will, so ist dies spanischer Auffassung und spanischem Sprachgebrauch völlig entgegen. „Impuesto" bedeutet nach dem Diccionario de la academia española nicht blos Auflage, Steuer, Tribut und dergl., sondern überhaupt: Jegliche auferlegte Verbindlichkeit. Nach spanischer Auffassung ist daher das für die Beförderung eines Briefes zu zahlende Porto ebenso ein „impuesto", wie die an den Steuererheber in baarem Gelde zu entrichtende Abgabe. Es wäre eine leichte Sache, zahlreiche postalische Erlasse, philatelistische und andere Aufsätze zu zitiren, in welchen das Wort „impuesto" an Stelle des Wortes porte oder franqueo gebraucht wird, finden sich doch selbst in den von Moens übersetzten und Jedem zugänglichen Erlassen derartige Stellen. So lautet der Artikel 1 des carlistischen Erlasses über die Einführung der Briefmarken in Catalonien in Moens'scher Uebersetzung:

„Est établi un impôt (impuesto) sur la correspondance qui sera perçu par le moyen de timbres spéciaux, qui reproduisent le buste de S. M. le Roi Don Carlos VII. La valeur de chaque timbre sera etc."

Also auch hier ist das Wort „impuesto" für das dem Sinne
nach gemeinte „Briefporto" gesetzt, ohne dass es jemals einem
Menschen eingefallen wäre, die carlistische 16 maravedis - Marke
als eine Steuermarke anzusehen.

Dass nach spanischer Auffassung das Briefporto als eine
„Steuer" anzusehen ist, geht auch deutlich daraus hervor, dass
die Anfertigung und der Verkauf der Postmarken. ebenso wie
derjenige aller Steuermarken der Direccion de las Rentas estancadas, d. h. derjenigen Behörde unterstellt ist, welche die indirekten
Steuern zu erheben hat. Man kauft in Spanien Post-, Wechsel-
und Stempelmarken aller Art gleichmässig in den Bureaux dieser
Steuerbehörde oder bei den diesen unterstellten Lotterie-Einneh-
mern, Tabak- und Salz-Verkäufern *), das Geld für alle diese, von
philatelistischem Standpunkt aus betrachtet, so sehr verschiedenen
Marken fliesst in eine und dieselbe Kasse. Auch das spanische
Strafgesetzbuch macht keinen Unterschied und verurteilt den Porto-
Defraudanten nach demselben Paragraphen, nach welchem es
„Contrebando" d. h. Steuerhinterziehung bestraft.

Es dürfte aus dem Gesagten klar und deutlich hervorgehen,
dass in Spanien der scharfe Unterschied, den man in anderen
Ländern zwischen Post- und fiskalischen Marken macht, nicht
besteht, dass also auch die Folgerungen, die man aus der Bezeichnung „impuesto de guerra" zieht, irrige sind. Im Uebrigen hindert
uns bei der vielfachen Bedeutung des Wortes impuesto nichts,
impuesto de guerra mit „Kriegs-Porto oder Kriegszuschlag-Porto"
zu übersetzen, eine Uebersetzung, die auf jeden Fall den Vorteil
hätte, dass sie das Wesen der Sache deutlicher kennzeichnete.

Doch gehen wir weiter!

Dass die Kriegssteuer von 5 céntimos als ein integrierender
Teil des Briefportos anzusehen ist, geht aus dem Erlass vom
15. Dezember 1873 deutlich hervor. Ein jeder unbefangen Urteilende
wird zugeben, dass unter solchen Verhältnissen der Unterschied
zwischen Post- und Kriegssteuermarke nur ein ideeller, in praxi
nicht vorhandener war. Der Absender hatte für die Beförderung
seines Briefes einfach 5 c. mehr zu bezahlen, ob man dieselben

---

*) Anmerkung: Die Vorsteher der Tabak-Estancos, sowie diejenigen der Salz-Niederlagen
sind, da Spanien diese Artikel staatlich monopolisirt hat, als eine Klasse von Steuerbeamten anzusehen.

„Steuer" oder „Porto" nannte, konnte für ihn gleichgültig sein: für den Postbeamten war es ganz einerlei, ob auf einem Briefe eine Kriegssteuermarke oder eine Postmarke fehlte, in jedem Fall galt der Brief als unfrankirt und musste nach den für unfrankirte Briefe eigenartigen Bestimmungen behandelt werden. Dass zwischen beiden Arten von Marken von den Postbeamten kein Unterschied gemacht wurde, beweist die grosse Zahl mir vorliegender Briefumschläge, auf denen das Porto völlig in Kriegssteuermarken bezahlt ist, ebenso wie auch solche zahlreich vorkommen, bei denen die Kriegssteuermarke durch eine Postmarke ersetzt ist.

Aber, wird man fragen: Weshalb hat man nicht, wenn die Kriegssteuer als ein integrierender Teil des Portos anzusehen ist, das Briefporto einfach erhöht und zur Bezahlung desselben höherwertige Marken verwendet? Die Frage liegt nahe und kann ich aus bester Quelle mitteilen, dass dieser Vorschlag auch im September 1873 von Seiten des General-Post-Direktors Antonio del Val gemacht, aber aus folgenden Gründen abgelehnt wurde:

Hätte man die Kriegssteuer für Briefe dem Porto zugeschlagen und durch höherwertige Postmarken erhoben, so wäre eine Aenderung sämtlicher Posttarife nötig gewesen. Diese Aenderung hätte der im Lande naturgemäss sehr unbeliebten Steuer leicht das Ansehen einer „dauernd beabsichtigten" gegeben. Es lag aber im Interesse der republikanischen Regierung, dass dieselbe als eine provisorische, nur für vorübergehende Bedürfnisse eingeführte und vielleicht schon nach einigen Monaten wieder abgeschaffte, angesehen wurde. Man wusste auch nicht, ob die Finanzlage des Staates nicht in Kurzem — wie es auch thatsächlich der Fall war — eine weitere Erhöhung dieser Steuer nötig mache, dann hätte man von Neuem eine Aenderung der Tarife vornehmen müssen. Das von der Regierung angenommene Verfahren hatte den Vorteil, dass man jederzeit die Kriegssteuer aufheben konnte, ohne anderweitige gesetzliche Bestimmungen ändern zu müssen, die postalischen Tarife blieben dann einfach auf dem status quo ante.

Als sich im Jahre 1879 herausstellte, dass der Staat infolge seiner traurigen Finanzlage diese Kriegssteuer für die nächsten Jahre nicht entbehren könne, so schlug man sie einfach zum Porto, wie aus dem Vergleich der Tarife beider Jahre hervorgeht:

Portosätze für	1872	1879
einfache Briefe im Ortsverkehr	5 cént.	10 cént.
Postkarten	5 „	10 „
Briefe für Spanien und die afrikanischen Besitzungen . .	10 „	25 „
Briefe nach Cuba und Portorico	25 „	40 „
Briefe nach den Philippinen	50 „	65 „

Die Kriegssteuer blieb also thatsächlich bestehen, wurde nur in anderer Form erhoben, also auch „ideell" existirt kein Unterschied zwischen ihr und dem tarifmässigen Porto.

Wie man nach allem diesem an dem postalischen Wert der Kriegssteuermarken zweifeln kann, ist mir deshalb völlig unverständlich. Thatsächlich ist dies auch während beinahe zweier Dezennien von keiner Seite geschehen. Die grössten philatelistischen Autoritäten aller Nationen erkannten sie stets als sammelberechtigte Objekte an, und wenn von Seiten der Bearbeiter philatelistischer Handbücher und der Herausgeber von Alben ein Fehler gemacht wurde, so war es gewöhnlich nur der, dass man nicht scharf genug zwischen den postalisch und fiskalisch gebrauchten unterschied, d. h. dass man auch vielfach solche Kriegssteuermarken aufnahm, welche mit der Post absolut nichts zu thun hatten. Ausdrücklich betont muss dabei werden, dass diese frühere Auffassung der Kriegssteuermarken nicht etwa auf Unkenntnis der bezüglichen Gesetze beruhte, denn alle neuerdings von Moens ins französische übertragenen, auf diese Marken bezüglichen Erlasse sind seit vielen Jahren bekannt, mehrmals gesammelt herausgegeben und in andere Sprachen übersetzt worden.

Aber selbst, wenn alle diese angeführten Gründe nicht ausreichend wären, den Wert und die Sammelberechtigung der Kriegssteuermarken nachzuweisen, wenn dieselben trotz Allem nicht in den, durch die Entwicklung der Philatelie und durch den Usus gezogenen Rahmen hineinpassten, so würde dies meines Erachtens noch lange nicht gegen die Aufnahme derselben in unsere Sammlungen sprechen, sondern nur dafür, dass diese durch die Sammler selbst gezogenen Grenzen aus logischen Gründen zu erweitern wären. Die Kriegssteuermarken gehören mit den sogen. Habilitados und den Carlistenmarken zu den interessantesten Wertzeichen Spaniens, nicht weil sie etwa besonders schön ausgeführt sind oder sich in anderer Beziehung von den gewöhnlichen Briefmarken auszeichnen, sondern weil sie eine Krise in dem Leben und der Geschichte des spanischen Volkes, einen wichtigen Vorgang in der Entwicklungsgeschichte des spanischen Postwesens auf's Deutlichste zum Ausdruck bringen. Sollen unsere Postwertzeichen-Sammlungen mehr sein, als eine blosse Aneinanderreihung buntbedruckter Papierchen, sollen sie wirklich das sein, was sie für den denkenden Philatelisten sind, ein zwar kleiner, aber immerhin interessanter Beitrag zur Kulturgeschichte eines Volkes, eine Illustration zur Entwickelungsgeschichte eines der wichtigsten Verkehrsmittel unseres Jahrhunderts — und nur eine solche Auffassung kann es rechtfertigen, dass so viele Männer jeden Alters und jeden Standes Zeit und Geld auf diese Sache verwenden —, dann dürfen Marken wie die Kriegssteuermarken in ihnen nicht fehlen.

Für denjenigen Sammler, welcher die Berechtigung dieser angeführten Gründe und somit auch den postalischen Wert einzelner Kriegssteuermarken anerkennt, bleibt somit nur noch die Frage zu beantworten, welche Werte derselben im Laufe der Jahre postalische Verwendung gefunden haben. Bis zum Jahre 1877 blieb dies nur die Marke zu 5 céntimos, da die Erhöhung der Kriegssteuer im Jahre 1876 (Ausgabe von Marken zu 5, 10 und 25 c., 1 und 5 pesetas) sich nicht auf den Briefverkehr bezogen hatte. Erst durch Erlass vom 28. August 1877 wurde eine Erhöhung der Kriegssteuer für Postsendungen und die Ausgabe der Werte zu 15 und 50 céntimos, letzterer für eingeschriebene Briefe angeordnet. Leider wurde durch diesen Erlass auch eine vorübergehende Benutzung anderer Werte zu postalischen Zwecken herbeigeführt und hierdurch die bisherige scharfe Trennung der Bestimmung aufgehoben. Da nämlich der Erlass vom 28. August schon am 1. September in Kraft treten sollte, bis dahin aber unmöglich die neuen Werte zu 15 und 50 c. an die Verkaufstellen in den Provinzen übermittelt sein konnten, so wurde von der General-Postdirektion befohlen, dass bis zum Vorhandensein der neuen Werte die Kriegssteuermarken zu 5, 10 und 25 c. der Ausgabe 1876, von denen die beiden letzteren bisher anderen Zwecken gedient hatten, zu verwenden seien.

Durch die Instruktion vom 22. Oktober 1873 war auch die

Art und Weise der Entwertung der Kriegssteuermarken für jeden einzelnen Fall genau bestimmt worden. Man erkennt hiernach die postalisch verwendeten Marken an der Entwertung durch Poststempel, während die zu anderen Zwecken gebrauchten gewöhnlich durch Aufschrift des Datums, Durchlochung (bei Eisenbahnkarten), Halbirung (bei Theaterbillets) oder auf andere Weise unbrauchbar gemacht wurden.

I. Ausgabe:

vom 1. Januar bis 31. Dezember 1874.

Spanisches Wappen mit Mauerkrone in einem Oval mit liniirtem Untergrund: um das Oval ein Rahmen mit Inschriften, oben: IMPUESTO DE GUERRA, unten: 5 CENT. PESETA, dazwischen auf beiden Seiten je ein Stern: um das Ganze eine griechische Bordüre.

Schwarzer Buchdruck auf weissem Papier: gezähnt 14. (Taf. IX, 115.)

1. **5 CENT. PESETA schwarz in zwei Abstufungen.**

    1 a) 5 CENT. PESETA schwarz,
    1 b) 5   „   grauschwarz.

Bemerkungen.

1. Einige Bogen dieser Ausgabe entgingen der Zähnung. Marken derselben kommen postalisch entwertet vor.

2. Im Juli 1874 tauchten Fälschungen dieser Marke auf, die nach einem Rundschreiben der General-Post-Direktion sich hauptsächlich an der etwas grösseren Zahl „5“, sowie an den beiden Sternen, welche bei den Fälschungen grösser und anstatt kreisrund mehr oval sind, erkennen lassen.

3. Essais der 5 céntimos-Marke existiren in blauer und grüner Farbe auf dickem weissem Papier.

II. Ausgabe:

vom 1. Januar 1875 bis 31. Mai 1876.

Spanisches Wappen mit Mauerkrone in einem Oval mit liniirtem Untergrund; um das Oval ein Rahmen mit der Inschrift: ESPANA auf beiden Seiten; unten: CENT., rechts und links davon Wertziffern im Kreise; oben auf flatterndem Bande: IMP^{TO} DE GUERRA. Farbiger Buchdruck auf weissem Papier; gezähnt 14. (Taf. IX, 116.)

2. **5 CENT.** (de peseta) grün in zahlreichen Schattirungen.

2 a)	5	CENT.	grün,
2 b)	5	„	dunkelgrün,
2 c)	5	„	gelbgrün,
2 d)	5	„	hellgelbgrün,
2 e)	5	„	graugrün.

Bemerkung.

Auch von dieser Marke existiren ungezähnte Exemplare.

III. Ausgabe:

vom 1. Juni 1876 bis 1. Mai 1879.

Kopf des Königs Alfonso XII. nach links in einem Oval mit liniirtem Untergrund; um das Oval ein Rahmen mit Inschriften und zwar oben: IMPUESTO DE GUERRA, unten Wertangabe: in den Ecken Verzierungen; auf dem Halsabschnitt der Name Julia. Farbiger Buchdruck auf weissem Papier; gezählt 14. (Taf. IX, 117.)

3. **5 CENT. PESETA** grün in drei Schattirungen.

3 a)	5	CENT. PESETA	grün,
3 b)	5	„	dunkelgrün,
3 c)	5	„	graugrün.

Bemerkungen.

1. Auch diese Marke kommt ungezähnt postalisch entwertet vor.

2. Fälschungen dieser Marke unterscheiden sich durch schlechte Ausführung und gröberes Papier. Erstere zeigt sich besonders in den Linien der Büste und des Untergrundes, welche vielfach weisse Stellen zeigen. Die Farbe ist ein helleres, matteres grün.

3. Essais sind folgende bekannt:
   a) auf weissem Papier und ungezähnt in schwarz, blau, gelblichbraun, malven, braun, gelb, grün, orange und braunviolett;
   b) auf dem nämlichen Papier, gezähnt in schwarz, ultramarinblau, ockerbraun, orange, rothbraun, violett, violettrot und lila;
   c) auf gelbem Papier in grün.

IV. Ausgabe:

vom 1. September 1877 bis 1. Mai 1879.

Zeichnung der vorigen Ausgabe.

4. 10 CENT. PESETA blau in zwei Abstufungen.

   4 a) 10 CENT. PESETA blau,
   4 b) 10   „   lebhaft blau.

5. 25 CENT PESETA schwarz.

October 1877. Kopf des Königs nach links in einem Oval mit liniirtem Untergrund; oben und unten auf rechteckigem Schild: IMPro DE GUERRA bezw. Werthangabe; in den Ecken Verzierungen; auf dem Halsabschnitt der Name Julia.

Farbiger Buchdruck auf weissem Papier; gezähnt 14. (Taf. IX, 118.)

6. 15 C. DE PESETA braunrot in zwei Abstufungen.

   6 a) 15 C. DE PESETA braunrot,
   6 b) 15 C.   „   blassbraunrot.

7. 50 C. DE PESETA orange in zwei Schattirungen.

   7 a) 50 C. DE PESETA orange,
   7 b) 50 C.   „   gelborange.

Bemerkungen.

1. Wie auf Seite 118 bemerkt, waren die Marken zu 10 und 25 céntimos schon im Juni 1876 ausgegeben worden, hatten aber bis zum September 1877 nur steuerfiskalischen Zwecken gedient. Durch Verfügung der General-Postdirektion vom 28. August 1877 wurden sie bis zur Fertigstellung der Marken No. 6 u. 7 zur postalischen Verwendung bestimmt. Ob sie nach deren Ausgabe im Oktober 1877 postalischen Zwecken weiter dienen durften, ist aus den Erlassen nicht ersichtlich.

2. Die Marke zu 15 céntimos wurde im Jahre 1878 in Barcelona gefälscht. Man erkennt die Fälschungen an der helleren Farbe, den ungleichmässigen Strichen des Untergrunds, der gestreckteren Nase des Königs und den helleren, häufig durch weisse Stellen unterbrochenen Haaren desselben.

3. Von Essais zu dieser Ausgabe sind folgende bekannt:

10 c. de pes.	schwarz, blau, grün, braun und rosa,
25 „	schwarz und grün,
10 u. 25 c. d. pes.	grün auf gelbem Papier.

In Zeichnung der Marke von 1877 giebt es:

5 c de peseta blau und braun auf weissem, satinirtem Papier,
          blau, braun und violett auf hell- und dunkelgelbem Papier,
10 c. de peseta blau, grün und rotbraun auf weissem, hell- und dunkel-
          gelbem Papier,
15 c. de peseta blau und grün auf weissem Papier,
          blau, grün, violett, braun und rotbraun auf hell- und
          dunkelgelbem Papier,
          rot, blau und grün auf rötlich chamois,
25 c. de peseta grün und rotbraun auf weissem Papier,
          blau, grau und rotbraun auf hell- und dunkelgelb,
50 c. de peseta blau und violett auf weissem Papier,
          braun, blau und violett auf hell- und dunkelgelbem
          Papier.

Als die Königliche Ordre vom 4. Februar 1879 die Verwendung der Kriegssteuermarken nach dem 1. Mai verbot, war eine neue Ausgabe derselben schon fertig gestellt. Dieselbe wurde, nachdem an Stelle von „IMPTO DE GUERRA" die Bezeichnung „CORREOS Y TELEGS" getreten, zur Herstellung der XXX. Ausgabe benutzt. Mit der alten Inschrift giebt es die Werte:

5	Céntimos	blau,
10	„	karminrosa,
15	„	lila,
25	„	braun,
50	„	schwarzgrün,
1	peseta	gelblichbraun.
5	pesetas	graulila.

ausserdem auf dickem, satinirtem Papier die sämtlichen Werte in grün, blau, lila und gelblichbraun, die Werte zu 15 céntimos, 1 und 5 pesetas ausserdem noch in dunkelkarmin.

III.

Marken des Carlistischen Aufstandsgebietes.

Marken des Carlistischen Aufstandsgebietes.

nter der Regierung des Königs Amadeo erhob der Thron-
prätendent Infant Don Carlos die Fahne des Aufstandes,
der sich, begünstigt durch eine lange Kette von Umständen
und Verhältnissen, deren Schilderung den Rahmen dieses
Buches überschreiten würde, sehr bald über einen grossen
Teil des nördlichen Spaniens ausbreitete. Es kamen nach und
nach unter die Herrschaft „König Karls VII.":

1. die vereinigten Nordprovinzen: Navarra, Vizcaya, Guipuscoa
und Alava mit den angrenzenden Teilen Asturiens, Castiliens
und Ober-Aragons;
2. der grösste Teil von Catalonien (jedoch ohne Barcelona);
3. das sogen. Maestrazgo, d. h. ein Landstrich, gebildet aus
dem südlichen Teil von Nieder-Aragon und dem nördlichen
der Provinz Valencia (ohne die Stadt gleichen Namens).

Von diesen Gebieten blieben jedoch nur die baskischen
Provinzen und Navarra mehrere Jahre ununterbrochen und unan-
gefochten im Besitz der Carlisten, in allen übrigen Teilen ihres
Gebietes wurde ihre Herrschaft vielfach auf kürzere oder längere
Zeit, je nach dem wechselnden Glück der Waffen, unterbrochen.
Auch in den dauernd in ihrer Hand befindlichen Provinzen gelang

es ihnen nicht, sich in den Besitz der sämtlich befestigten Haupt-
städte zu setzen, und Pampeluna, Vitoria, Bilbao und Santander,
die inmitten carlistischen Gebietes gelegenen Zentren des nord-
spanischen Handels, deren Besitzergreifung für die Carlisten von
unberechenbaren Folgen gewesen, gehorchten nach wie vor der
Madrider Regierung.

Mit der Besitznahme eines Landstriches durch carlistische
Streifkorps hörte selbstverständlich die Thätigkeit der spanischen
Postverwaltung auf, ohne dass dafür von carlistischer Seite sofort
ein Ersatz durch Organisation eigener Verkehrseinrichtungen geschaffen werden konnte. So kam es, dass in den Jahren 1872
und 1873 der Briefverkehr in den genannten Provinzen fast ganz
stockte, wenigstens nur unter den grössten Schwierigkeiten mit
Hilfe der noch in einigen Städten befindlichen Garnisonen oder
durch Privatboten, Schmuggler etc. aufrecht erhalten werden konnte.
Der carlistisch gesinnte Teil der Bevölkerung half sich im internen
Verkehr der Provinzen durch private Bestellung, selbstverständlich
ohne Benutzung von Postwertzeichen, im Verkehr mit dem Auslande durch Inanspruchnahme der französischen Grenzpostanstalten
mit Benutzung französischer Briefmarken. Diese letzteren erhielten
von Seiten der Carlisten — wie Moens mitteilt, spanische Quellen
erwähnen hiervon nichts — einen Handstempelaufdruck, bestehend
aus einem fünfeckigen Stern mit Lilie, ein Aufdruck, der später
auch als Entwertungsstempel diente. Nach Moens sollen folgende
französische Marken mit diesem Aufdruck existiren:

von der Ausgabe 1862: 5 centimes grün,
von der Ausgabe 1872: 1 centime bronzegrün,
              2 centimes braunrot,
              5 „ grün,
           15 „ hellbraun,
           20 „ blau,
           25 „ blau,
           40 „ orange,
           80 „ karmin.

Als sich die Herrschaft der Carlisten infolge der Schwäche
der Madrider Regierung, deren personelle und materielle Kräfte
noch durch die Aufstände in Cartagena und auf Cuba in Anspruch
genommen waren, mehr und mehr festigte, zwangen schon

militärische Gründe, aber noch mehr die Notwendigkeit, dem Aufstande neue Geldquellen zu eröffnen, dazu, das Post- und Telegraphenwesen besser zu organisiren. Navarra machte den Anfang, Vizcaya schloss sich ihm an und schon im Frühjahr 1874 sehen wir den Post- und Telegraphendienst der vier Nordprovinzen einheitlich geordnet. Derselbe hatte anfänglich begreiflicherweise mit grossen Schwierigkeiten zu kämpfen, wurde aber nach und nach immer mehr vervollkommnet und funktionirte schliesslich in der Zeit vom Herbst 1874 bis zum Frühjahr 1876 mit ziemlicher Sicherheit.

Was die Organisation anbelangt, so begnügte sich die carlistische Zentraljunta damit, von dem Zentrum Navarras und der ideellen Hauptstadt des carlistischen Staates, der Stadt Estella aus, eine Reihe von Hauptkurirlinien nach der französischen Grenze (Bayonne) zu organisiren, indem sie es den Provinzialjuntas überliess, die weniger wichtigen Punkte des Landes an diese anzuschliessen. So entstand allmählich ein dichtes Netz von Post- und Telegraphenlinien über das ganze carlistische Nordspanien. Die Generaldirektion des Verkehrswesens, ganz der spanischen nachgebildet, hatte unter der den Carlisten wohlwollenden Präsidentschaft Mac Mahons und dem Ministerium Décazes ihren Sitz in Bayonne, wurde aber im Juli 1874 nach Tolosa verlegt; Direktionen waren in Elizondo, Vergara, Durango und Alava etablirt.

Das Porto betrug innerhalb des Aufstandsgebietes für Briefe bis zu 15 gr. 1 Real (= 25 céntimos de peseta), für jede weiteren 15 gr. oder Teile dieses Gewichts je 1 Real mehr; dienstliche Korrespondenzen waren portofrei. Für Briefe nach dem Auslande war ein carlistisches Porto bis zur französischen Grenzstation (Bayonne) zu bezahlen und ausserdem das französische Porto (pro je 10 gr. 1 Real) beizufügen. Diese Briefe waren infolgedessen doppelt zu convertiren, das äussere Couvert trug die Aufschrift: „Al encargado de la correspondencia Carlista — Bayona", (siehe Tafel X) oder auch: „Al encargado general de la correspondencia de Francia — Bayona, (siehe Tafel XI), war mit den carlistischen Marken beklebt und enthielt in seinem Innern ausser dem Brief das französische Porto in Geld oder in ungebrauchten carlistischen oder französischen Briefmarken. Von der Grenze ab galt der innere Umschlag, welcher in gewöhnlicher Weise Namen und Wohnort des Adressaten anzugeben hatte. Für alle Korrespon-

denzen war der Frankirungszwang eingeführt, unfrankirte Briefe
zahlten im Gebiete des Aufstandes das doppelte Porto, meist
wurden sie jedoch einfach verbrannt.

Was die carlistischen Freimarken der vier Nordprovinzen
anbelangt, so wurden dieselben in Bayonne angefertigt und zwar
die erste Ausgabe wahrscheinlich schon vor der oben geschilderten
Organisation der Postlinien (Dezember 1873) im ▪ Herbst 1873.
Ob sie vor Frühjahr 1874 thatsächlich zur Verwendung kamen,
ist zweifelhaft, da erst von dieser Zeit an eine gewisse Ruhe und
Sicherheit der Verhätnisse eintrat. Ihre Verwendung war im
Uebrigen, auch nachdem die Organisation der Post vollendet, eine
verhältnismässig seltene, da die Zentren des Handels und der
Industrie Nordspaniens nie in die Gewalt des Prätendenten kamen,
die Landbewohner der baskischen Provinzen aber meist des Schreibens unkundig sind, auch keine Veranlassung zu Korrespondenzen
hatten. Viele der kleineren Postanstalten besassen scheinbar
überhaupt keine Marken oder kamen nur unregelmässig in den
Besitz derselben und mussten sich deshalb meist mit einem handschriftlichen Frankirungsvermerk behelfen. So ist die Zahl der
in Sammlungen oder im Handel befindlichen „gebrauchten" carlistischen Marken eine sehr geringe, umsomehr, als die Marken
aller ins Ausland gerichteten Briefe nicht in den Besitz des
Adressaten gelangten, sondern auf der carlistischen Postagentur
zu Bayonne in den Papierkorb wanderten.

Ganz anders entwickelten sich die postalischen Verhältnisse
der Carlisten auf den beiden anderen Kriegsschauplätzen, der
Provinz Catalonien und dem Maestrazgo.

Während in den baskischen Provinzen und in Navarra die
Gesamtheit der Bewohner die Sache des Don Carlos zu der ihrigen
machte, die Organisation der Regierung und des Heeres sich
infolge dessen leicht und rasch vollzog, während dort die
geographische Beschaffenheit des Landes eine Verteidigung ungemein erleichterte und infolge hiervon wiederum eine längere
Zeit ungestörten Besitzes und ruhiger Entwickelung eintreten
konnte, entbehrten die Verhältnisse in Catalonien und im Maestrazgo
jeglicher Stabilität. Die fast ausschliesslich von Handel und Industrie
lebenden Catalanen und Valencianer schlossen sich nur in verhältnis-

mässig geringer Zahl dem Aufstande an, der infolge dessen nur langsame Fortschritte machte. Während in den Nordprovinzen schon zu Ende 1874 eine Armee von fast 100 000 Mann gut gekleideter, vorzüglich bewaffneter und von tüchtigen Offizieren geführter Truppen vorhanden war, blieben die sogenannten Armeen von Catalonien und Valencia bis zuletzt nur ein disziplinloser Haufen von zusammengelaufenen Abenteurern, welche den Truppen der Regierung in Madrid dauernd die Spitze zu bieten nicht imstande waren.

Unter diesen Verhältnissen ist es begreiflich, dass die Organisation des Post- und Telegraphenwesens hier erst beinahe ein Jahr später in die Hand genommen und dass der Postdienst niemals so sicher funktionirend werden konnte, wie in den baskischen Provinzen. Auf die Daten der uns überlieferten carlistischen Erlasse ist kein besonderer Wert zu legen, da die Verhältnisse ihre Befolgung in den meisten Fällen illusorisch machten.

Die Organisation des Postwesens in Catalonien ist analog derjenigen der Nordprovinzen, nur dass die Briefe in's Ausland nicht nach Bayonne, sondern nach Pratts de Mollo gesandt wurden. Das Porto betrug für Briefe im Aufstandsgebiet pro 10 gr. = 4 cuartos = 16 maravedis (etwa $^1/_2$ Real); Briefe in's Ausland wurden genau wie in den baskischen Provinzen behandelt.

Ueber die Organisation der Post im Maestrazgo sind Details nicht bekannt geworden, allem Anschein nach bestand eine solche nur auf dem Papier. Gebrauchte Marken dieser Provinz sind sehr selten, die mir bis jetzt vor Augen gekommenen Abstempelungen waren sämtlich gefälscht.

A. Marken für die Baskischen Provinzen und Navarra.

I. Ausgabe:

vom 1. Januar bis 1. Juli 1874.

Kopf des Prätendenten Don Carlos in einem Oval mit liniirtem Untergrund; das Haar ist in der Mitte gescheitelt, die Nase durch Punkte schattirt; zwischen den Augenbrauen befindet sich eine weisse Stelle, um den Bart lässt sich auf der linken Seite eine

9

weissgebliebene Umrandung erkennen: das Ende des Schnurrbartes ist lang, hängt herab und kräuselt sich dann wieder nach oben; der Umriss des Ovals berührt den Markenrand auf der linken Seite; über dem Oval in weissem Schild: FRANQUEO, unten in den Ecken Wertangabe, dazwischen ESPANA oder ESPAÑA. Farbiger Druck (Lithographie) auf weissem, verschieden starkem Papier: ungezähnt. (Taf. XI, 119.)

I. Type: ESPANA falsch geschrieben, d. h. ohne tilde über dem N*):

1. 1 rl (real) blau in mehreren Abstufungen auf verschiedenem Papier.

1 a) 1 rl blau auf dünnem Papier,
1 b) 1 rl blassblau auf dünnem Papier,
1 c) 1 rl blau auf dickem Papier,
1 d) 1 rl hellblau auf dickem Papier.

II. Type: ESPAÑA mit Ñ, ohne weisse Linie über diesem Wort.

2. 1 rl blau in zwei Schattirungen.

2 a) 1 rl blau,
2 b) 1 rl lebhaft blau.

Bemerkungen.

1. Moens bezeichnet in seiner „Histoire des Timbres-poste employés en Espagne" als das Ausgabedatum der I. Type den 1. Juli 1873, als dasjenige der II. Type den September 1873. Nach glaubwürdigen Mitteilungen ist es allerdings nicht ausgeschlossen, dass die I. Type, wie auch oben erwähnt, schon vor der geschilderten Organisation des carlistischen Postwesens gedruckt war; thatsächlich zur Verwendung kam diese Marke jedoch frühestens vom Januar 1874 an. Von der Marke existirten zwei Platten, eine mit 84 Marken (7 Reihen à 12) und eine mit 121 Marken (11 Reihen à 11). Die II. Type wurde geschaffen, nachdem man das Fehlen des tilde über dem N — ein für ein spanisches Auge grober Fehler — bemerkt hatte, indem man auf der einen Platte die weisse Linie über dem Worte España entfernte und nur so viel von ihr stehen liess, als zur Bezeichnung eines tilde über dem N nötig war. Die vorhandenen Bestände der I. Type wurden gleichzeitig mit der II. Type aufgebraucht.

*) Das Zeichen ∼ über dem n, tilde genannt, ist nicht, wie man häufig liest, ein Accent. Das spanische Alphabet unterscheidet vielmehr scharf zwischen n und ñ, beide als besondere Buchstaben mit ganz verschiedener Aussprache betrachtend. Das Fehlen dieses Zeichens lässt stets auf ausländischen Ursprung schliessen.

2. Von beiden Typen sind zahlreiche Neudrucke vorhanden. Moens giebt als Datum der Anfertigung derselben den August 1881 an. Meines Wissens befinden sich jetzt die Platten beider Typen im Besitze zweier Händler (von denen der eine in Deutschland wohnt), welche Neudrucke jeder Zeit und ganz nach Belieben herstellen. Die Güte derselben hat in den letzten Jahren bedeutend abgenommen. Man erkennt die Neudrucke leicht an dem weiteren Auseinanderstehen der Schraffirungslinien auf der rechten Seite über der Wertangabe. (Vergleiche Taf. X, 120 (Neudruck) und 121 (Original).

3. Von der Marke No. 1 kommt, wahrscheinlich aus dem Jahre 1875, eine Fälschung vor, welche, da sie einen gut nachgeahmten Entwertungsstempel besitzt, vielfach als echt gekauft wird. Sie unterscheidet sich von dem Original in folgenden Punkten: Das Haar des Prätendenten ist nicht gescheitelt, die Nasenspitze nicht durch Punkte schattirt, die Augenbrauen treffen beinahe zusammen, um den Bart ist keine weiss gebliebene Umrandung, sondern die Schattirungsstriche gehen dicht an denselben heran, der Halsabschnitt steht näher an dem ovalen Rahmen, der Schnurrbart ist ganz kurz und reicht nur bis au den Mundwinkel, das Oval berührt auf der linken Seite nicht die Umrandung.

4. Von beiden Typen giebt es Abzüge in verschiedenen Farben, von denen jedoch nur zwei in schwarz und karmin, (I. Type) den Namen von Essais verdienen; alle übrigen sind Spekulationsprodukte.

Von nicht angenommenen Typen ist folgende bekannt:

Kopf des Prätendenten zu $3/4$ nach rechts in einem Oval mit liniirtem Untergrund; alles Uebrige wie bei der offiziellen Ausgabe. Das sehr seltene Essai kommt mit und ohne tilde in blauem Druck (Lithographie) auf weissem Papier vor.

5. Die Art und Weise der Entwertung der carlistischen Marken war ganz in das Belieben der Postbeamten gestellt, die hierzu nöthigen Utensilien hatten sich dieselben, falls sie nicht von der spanischen Post entnommen werden konnten, selbst zu beschaffen. Wir finden daher in der ersten Zeit meist Entwertung durch Tintenstriche oder Stempel spanischen Modells, siehe z. B. Taf. X, 121, sowie Taf. XI, 122 und 123. Man thut gut, diesen letzteren immer mit einigem Misstrauen zu begegnen, da sich unter ihnen häufig solche vorfinden, welche die Bezeichnung von Orten tragen, die sich thatsächlich niemals im Besitz der Carlisten befanden. Zur Feststellung der Echtheit ist daher der Besitz einer Karte des carlistischen Gebietes, sowie die Kenntnis der Ausdehnung desselben in den verschiedenen Phasen des Aufstandes erforderlich

Allmählich tauchen neuhergestellte carlistische Stempel auf, zuerst bei den wichtigeren Postanstalten. Die Typen derselben sind verschieden, da eine einheitliche Anfertigung unmöglich war. Hierher gehören der Stempel der Hauptstadt Estella, Taf. X, 124, sowie derjenige der carlistischen Post-Agentur Bayonne, Taf. X, 125.

Besassen die Post-Anstalten einen besonderen Entwertungsstempel, so stammte derselbe anfänglich in den meisten Fällen aus dem Utensil der spanischen Postverwaltung. So finden wir den spanischen Punktstempel des Jahres 187. ungemein zahlreich: Taf. XI 126. Von diesem Stempel giebt es eine Fälschung, welche sich von dem Original hauptsächlich dadurch unterscheidet, dass die Punkte nicht rund, sondern fast quadratisch, auch etwas grösser sind.

Der erste Entwertungsstempel carlistischen Ursprungs ist der allgemein bekannte Sternstempel, ein fünfspitziger Stern mit einer Lilie in der Mitte.

9*

Taf. XI, 119. Er diente ursprünglich zur Bezeichnung der offiziellen Korrespondenz, nach Moens auch zum Ueberdruck der im Beginn des Aufstandes benutzten Marken der französischen Republik, wurde später, nachdem die carlistischen Behörden Dienststempel nach spanischem Muster erhalten hatten, ausschliesslich zur Entwertung der Marken benutzt.

Etwas später taucht der Balkenstempel Taf. XI, 127 auf. Er besteht aus neun unter einander stehenden und ein Viereck bildenden Strichen, ein Stempel primitivster Ausführung.

Die Farbe der Entwertungsstempel ist meist blau, selten schwarz.

Ausser diesen vorstehend erwähnten Poststempeln finden sich auf carlistischen Briefen noch Dienst- und Militärstempel aller Art, welche aber als Zeichen der gewährten Portofreiheit nicht in den Rahmen dieses Buches aufgenommen wurden.

II. Ausgabe:

vom 1. Juli 1874 bis 28. Februar 1875.

Kopf des Prätendenten mit Lorbeerkranz nach rechts in einem Kreise mit farbigem Untergrund; darüber auf flatterndem Bande: ESPAÑA, unten in den Ecken Wertangabe in Zahlen, dazwischen auf viereckigem Schild: FRANQUEO.

Farbiger Druck (Lithographie) auf weissem Papier; ungezähnt.
(Taf. X, 129.)

3. ı rl lila in drei Schattirungen.
   3 a) 1 rl lila,
   3 b) 1 rl rötlichlila,
   3 c) 1 rl graulila.

Bemerkungen.

1. Die Ausgabe dieser Marke hängt mit dem Wechsel der an der Spitze des Verkehrsweseus (Direccion general de las comunicaciones) stehenden Personen und der infolge deutschen Protestes erfolgten Verlegung des Sitzes der Generalpostdirektion von Bayonne nach Tolosa zusammen.

2. Von der Marke dieser Ausgabe giebt es eine vorzügliche Fälschung. Sie unterscheidet sich von dem Original in folgenden Punkten: Das Papier ist gelblichweiss, anstatt weiss, die Nase ist spitzer, der tilde über España sieht

mehr aus, wie eine Verdickung der Bandlinie und steht nicht getrennt von dieser, die untere Spitze des Buchstaben F in Franqueo steht über der Linie der übrigen Buchstaben, an der Unterlippe und an der Seite des Kinnes sind weisse Punkte, welche die Originale nicht besitzen, der unschattirte Teil des Halses geht nicht bis an das Ohr, sondern reicht nur bis in Höhe des Mundes, die Linie zwischen Nase und Mundwinkel fehlt. Die Fälschungen sind ungummirt.

3. Von den Marken No. 3 giebt es Essais in blauer oder karminroter Farbe.

 Von nicht angenommenen Typen ist nur folgende bekannt:

Kopf des Infanten mit Lorbeerkranz nach rechts in einem Oval mit liniirtem Untergrund; alle übrigen Details, wie bei der 1. Ausgabe. Das Essai existirt in blauer, schwarzer, roter und grüner Farbe in lithographischem Druck auf weissem Papier.

III. Ausgabe:

vom 1. März 1875 bis zu Ende des Aufstandes: Februar 1876.

Kopf des Prätendenten mit Lorbeerkranz nach rechts innerhalb eines Kreises mit farbigem Untergrund; um den Kreis ein viereckiger Rahmen, in demselben oben die carlistische Devise: DIOS PATRIA REY (Gott, Vaterland, König), rechts und links eine griechische Borde und unten: ESPAÑA und Wertangabe.

Farbiger Druck (Lithographie) auf verschiedenem Papier; ungezähnt. (Taf. X, 130.)

4. 5o C. (céntimos) grün in vier Schattirungen auf verschieden starkem Papier.

    4 a) 50 C. grün auf dünnem Papier,
    4 b) 50 C. gelbgrün auf dickem Papier,
    4 c) 50 C. dunkelgrün auf dickem Papier,
    4 d) 50 C. hellgrün auf dickem Papier.

5. 1 R. (Real) braun in zwei Abstufungen auf dickem, verschieden gefärbtem Papier.

    5 a) 1 R. braun auf weissem Papier,
    5 b) 1 R. dunkelbraun auf weissem Papier,
    5 c) 1 R. braun auf gelblichem Papier.

Bemerkungen.

1. Ein Erlass der General-Postdirektion zu Tolosa vom 9. Februar 1875 setzt vom 1. März ab folgende Portosätze fest:

für einen einfachen Brief (bis zu 15 gr.) im inneren Verkehr einer Provinz ($\frac{1}{2}$ real $=$) . . . . 50 céntimos,

für den äusseren Umschlag eines in's Ausland gehenden Briefes (Porto bis zur französischen Grenze) . . . . 50 „

für einfache Briefe aus einer Provinz in die andere . . 1 Real.

Dementsprechend erfolgte die Ausgabe der beiden obigen Werte.

2. Von Essais in nicht angenommener Type wurde nur folgendes bekannt:

Aehnlich der offiziellen Type, nur etwas grössere Inschriften und veränderter Wert: 2 Rs.

Das Essai existirt in schwarzer und grüner Farbe auf weissem Papier (Lithographie).

Eine Marke so geheimnisvollen Ursprungs, dass man allen Grund hat, sie als Phantasieprodukt eines spekulativen carlistischen Postbeamten zu halten, ist folgende:

Spanisches Wappen im Kreise mit liniirtem Untergrund, darüber im Bogen: CARLOS SEPTIMO, darunter: REY DE LAS ESPAÑAS; ganz oben: CORREOS: unten Wertangabe: TRES CUARTOS. (Taf. X, 132.)

Die Marke kommt auch auf Briefumschlägen vor; Nachahmungen haben das Wappen auf weissem Untergrund.

Ein offenbares Spekulationsprodukt ist das nebenstehende Essai, welches, in Brüssel angefertigt, den spanischen Boden wohl niemals gesehen hat.

Es existirt in mehreren Farben.

3. Das auf Seite 131 über die Abstempelungen Gesagte behält zwar auch noch für die letzte Zeit des Aufstandes seine Richtigkeit, es taucht jedoch im Frühjahr 1875 in den baskischen Provinzen ein neuer Stempel auf, der einen sichtlichen Beweis für die unterdessen eingetretene Vervollkommnung der Organisation des Postwesens abgiebt. Es ist dies ein viereckiger Stempel von 15 : 12 mm Grösse, der in einfacher Umrandung die neue Nummer der Post-Anstalt enthält. (Taf. X, 131.)

Die Farbe des Stempels ist gewöhnlich blau (in Lichtdruck leider schlecht sichtbar).

B. Marken für die Provinz Catalonien.

IV. Ausgabe:

vom April 1874 bis zu Ende des Aufstandes.

Kopf des Prätendenten nach rechts in einem Oval mit liniirtem Untergrund: das Haar hinter den Ohren ist nach dem Halse zu kurz abgeschnitten, der Schatten auf der Stirn ist hell, der Bart lässt sich leicht von den Schattenstrichen des Halses unterscheiden. Ueber dem Kopf befindet sich ein Band mit der Devise: DIOS PATRIA REY; die Schattenstriche dieses Bandes sind auf der rechten Seite etwas dicker und kürzer, als auf der linken. Links vom Kopfe auf weissem Schild: AÑO DE 1874, rechts: CATA-LUÑA; zwischen diesen Schildern und dem Oval ein Netzwerk, dessen Linien wellenförmig gekrümmt erscheinen. Unten CORREOS und Wertangabe, zwischen beiden ein Punkt.

Farbiger Druck (Lithographie) auf weissem Papier, ungezählt.

(Taf. X, 133).

6. 16 M^S V^N (maravedis vellon = ca ½ Rl.) rosa in zwei Abstufungen.

    6a) 16 M^S V^N rosa,
    6b) 16 M^S V^N hellrosa.

Bemerkungen.

1. Auf der schlecht ausgeführten Marke kommen folgende Inschriftfehler vor:

    Dios . Pairia . Rfy,
    Dios . Pairia . Kfy,
    Dios . Patria . Rfy,
    Cataliña statt Cataluña,
    Cataiuña „ „
    10 statt 16 M^{S}V^n und M^{S}V7,
    año en statt año de.

2. Von der Marke dieser Ausgabe giebt es eine Fälschung, welche, da auch der Entwertungsstempel gut nachgeahmt ist, häufig als echt angesehen wird. Sie unterscheidet sich vom Original in folgendem: Das Papier ist etwas dünner,

ANO und CATALUNA haben keinen tilde, nach Correos ein Strich anstatt eines Punktes, das N von VÑ ganz undeutlich, das Haar des Hinterkopfes ist länger und gleicht einer Perrücke, die Stirne hat dickere Schattenstriche und die Schattenstriche des Halses laufen mit denjenigen des Bartes zusammen, sodass sie ein Ganzes bilden; das Netzwerk besteht aus geraden Linien und die Schattenstriche auf dem oberen Bande sind auf der rechten Seite sehr viel länger, als auf der linken.

3. Die thatsächliche Verwendung dieser Marken war sehr gering, da Catalonien niemals in ruhigen, unangefochtenen Besitz der Carlisten kam. Gebrauchte Marken sind daher sehr selten, ihre Entwertung besteht meist in Tinten-strichen. Entwertung durch spanische Datumstempel sind stets mit Miss-trauen zu betrachten. Der in Ausgabe I erwähnte falsche Punktstempel findet sich auch auf Marken dieser Ausgabe.

C. Marken für das Maestrazgo.

V. Ausgabe:
von September 1874 bis zu Ende des Aufstandes.

Kopf des Prätendenten nach rechts in einem Oval mit liniirtem Untergrund: darüber auf flatterndem Band: ESPAÑA VALENCIA, darunter auf ebensolchem: CORREOS und Wertangabe; rechts und links des Ovals Lilien, um dasselbe nach allen Seiten strahlen-förmig vom Mittelpunkt ausgehende Linien.

Von der Marke giebt es vier verschiedene Typen.

Farbiger Druck (Lithographie) auf weissem Papier; ungezähnt.

I. Type: Das Band mit der Inschrift: ESPAÑA VALENCIA berührt die obere Einfassungslinie; España Valencia bilden zwei getrennte Worte; das Oval hat links 31, rechts 30 wagerechte Linien; zwischen dem Kopfe und der oberen Einfassungslinie des Ovals liegen drei Linien; die Ziffer $^1/_2$ steht in der Mitte zwischen Correos und Real. (Taf. X, 134.)

7. $^1/_2$ **REAL rosa in zwei Abstufungen.**

    7 a) $^1/_2$ REAL rosa,
    7 b) $^1/_2$ „ dunkelrosa.

II. Type: Das Band mit ESPANA VALENCIA steht $^1/_2$ mm von
der oberen Einfassungslinie ab; die beiden Worte der Inschrift stehen so dicht zusammen, dass sie ein Wort zu bilden
scheinen; das Oval hat links 34, rechts 32 wagerechte
Linien; zwischen dem Kopf und der oberen Einfassungslinie des Ovals liegen nur 2 Linien; die Ziffer $^1/_2$ steht
dicht an Real. (Taf. X, 135.)

8. $^1/_2$ **REAL rosa.**

III. Type: Das obere und untere Band mit den Inschriften be-
rühren die Einfassungslinie; die Buchstaben der Inschriften stehen dicht nebeneinander; das Oval hat
rechts 40, links 43 wagerechte Linien; zwischen Kopf
und oberer Einfassungslinie des Ovals liegen 4 Linien.
(Taf, X, 136.)

9. $^1/_2$ **REAL zinnoberrot.**

IV. Type: Das obere Band mit der Inschrift ist $^1/_2$ mm von der
Umfassungslinie entfernt; das Oval enthält auf der
linken Seite 30, auf der rechten 29 wagerechte Linien;
zwischen Kopf und Einfassungslinie des Ovals befinden
sich 3 Linien; die Ziffer $^1/_2$ steht dicht an Real, der
Kopf scheint etwas länger, der Hals magerer.

10. $^1/_2$ **REAL zinnoberrot.**

Bemerkungen.

1. Die Marken sind äusserst mangelhaft ausgeführt und bilden, wie „The Philatelist" mit Recht bemerkt, ein passendes Pendant zu dem Kopfe der Königin Isabella auf den Philippinen-Marken, Ausgabe 1854. Die beiden ersten Typen finden sich auf den Markenbogen derart verteilt, dass abwechselnd eine Reihe Marken in I., die darauf folgende in II. Type folgt, sodass also zwei in vertikaler Richtung zusammenhängende Marken beide Typen enthalten. Type III und IV wurden erst nach Beendigung des Carlistenkrieges bekannt und werden vielfach als Fälschungen angesehen.

2. Von Type III ist ein Fehldruck mit $^4/_2$ statt $^1/_2$ Real vorhanden. (Taf. X, 136.)

3. Von der Type II giebt es eine gute Fälschung. Sie unterscheidet sich von dem Original in folgenden Punkten: Dickeres Papier, links nur 33 wagerechte Linien, Farbe anstatt rosa ein tiefes Rot, fast karminrot, ungummirt.

4. Marken mit zweifellos echten Abstempelungen sind äusserst selten.

IV.

Briefumschläge, Postkarten, Kartenbriefe.

Briefumschläge.

riefumschläge mit eingedruckten Marken wurden in Spanien bis jetzt nicht eingeführt, dagegen giebt es mehrere Essais zu solchen, welche hier kurz erwähnt werden mögen.

1. Aus dem Jahre 1864.

 Grosses Oval mit der Büste der Königin Isabella nach links in Prägedruck; um das Oval ein Rahmen mit Inschriften und Verzierungen; oben: CORREOS, unten Wertangabe: 4 CUARTOS.

Existirt in grüner, gelber, roter, schwarzer und rosa Farbe auf weissem Papier.

 Kleines Oval mit der Büste der Königin nach links in Prägedruck; im übrigen ähnlich dem obigen.

Kommt vor:

in blau und grün auf weissem Karton, ferner in weiss, rosa, blassgrün, orange, citronengelb und blassblau auf verschiedenfarbigem Papier.

2. Aus dem Jahre 1875.

 Frauenkopf mit Mauerkrone en face in einem Kreise, Untergrund mit wagerechten Linien ausgefüllt: unter dem Kreise auf viereckigem Schild Wertangabe: 5. C. D. PESETA; Grösse 140 : 72 mm.

Findet sich:

a. auf orangegelbem Papier in blau, russischgrün, schwarz, gelblichbraun, karmin, lila und orange;

b. auf weissem Papier in blaugrün, schwarz, orange, russischgrün. gelblichbraun, karminrosa und zinnoberrot;

c. auf weissem, geripptem Papier in gelb, gelbbraun und blau.

Bemerkung.

Ueber ein aus dem Jahre 1869 stammendes Umschlag-Essai mit dem Kopf Alonso Canos gilt das XX. Ausgabe, Bemerkung 4 Gesagte; über einen carlistischen 3 cuartos-Umschlag vergleiche Seite 134, Bemerkung 2.

Postkarten.

ie Postkarten wurden durch Gesetz vom 10. Mai 1871 in Spanien eingeführt. Eine am 10. Juni 1871 veröffentlichte Anleitung über den Gebrauch der Postkarten setzt das Porto auf 6 céntimos fest und gestattet auch die Recommandirung derselben; das Porto für eingeschriebene Postkarten betrug 50 céntimos. Die Herstellung der Postkarten war der Staatsdruckerei übertragen worden, da diese aber zu jener Zeit mit anderweitigen, dringenden Arbeiten überhäuft und nicht in der Lage war, den Auftrag sofort auszuführen, so bemächtigte sich alsbald die Privat-Industrie der Anfertigung. Die Postverwaltung hinderte den Gebrauch dieser Privat-Postkarten, welche philatelistisch ohne besonderes Interesse sind, erst durch Rundschreiben vom 8. November 1873, welches zugleich die Ausgabe der ersten offiziellen Postkarten für den 1. Dezember anzeigte. Das Porto war unterdessen durch die Posttarifänderung vom 15. September 1872 auf 5 céntimos ermässigt worden.

A. Postkarten der Republik.

I. Ausgabe:

vom 1. Dezember 1873 bis 2. April bezw. 31. Juli 1875.

Die Ausgabe besteht aus einer einfachen und einer Doppel-karte, jede mit einer Reihe von Abarten:

Die einfache Karte: Rechteck aus weissem, verschieden dickem Karton, 132—125 : 88 mm: Marke oben in der Mitte: Grosses Oval mit Wertangabe, darüber kleineres mit dem Symbol der Republik, beide getrennt durch ein Band mit der Inschrift: CORREOS: im unteren Teil ruhender Löwe auf einem viereckigen Schild mit der Aufschrift: ESPAÑA. Marke, sowie Umrandung der Karte in farbigem Druck (Lithographie).

Aufschriften in schwarzem Druck: Rechts und links der Marke: REPÚBLICA ESPAÑOLA, darunter: TARJETA POSTAL (Postkarte): zwei Adresslinien mit Vordruck: *Sr. D.* (Señor Don) und DIRECCION (Bestimmungsort): unten: Nota: *Lo que debe escribirse se hará en el reverso é irá firmado por el remitente.* (Bemerkung: Das, was man zu schreiben hat, ist auf die Rückseite zu setzen und vom Absender zu unterschreiben.) (Taf. XII, 137.)

1. **5 CENTIMOS (de peseta) blau in drei Abstufungen auf dickem und dünnem Karton.**

1 a)	5 CENTIMOS	blau auf dickem Karton,	
1 b)	5	„	blassblau	„
1 c)	5	„	dunkelblau	„
1 d)	5	„	blau auf dünnem Karton,
1 e)	5	„	blassblau	„
1 f)	5	„	dunkelblau	„

Nämliche Ausführung, nur hinter REPÚBLICA ESPAÑOLA kein Punkt und das Wort TARJETA mit „G" anstatt mit „J" geschrieben. (Taf. XII. 138.)

2. **5 CENTIMOS blau in drei Abstufungen auf verschieden starkem Karton.**

2 a)	5 CENTIMOS	blau auf dickem Karton,	
2 b)	5	„	blassblau	„
2 c)	5	„	dunkelblau	„
2 d)	5	„	blau auf dünnem Karton,
2 e)	5	„	blassblau	„
2 f)	5	„	dunkelblau	„

Nämliche Ausführung wie No. 2, nur hinter ESPAÑOLA kein Punkt, die Ecken der um das Oval mit der Wertangabe befindlichen Verzierungen sind quadrirt, drei statt zwei Linien für die Adresse.

3. **5 CENTIMOS blau in zwei Abstufungen auf verschieden starkem Karton.**

3 a)	5 CENTIMOS	blassblau auf dickem Karton,	
3 b)	5	„	dunkelblau	„
3 c)	5	„	blassblau auf aussergewöhnlich dickem Karton,
3 d)	5	„	blassblau auf dünnem Karton,
3 e)	5	„	dunkelblau	„

Doppelkarte (Karte mit bezahlter Rückantwort).

Zwei Rechtecke aus weissem, verschieden starkem Karton in den nämlichen Abmessungen, wie bei der einfachen Karte. Zeichnung der Marken, Umrandung und Aufschrift auf beiden Karten verschieden.

Vordere Karte und Marke: Büste der España mit phrygischer Mütze in kreisförmigem Rahmen, darüber: ESPAÑA, darunter Wertangabe. Aufschrift wie bei der einfachen Karte, nur noch rechts und links der Marke: CONTESTACION PAGADA (Antwort bezahlt) und TARJETA DE IDA (Karte für hin). (Taf. XII. 139.)

10

Antwortkarte und Marke: Wertziffer in ovalem Rahmen, darunter auf weissem Schild: CENTIMOS: über dem Oval: CORREOS, darunter: ESPAÑA. Umrandung von derjenigen der vorderen Karte verschieden; Aufschrift ist die gleiche, nur an Stelle von TARJETA DE IDA die Worte: TARJETA DE VUELTA (Karte für zurück): zwischen beiden Karten Trennungsstrich. Marke und Karte in farbigem, Aufschrift in schwarzem Druck. (Taf. XII, 140.)

4. **5+5 CENTIMOS gelbgrün auf verschieden starkem Karton.**
   4 a) 5+5 CENTIMOS gelbgrün auf dickem Karton,
   4 b) 5+5   „   gelbgrün auf dünnem Karton.

Nämliche Ausführung. Die beiden 5 der Wertangabe sind infolge Aufarbeitung der Platte etwas verschieden, die rechten und unteren Umrandungslinien der Marke der vorderen Karte sind schraffirt.

5. **5+5 CENTIMOS gelbgrün auf verschieden starkem Karton.**
   5 a) 5+5 CENTIMOS gelbgrün auf dickem Karton,
   5 b) 5+5   „   gelbgrün auf dünnem Karton.

Nämliche Ausführung wie bei No. 4, nur fehlt Trennungsstrich.

6. **5+5 CENTIMOS gelbgrün auf verschieden starkem Karton.**
   6 a) 5+5 CENTIMOS gelbgrün auf dickem Karton,
   6 b) 5+5   „   gelbgrün auf dünnem Karton.

Nämliche Ausführung wie bei No. 4, nur fehlt Punkt hinter ESPAÑOLA.

7. **5+5 CENTIMOS gelbgrün auf verschieden starkem Karton.**
   7 a) 5+5 CENTIMOS gelbgrün auf dickem Karton,
   7 b) 5+5   „   gelbgrün auf dünnem Karton.

Nämliche Ausführung wie bei No. 7, nur fehlt auch noch der Trennungsstrich.

8. **5+5 CENTIMOS gelbgrün auf verschieden starkem Karton.**
   8 a) 5+5 CENTIMOS gelbgrün auf dickem Karton,
   8 b) 5+5   „   gelbgrün auf dünnem Karton.

Nämliche Ausführung wie bei No. 7, nur „TARJETA“ mit „G“ anstatt mit „J“ geschrieben. (Taf. XII, 139.)

9. **5+5 CENTIMOS gelbgrün auf verschieden starkem Karton.**
   9 a) 5+5 CENTIMOS gelbgrün auf dickem Karton,
   9 b) 5+5   „   gelbgrün auf dünnem Karton.

Nämliche Ausführung wie bei No. 9, nur fehlt noch der Trennungsstrich.

10. **5+5 CENTIMOS gelbgrün auf verschieden starkem Karton.**
   10 a) 5+5 CENTIMOS gelbgrün auf dickem Karton,
   10 b) 5+5   „   gelbgrün auf dünnem Karton.

Bemerkungen.

1. Die Ausgabe war in Madrid bis zum 2. April, in den Provinzen bis zum
31. Juli 1875 in Gebrauch. Verbraucht wurden von Karte No. 1 2,000,000,
von Karte No. 2 1,000,000 Exemplare.

2. Die Karten No. 2, 6, 7, 8, 9 und 10 sind eigentlich Probedrucke und waren
wegen ihrer kleinen Abweichungen nicht zur Ausgabe bestimmt; als aber im
Jahre 1874 vorübergehend ein Mangel an Postkarten eintrat, wurden
ca. 500 Exemplare an das Publikum verkauft. Die Schreibweise des Wortes
Tarjeta mit g ist im übrigen kein Fehler, sondern nur veraltet.

3. Die Karte mit quadrirten Ecken (No. 3) stammt aus dem Jahre 1874 und
verdankt ihren Ursprung einem Aufarbeiten der Platte; vielfach wird sie daher
als besondere Ausgabe aufgeführt.

4. Von der Doppelkarte No. 4 giebt es einen Fehldruck mit vertauschter Inschrift, d. h. „Tarjeta de Ida" auf der zweiten, „Tarjeta de vuelta" auf der
ersten Karte.

5. Von Essais wurden bekannt: Die einfache Karte (No. 1) ohne Adresslinien,
die Karte No. 2 und die vordere Hälfte der Doppelkarte No. 4 in sepiabrauner
Farbe, erstere auch auf bläulichem anstatt weissem Karton. Abdrücke der
Markenbilder allein sind in verschiedenen Farben vorhanden und zwar:
     gelblichbraun und braunrot auf weissem Papier,
     schwarz und braunrot auf weissem Karton.

B. Postkarten aus der Zeit der Regierung Alfonso's XII.

II. Ausgabe:

vom 3. April, bezw. 1. August bis 14. Oktober 1875.

echteck aus satinirtem oder nicht satinirtem Karton in chamois Farbe. Grösse: 148 : 100 mm; Marke: die 10 Céntimos-Marke der XXV. Ausgabe, nur mit veränderter Wertangabe; links der Marke: TARJETA, rechts davon: POSTAL; vier Adresslinien, die erste mit *Sr. D.* beginnend; ein bald mehr, bald weniger stark hervortretender Unterdruck zeigt in 2 cm hohen englischen Buchstaben: *TARJETA POSTAL,* umgeben von Kreisen, Strichen und sonstigen Verzierungen; unter der vierten Adresslinie: Nota. Lo que debe escribirse se hará en el reverso é irá firmado por el remitente. Marke, Aufschrift und Umrandung in violetter, Unterdruck in blassgelbgrünlicher Farbe. (Taf. XII, 141.)

11. **5 CENT^{s} PESETA** violett in mehreren Schattirungen auf verschiedenem Karton.

11 a)	5 CENT^S PESETA		lebhaft violett auf satinirtem Karton,
11 b)	5	„	dunkelviolett auf satinirtem Karton,
11 c)	5	„	hellviolett auf nicht satinirtem (rauhem) Karton,
11 d)	5	„	dunkelviolett auf nicht satinirtem (rauhem) Karton,
11 e)	5	„	braunviolett auf nicht satinirtem (rauhem) Karton.

Bemerkungen.

1. Die Karte war schon unter der Regierung der Republik angefertigt, daher noch Mauerkrone und das Wappen ohne Bourbonisches Mittelschild. Sie wurde in Madrid am 3. April, in den Provinzen am 1. August ausgegeben.

2. Nach Angabe des bekannten spanischen Philatelisten Dr. Thebussem giebt es auch von dieser Ausgabe Probedrucke mit denselben Fehlern im Vordruck, wie bei den Karten der I. Ausgabe. Dieselben — 200 Stück — wurden jedoch nie von der Post verkauft, sondern nur an einige hervorragende Sammler verschenkt, sind daher äusserst selten.

3. Von nicht angenommenen Essais existirt der schon mehrfach erwähnte Frauenkopf mit Mauerkrone en face im Kreise pp. auch auf Postkarte; Umrandung mit verzierten Ecken, Marke oben rechts; Grösse 117 : 63 mm.

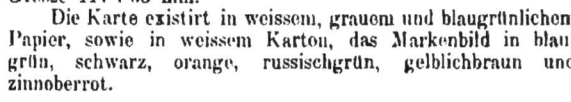

Die Karte existirt in weissem, grauem und blaugrünlichem Papier, sowie in weissem Karton, das Markenbild in blaugrün, schwarz, orange, russischgrün, gelblichbraun und zinnoberrot.

III. Ausgabe:

vom 28. August bezw. 15. Oktober 1875 bis zum 30. Dezember 1881.

Rechteck aus dunkel- oder hellchamois Kartonpapier mit der 10 céntimos-Marke der XXVI. Ausgabe, nur mit veränderter Wertangabe; Aufschrift, wie bei der vorigen Ausgabe, Untergrund ähnlich; Marke, Umrandung und Aufschrift in blauem, Untergrund in blassgelblichgrünem Druck.

Von der Karte giebt es mehrere Abarten, die sich in der Farbe, sowie in der Länge der untenstehenden Nota unterscheiden. (Taf. XII, 142.)

Die Nota ist 90 mm lang.

12. 5 C^s PESETA blau.

Ebenso, nur Untergrund völlig unsichtbar.

13. 5 C^s PESETA blau.

Die Nota ist 91 mm lang.

14. 5 C^s PESETA hellblau.

Ausführung besser, Untergrund schärfer hervortretend; die Nota ist 92½ mm lang.

15. 5 C^s PESETA blau in drei Schattirungen.

15 a) 5 C^s PESETA ultramarinblau,
15 b) 5 C^s „ hellblau,
15 c) 5 C^s „ grünlichblau.

Die Buchstaben von TARJETA POSTAL (rechts und links der Marke) sind etwas weiter auseinanderstehend; die Nota ist 90 mm lang.

16. 5 C^s PESETA ultramarinblau.

B e m e r k u n g e n.

1. Die Karte wurde in Madrid am 28. August, in den Provinzen am 15. Oktober ausgegeben.

2. Von dieser Ausgabe sind mehrere Fehldrucke vorhanden und zwar:
    a) mit „esbribirse" anstatt escribirse in der Nota;
    b) mit einem auffallend kleinen A am Ende des Wortes TARJETA;
    c) mit einem kleingedruckten lo anstatt Lo in der Nota.
Ausserdem mangelhafte Drucke ohne Punkt hinter Sr und I anstatt L am Anfang der Nota.

3. Schon im Frühjahr 1875 war die National-Markenfabrik mit der Herstellung von Postkarten beauftragt worden, welche die Embleme der wiederhergestellten Monarchie tragen sollten. Sie lieferte ein weitverbreitetes Essai mit der Büste des Königs Alfons in ovalem Rahmen auf der einen, dem spanischen Wappen und der Werlangabe auf der andern Seite; zwischen beiden: ESPAÑA, darunter: TARJETA POSTAL, dann 4 Adresslinien, deren erste mit Sr. D., die zweite mit POBLACION (Ort) beginnt.
    Grösse: 119 : 73 mm. Zeichnung und Umrandung in orangeroter, Inschrift in schwarzer Farbe.

IV. Ausgabe:

vom 1. Januar 1882 bis 28. Februar 1884.

Rechteck aus chamois Kartonpapier mit der am nämlichen Tage verausgabten Marke (XXXI. Ausgabe). Umrandung und Aufschrift in blau, sonst wie die vorige Ausgabe, nur ohne die Zeichnung des Untergrundes.

Die Ausgabe besteht aus einer einfachen und einer Doppelkarte; von ersterer giebt es sechs, von letzterer zwei Abarten.

Die Nota ist 91 mm lang, r in $\mathcal{H}$ mit Punkt, das $\mathcal{H}$ von dem darauffolgenden $\mathcal{O}$ weit abstehend.

17. 10 CENTIMOS blassblau.

Die Nota ist 89 mm lang und in etwas kleineren Lettern gedruckt, r in $\mathcal{H}$ mit Punkt.

18. 10 CENTIMOS blassblau.

Ebenso, nur Nota in etwas grösseren Lettern gedruckt.

19. 10 CENTIMOS blassblau.

Ebenso, nur r in $\mathcal{H}$ mit Schleife.

20. 10 CENTIMOS blassblau.

Ebenso, nur Nota 88 mm lang.

21. 10 CENTIMOS blassblau.

Nota 94½ mm lang, r in $\mathcal{H}$ mit Punkt, die Buchstaben in TARJETA POSTAL etwas weiter auseinanderstehend.

22. 10 CENTIMOS blassblau.

Doppelkarte. Ausführung wie bei der einfachen Karte, nur unter der unteren Umrandungslinie die Bemerkungen: Contestacion pagada (Antwort bezahlt) bezw.: La otra tarjeta es para la contestacion (die andere Karte ist für die Antwort); ohne Trennungsstrich.

La otra tarjeta usw. ist 50½ mm lang.

23. 15+15 CENTIMOS blassgrün.

La otra tarjeta usw. ist 49½ mm lang.

24. 15+15 CENTIMOS blassgrün.

Bemerkungen.

1. Die Farbe des zu dieser Ausgabe verwendeten Kartons ist manchmal etwas heller, manchmal etwas dunkler chamois, der Unterschied ist jedoch zu unbedeutend, um hier besonders aufgeführt zu werden.

2. Von den Karten dieser Ausgabe existiren zahlreiche mangelhafte Drucke, die teilweise wohl auf eine Beschädigung der Platte zurückgeführt werden müssen. Ich erwähne, als am meisten vorkommend:
S von Sr mit fehlender oberer Schleife, P von POSTAL zerbrochen, R von TARJETA desgleichen, L in LO unvollständig, Umrandungslinie an verschiedenen Stellen unterbrochen, Sr. D., sowie remitente ohne folgenden Punkt u. dergl.

V. Ausgabe:

vom 1. März 1884 bis 30. November 1889.

Rechteck aus dickem oder dünnem, satinirtem oder rauhem Kartonpapier mit der Marke der XXX. Ausgabe rechts oben (Inschrift: COMUNICACIONES). Die Ausgabe besteht aus zwei einfachen und zwei Doppelkarten.

Einfache Karte für den Verkehr mit Portugal und Gibraltar. Aufschrift: 𝕿𝖆𝖗𝖏𝖊𝖙𝖆 𝕻𝖔𝖘𝖙𝖆𝖑 (gothisch) para PORTUGAL Y GIBRALTAR. — ESPAÑA. in vier Zeilen; drei punktirte Adresslinien, die erste mit 𝓔𝓵 beginnend; unten links: En este lado se escribe solamente la direccion (auf diese Seite schreibt man nur die Adresse). (Taf. XIII, 145.)

25. **5 CENTIMOS grün auf verschiedenem Karton.**

    25 a) 5 CENTIMOS grün auf dünnem, glattem Karton,
    25 b) 5   „   grün auf dünnem, rauhem Karton,
    25 c) 5   „   grün auf dickem, glattem Karton,
    25 d) 5   „   grün auf dickem, rauhem Karton.

Ebenso, nur ESPAÑA ohne darauffolgenden Punkt.

26. **5 CENTIMOS grün auf verschiedenem Karton.**

    26 a) 5 CENTIMOS grün auf dünnem, glattem Karton,
    26 b) 5   „   grün auf dünnem, rauhem Karton,
    26 c) 5   „   grün auf dickem, glattem Karton,
    26 d) 5   „   grün auf dickem, rauhem Karton.

Doppelkarte für den Verkehr mit Portugal und Gibraltar. Aufschrift wie bei der einfachen Karte, nur tritt noch hinzu: *La otra tarjeta es para la respuesta*, bezw.: RESPUESTA (Antwort).

27. **5+5 CENTIMOS grün auf verschiedenem Karton.**

    27 a) 5+5 CENTIMOS grün auf dünnem, glattem Karton,
    27 b) 5+5   „   grün auf dünnem, rauhem Karton,
    27 c) 5+5   „   grün auf dickem, glattem Karton,
    27 d) 5+5   „   grün auf dickem, rauhem Karton.

Einfache Karte für den Weltpostverkehr. Aufschrift in spanischer und französischer Sprache: Union Postal Uniuersal — UNION POSTALE UNIVERSELLE — ESPAÑA. in drei Zeilen, teils in gothischen, teils in lateinischen Lettern gedruckt: drei punktirte Adresslinien, welche infolge schlechten Druckes vielfach als gezogen erscheinen, die erste Linie mit *∅* beginnend: unten Bemerkung, wie gewöhnlich. (Taf. XII, 144.)

28. **10 CENTIMOS karminrot in zwei Abstufungen auf hell- oder dunkelchamois Karton.**

    28 a) 10 CENTIMOS hellkarmin auf hellchamois Karton,
    28 b) 10   „   hellkarmin auf dunkelchamois Karton,
    28 c) 10   „   lebhaft karmin auf hellchamois Karton,
    28 d) 10   „   lebhaft karmin auf dunkelchamois Karton.

29. **15 CENTIMOS braun in zwei Abstufungen auf hell- oder dunkelchamois Karton.**

    29 a) 15 CENTIMOS braun auf hellchamois Karton,
    29 b) 15   „   braun auf dunkelchamois Karton,
    29 c) 15   „   dunkelbraun auf hellchamois Karton,
    29 d) 15   „   dunkelbraun auf dunkelchamois Karton.

Doppelkarte für den Weltpostverkehr. Ausführung wie bei der einfachen Karte, Vordruck wie gewöhnlich. Bemerkung: En este lado usw. ist 53 mm lang.

30. 10+10 CENTIMOS karminrot in zwei Abstufungen auf hell- oder dunkelchamois Karton.

30 a) 10+10 CENTIMOS hellkarmin auf hellchamois Karton,
30 b) 10+10 „ hellkarmin auf dunkelchamois Karton,
30 c) 10+10 „ lebhaft karmin auf hellchamois Karton,
30 d) 10+10 „ lebhaft karmin auf dunkelchamois Karton.

Bemerkung: En este lado usw. ist 54 mm lang.

31. 10+10 CENTIMOS karminrot in zwei Abstufungen auf hell- oder dunkelchamois Karton.

31 a) 10+10 CENTIMOS hellkarmin auf hellchamois Karton,
31 b) 10+10 „ hellkarmin auf dunkelchamois Karton,
31 c) 10+10 „ lebhaft karmin auf hellchamois Karton,
31 d) 10+10 „ lebhaft karmin auf dunkelchamois Karton.

32. 15+15 CENTIMOS braun auf hell- oder dunkelchamois Karton.

32 a) 15+15 CENTIMOS braun auf hellchamois Karton,
32 b) 15+15 „ braun auf dunkelchamois Karton.

Bemerkungen.

1. Bei allen Karten dieser Ausgabe giebt es infolge schlechten Druckes Exemplare mit hie und da fehlenden Punkten auf dem i und j, sowie hinter den Worten Direccion und Respuesta, vielfach ist auch der Druck der Markenbilder völlig verwischt.

2. Ein Erlass der General-Postdirektion vom 31. Dezember 1886 gestattet die Verwendung von privatim hergestellten Postkarten unter der Bedingung, dass ihre Grösse, Aufschrift und Frankirung genau mit der offiziellen übereinstimmt.

3. Eine im Frühjahr 1885 erschienene Karte mit der Aufschrift: „Por no haber en venta de la de 5 céntimos" ist nicht offiziell und scheint ein Spekulationsprodukt zu sein.

4. Essais der Markenbilder ohne Karte giebt es in verschiedenen Farben auf dickem, weissem Papier und zwar:
    5 céntimos blau,
    10   „   grün,
    15   „   lebhaft malven.

C. Postkarten aus der Zeit der Regentschaft der Königin Maria Christina bezw. der Regierung des Königs Alfonso XIII.

VI. Ausgabe:

vom 1. Dezember 1889.

 echteck aus chamois Kartonpapier mit der Marke der XXXII. Ausgabe. Die Ausgabe besteht aus drei einfachen und zwei Doppelkarten.

Karte für das Inland. Aufschrift und Umrandung in brauner Farbe, wie bei der Karte des Jahres 1882; Marke in der Mitte. Grösse 148 : 100. (Taf. XIII, 146.)

33. 1o CENTIMOS braun.

Karte für den Verkehr mit Portugal und Gibraltar. Markenbild oben rechts, ohne Umrandung; Vordruck wie bei der Karte des Jahres 1884. Grösse 142 : 100. (Taf. XIII, 147.)

34. 5 CENTIMOS hellgrün auf glattem und rauhem Karton.

34 a) 5 CENTIMOS hellgrün auf glattem Karton,
34 b) 5   „   hellgrün auf rauhem Karton.

Doppelkarte für den Verkehr mit Portugal und Gibraltar. Ausführung wie bei der einfachen Karte, Vordruck wie gewöhnlich.

35. **5+5 CENTIMOS hellgrün auf glattem und rauhem Karton.**

35 a) 5+5 CENTIMOS hellgrün auf glattem Karton,
35 b) 5+5   „   hellgrün auf rauhem Karton.

Karte für den Weltpostverkehr. Markenbild oben rechts, ohne Umrandung, Vordruck wie bei der Karte des Jahres 1884. Grösse 142 : 100. (Taf. XIII, 148.)

Nota ist 52½ mm lang.

36. **10 CENTIMOS karmin in zwei Abstufungen auf hell- und dunkelchamois Karton.**

36 a) 10 CENTIMOS hellkarmin auf hellchamois Karton,
36 b) 10   „   dunkelkarmin auf dunkelchamois Karton.

Nota ist 54 mm lang.

37. **10 CENTIMOS karmin in zwei Abstufungen auf hell- und dunkelchamois Karton.**

37 a) 10 CENTIMOS hellkarmin auf hellchamois Karton.
37 b) 10   „   dunkelkarmin auf dunkelchamois Karton.

Doppelkarte für den Weltpostverkehr. Ausführung wie bei der einfachen Karte, Vordruck wie gewöhnlich.

38. **10+10 CENTIMOS karmin in zwei Abstufungen auf hell- und dunkelchamois Karton.**

38 a) 10+10 CENTIMOS hellkarmin auf hellchamois Karton,
38 b) 10+10   „   dunkelkarmin auf dunkelchamois Karton.

Bemerkungen.

1. Die Karten für den Verkehr mit Portugal und Gibraltar waren zwar im Dezember 1889 schon angefertigt, scheinen aber erst im Frühjahr 1890 zur Ausgabe gelangt zu sein.

2. Auch bei diesen Karten giebt es Exemplare in mangelhaftem Druck, mit einzelnen unvollständigen oder schiefstehenden Buchstaben, fehlenden Punkten über i und j, unterbrochenen Umrandungslinien u. drgl.

VII. Ausgabe:

September 1890.

Rechteck aus glattem und rauhem Karton in chamois Farbe mit der Marke der XXXII. Ausgabe oben links: TARJETA POSTAL., darunter spanisches Wappen mit Krone, umgeben von der Kette des goldenen Vliesses; vier Adresslinien, die erste mit ℰ// beginnend: unten Bemerkung, wie gewöhnlich. Grösse 145:100. (Taf. XIII, 149.)

Bemerkung 60 mm lang: Adresslinien dick punktirt: auf dem o in dirección der Bemerkung ein Accent.

39. 10 **CENTIMOS** braun auf verschiedenem Karton.

39 a) 10 CENTIMOS braun auf glattem Karton.
39 b) 10 „ braun auf rauhem Karton.

Bemerkung 60½ mm lang: Adresslinien dünner punktirt: auf dem o in direccion der Bemerkung kein Accent.

40. 10 **CENTIMOS** braun auf rauhem, etwas dickerem Karton.

Ohne Punkt hinter POSTAL

41. 10 **CENTIMOS** braun auf verschiedenem Karton.

41 a) 10 CENTIMOS braun auf glattem Karton,
41 b) 10 „ braun auf rauhem Karton.

Doppelkarte in gleicher Ausführung mit dem gewöhnlichen Vordruck.
42. 15+15 **CENTIMOS** blau.

Bemerkung.

Von der Karte No. 39 auf glattem Karton existirt ein mangelhafter Druck ohne den unteren Punkt in dem Buchstaben J des Wortes TARJETA.

VIII. Ausgabe:

Ende 1891.

Karte für den Weltpostverkehr. Vordruck wie gewöhnlich, nur durchweg lateinische Lettern; drei Adresslinien, die erste mit *A* beginnend; unten links die gewöhnliche Bemerkung. Grösse 142 : 100. (Taf. XIII, 150.)

43. 10 CENTIMOS karmin auf verschiedenem Karton.

43 a) 10 CENTIMOS karmin auf glattem Karton,
43 b) 10   „   karmin auf rauhem Karton.

Bemerkungen:

1. Das Markenbild steht bei dieser Karte nicht immer gleich weit vom Kartenrand und unterscheiden daher Spezialsammler vielfach Exemplare mit 16, 18, 20½ und 21 mm Abstand.

2. Von Karte No. 43 existirt ein Fehldruck mit drei c in dem Worte direccion.

IX. Ausgabe:

1892.

Mai? 1892. Karte für den Verkehr mit Portugal und Gibraltar. Ausführung und Vordruck wie bei der Karte vom Dezember 1889, nur durchweg in lateinischen Lettern. Grösse 140 : 90. (Taf. XIII, 151.)

44. 5 CENTIMOS grün auf chamois Karton.

Juni 1892. Karte in gleicher Ausführung, wie diejenige von Dezember 1889, nur Aenderung der Farbe und Wertangabe. Grösse 140 : 88.

45. 15 CENTIMOS braun auf gelblichem Karton.

Doppelkarte in der Ausführung der Karte No. 42, nur Marke rechts.

16. 15+15 CENTIMOS blau auf chamois Karton.

Juli 1892 Doppelkarte, ähnlich der Karte von März 1890, mit entsprechend verändertem Vordruck.

17. 5+5 CENTIMOS grün auf chamois Karton.

September 1892. Karte für den Weltpostverkehr. Wappen oben links, Marke rechts, zwischen beiden die gewöhnliche Inschrift in 3 Zeilen und lateinischen Buchstaben; drei Adresslinien, die erste mit 𝒜 beginnend; unten links die übliche Bemerkung. Grösse 145 : 92. (Taf. XIII, 152.)

Bemerkung 54 mm lang, dirección mit Accent auf dem o.

18. 10 CENTIMOS karmin auf chamois Karton.

Bemerkung 55½ mm lang.

49. 10 CENTIMOS karmin auf chamois Karton.

Bemerkung 55½ mm lang. direccion ohne Accent auf dem o.

50. 10 CENTIMOS karmin auf chamois Karton.

Doppelkarte in gleicher Ausführung, mit entsprechender Aenderung des Vordrucks.

51. 10+10 CENTIMOS karmin auf chamois Karton.

Dezember 1892. Karte in der Ausführung von No. 44, nur dass oben links noch das Wappen beigefügt ist. Grösse 146 : 93.

52. 5 CENTIMOS grün auf chamois Karton.

Doppelkarte für den Verkehr mit Portugal und Gibraltar in der Ausführung von No. 44.

53. 5+5 CENTIMOS grün auf chamois Karton.

Kartenbriefe.

ffizielle Kartenbriefe existiren in Spanien nicht, jedoch wurde durch Königlichen Erlass vom 3. Juni 1892 einem Privaten, dem Kartonnage-Fabrikanten Fabregas in Barcelona, das Privilegium erteilt, sich Kartenbriefe mit eingedrucktem Wertstempel in der National-Marken-Fabrik anfertigen zu lassen und dieselben äusserlich mit Annoncen bedrucken zu dürfen. Die Ausgabe sollte am 1. November 1892 erfolgen, verzögerte sich jedoch bis zum Juni 1893.

I. Ausgabe:
Juni 1893.

Rechteck aus strohgelbem Papier, oben rechts Marke der XXXII. Ausgabe, links daneben: CARTA-TARJETA (Karten-brief), drei Adresslinien, das Ganze in einfacher Umrandung mit kleinen Verzierungen in den Ecken; auf drei Seiten perforirt, unter der unteren Perforirungslinie die Bemerkung: Abrase por la linea perforada (Man öffne vermittelst der durchlochten Linie).

1. 15 CENTIMOS braun auf strohgelbem Papier.

II. Ausgabe:
November 1893.

Rechteck, wie oben. Unter CARTA-TARJETA die Worte: Vendida por 10 céntimos (verkauft für 10 céntimos); oben über der Umrandungslinie: Empresa anunciadora en cartas-tarjetas con Real privilegio (Gesellschaft für Annoncen auf Kartenbriefen mit Königl. Privilegium); unten unter der Durchlochungslinie: Segunda edicion (Zweite Auflage).

2. 10 CENTIMOS braun auf strohgelbem Papier.

Bemerkung.

Nach dem Beispiele des Herrn Fabregas liessen sich viele Industrielle Kartenbriefe anfertigen, allerdings ohne eingedruckte Marke. Sie sind selbstverständlich philatelistisch völlig wertlos.

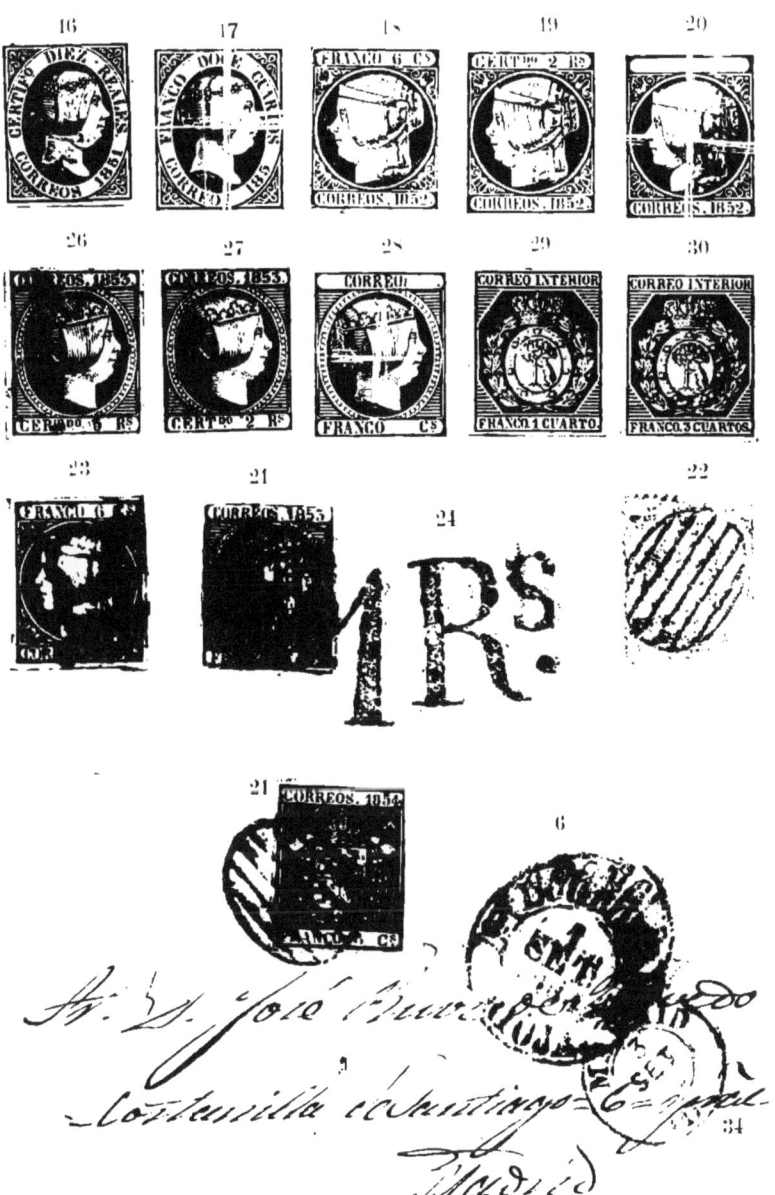

Friederich, Die Postwertzeichen Spaniens und seiner Kolonien I. Teil.

Friederich, Die Postwertzeichen Spaniens und seiner Kolonien (I. Teil).
Verlag von Dr. H. Brendicke in Berlin W. 57

Tafel IV.

Friederich, Die Postwertzeichen Spaniens und seiner Kolonien (I. Teil).
Verlag von Dr. H. Brendicke in Berlin W. 57.

Tafel V.

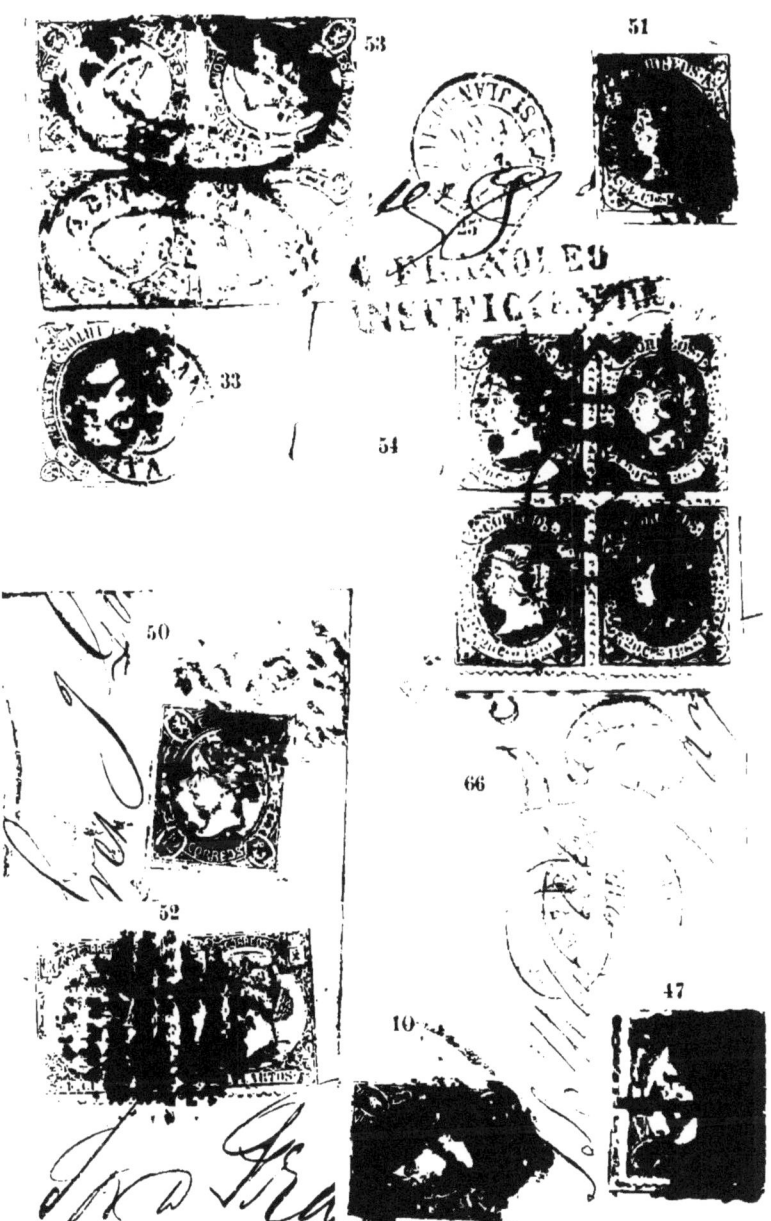

Friederich, Die Postwertzeichen Spaniens und seiner Kolonien (I. Teil).
Verlag von Dr. H. Brendicke in Berlin W. 57.

Tafel VI.

Friederich, Die Postwertzeichen Spaniens und seiner Kolonien (I. Teil)

Verlag von Dr. H. Brendicke in Berlin W. 57.

Tafel VII.

Tafel VIII.

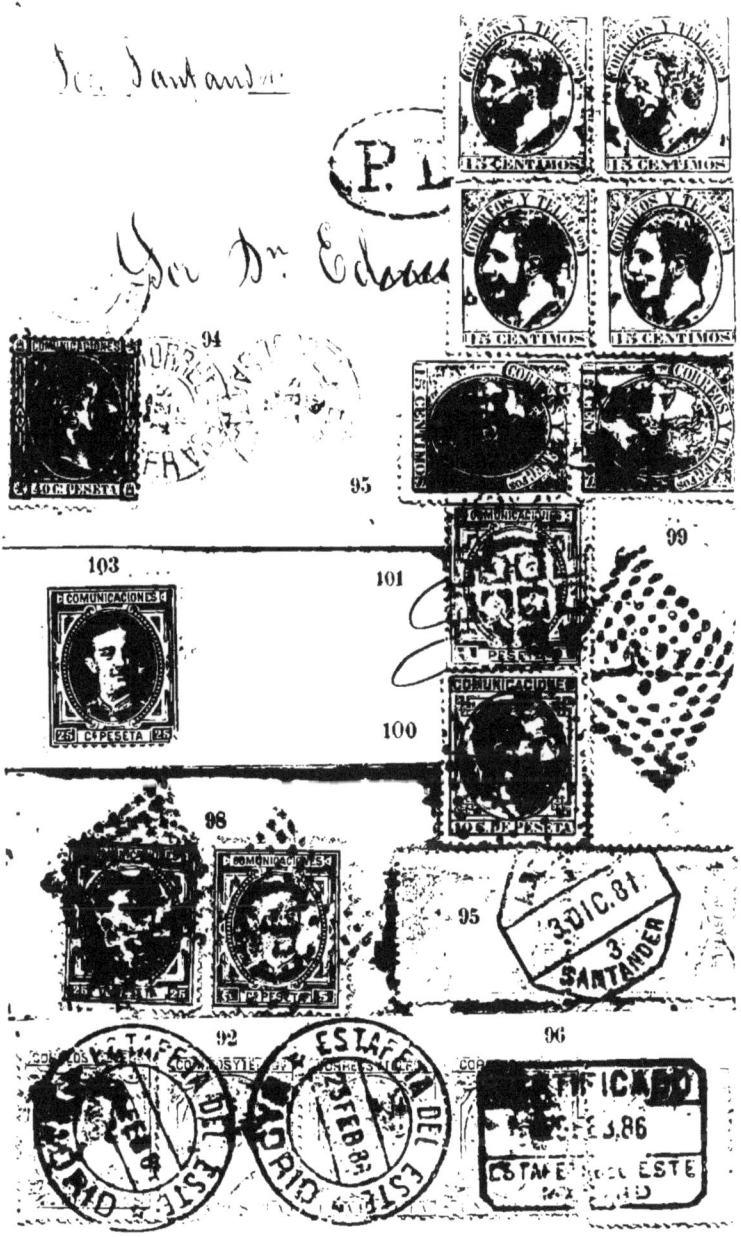

Friederich, Die Postwertzeichen Spaniens und seiner Kolonien (I. Teil)

Verlag von Dr. H. Brendicke in Berlin W. 57.

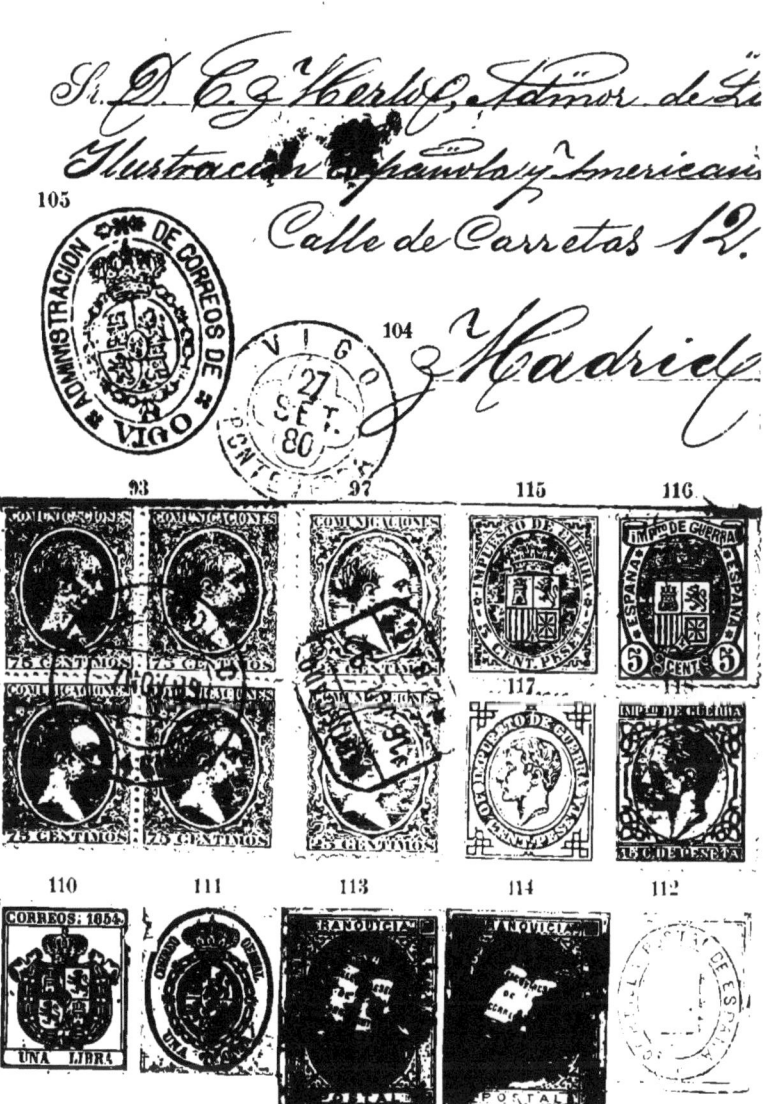

Friederich, Die Postwertzeichen Spaniens und seiner Kolonien I. Teil)

Verlag von Dr. H. Frei'ihcke — Berlin W. 57.

Tafel X.

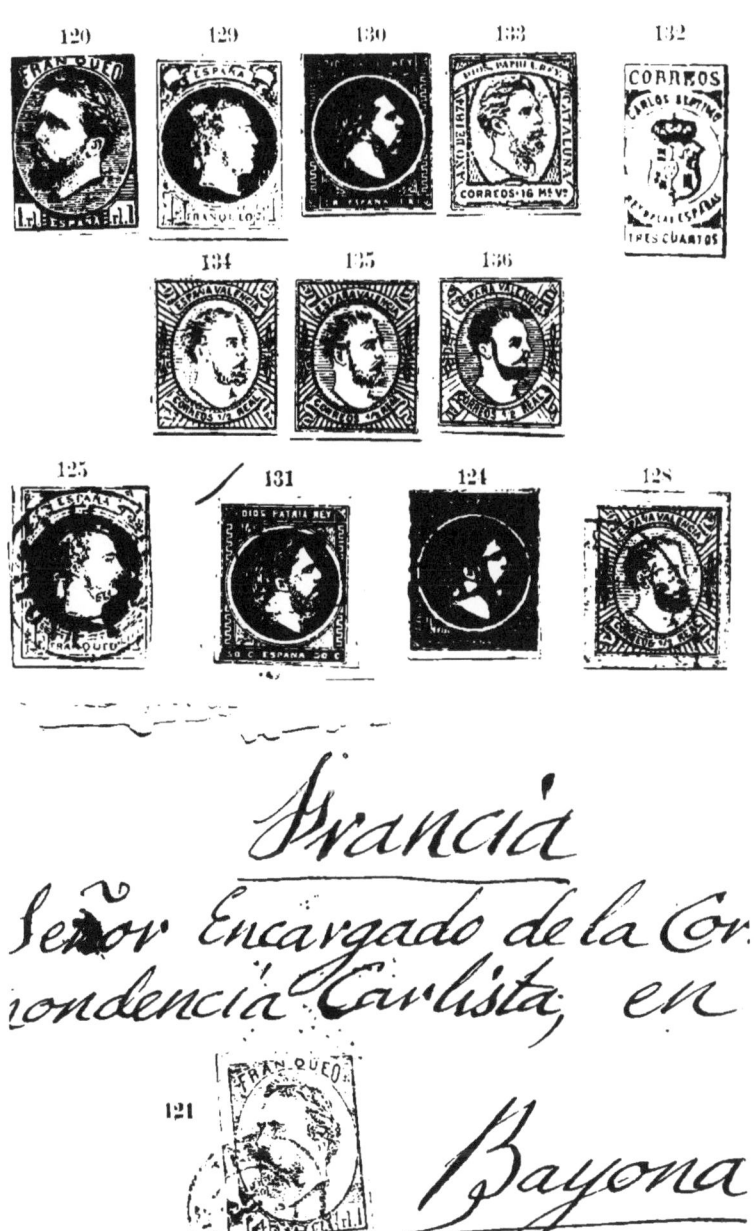

Tafel XI.

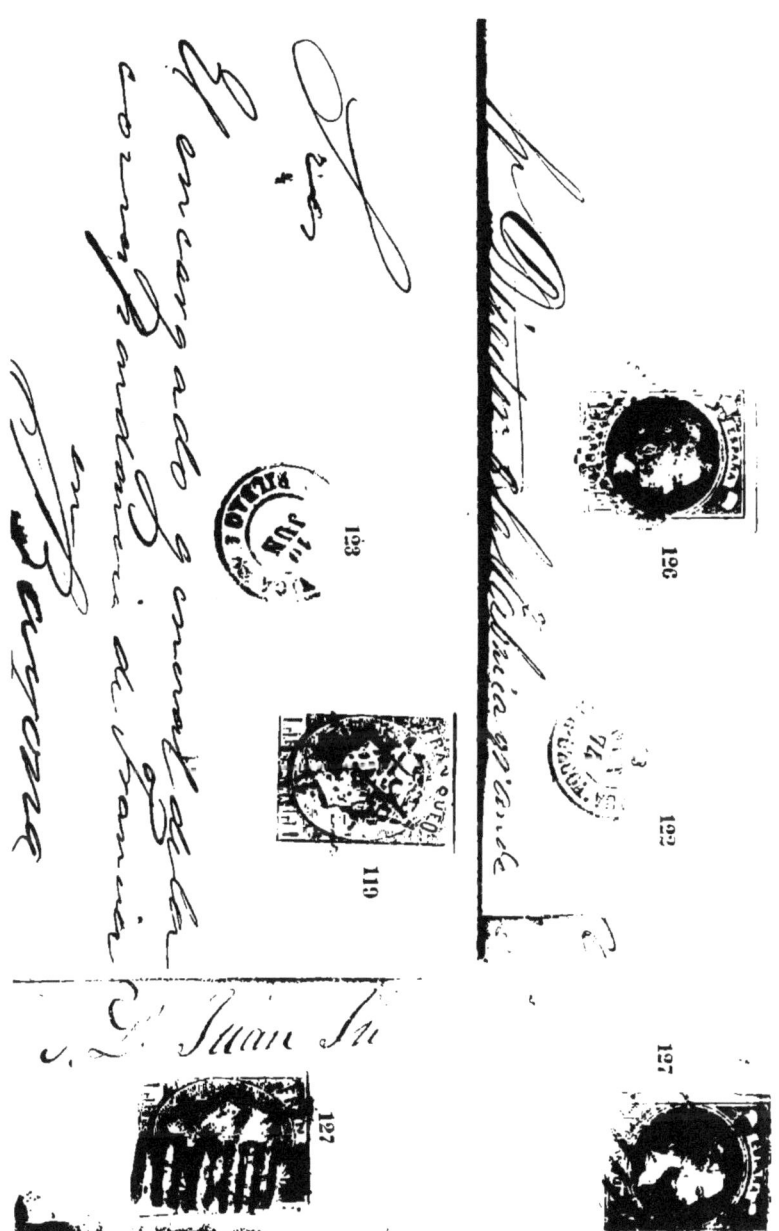

Friederichs, Die Postwertzeichen Spaniens und seiner Kolonien (I. Teil)
Verlag von Dr. H. Frendicke in Berlin W. 57.

Tafel XIII.

145

Tarjeta Postal
PORTUGAL Y GIBRALTAR,
ESPAÑA

149 TARJETA POSTAL.

146

TARJETA POSTAL.
Sr. D.

Nota. Lo que debe escribirse se hará en el reverso ó irá firmado por el remitente.

150 UNION POSTAL UNIVERSAL
UNION POSTALE UNIVERSELLE
ESPAÑA

147

Tarjeta Postal
PORTUGAL Y GIBRALTAR,
ESPAÑA

151 TARJETA POSTAL
PORTUGAL Y GIBRALTAR
ESPAÑA

148

Union Postal Universal
UNION POSTALE UNIVERSELLE
ESPAÑA

152 UNIÓN POSTAL UNIVERSAL
UNION POSTALE UNIVERSELLE
ESPAÑA

Friederich, Die Postwertzeichen Spaniens und seiner Kolonien (I. Teil)
Verlag von Dr. H. Drendicke in Berlin W. 57.

Die

Postwertzeichen

Spaniens und seiner Kolonien.

Bearbeitet

von

Rudolf Friederich,

Mitglied des Berliner Philatelisten-Clubs.

Mit 20 Tafeln in Lichtdruck und zahlreichen Abbildungen im Text.

BERLIN 1894.

Verlag von Dr. H. Brendicke,

Potsdamer-Strasse 61.

Die

Postwertzeichen der spanischen Kolonien.

Von

Rudolf Friederich.

Mitglied des Berliner Philatelisten-Clubs.

Mit 7 Tafeln in Lichtdruck und 14 Abbildungen im Text.

BERLIN 1894.

Verlag von Dr. H. Brendicke

Potsdamer-Strasse 61.

Vorwort.

Dem Vorwort zum ersten Teil habe ich an dieser Stelle nur Weniges hinzuzufügen.

Eine Monographie der Postwertzeichen der spanischen Kolonien erscheint in so ausführlicher Bearbeitung zum ersten Mal. Brauchbare Vorarbeiten waren nur wenige vorhanden, auch die wenigen sind zum grössten Teil veraltet; offizielle Aktenstücke, postalische Verfügungen u. dergl. sind selbst in den spanischen Archiven nur in geringer Zahl vorzufinden, Jahrgänge älterer Zeitungen sind in Deutschland nicht aufzutreiben. Die in den letzten Jahren in dem spanisch sprechenden Amerika erschienenen philatelistischen Zeitschriften waren für die Zwecke des Buches völlig wertlos, da ihr dürftiger Inhalt zumeist europäischen Blättern entnommen ist. So ist es begreiflich, dass die Bearbeitung auf zahlreiche, kaum zu bewältigende Hindernisse stossen musste und dass sie, im Jahre 1888 begonnen, erst in diesem Jahre vollendet werden konnte, auch erklärlich, dass sich trotz grösster Bemühungen noch vielfach Lücken und Unklarheiten, vielleicht sogar Fehler vorfinden werden. Wenn irgendwo, so ist hier ein Mitarbeiten der gesammten Sammlerwelt geboten, will man das Dunkel, welches über einigen Abschnitten dieses Teiles noch schwebt, lichten, ehe es überhaupt hierzu zu spät ist.

Gliederung und Behandlung des Stoffes ist analog dem ersten Teil. Bemerkungen allgemein-historischen Inhalts fielen fast gänzlich weg, da die geschichtlichen Ereignisse, welche sich im 19. Jahrhundert in denjenigen spanischen Kolonien abspielten, um welche es sich hier handelt, nur ein schwacher Widerhall der Kämpfe sind, von welchen das Mutterland heimgesucht wurde und welche, soweit es für die Zwecke dieses Buches nötig, im ersten Teil Besprechung gefunden haben.

Ueber die Entwickelung der postalischen Verhältnisse in den verschiedenen Kolonien ist wenig bekannt geworden, selbst in den einschlägigen spanischen Werken findet sich wenig Bemerkenswertes; das Wenige wurde in der Einleitung zusammengestellt. Wie im ersten Teil, so wurde auch hier auf genaue Beschreibung der Postwertzeichen, Angabe aller bekannten Farbenund Papierverschiedenheiten, Fehldrucke u. dergl. grosser Wert gelegt und keine Mühe gescheut, diese Angaben zu vervollständigen. Die Liste der Essais dürfte in dieser Vollständigkeit noch nirgends veröffentlicht sein.

Die Schwierigkeit, spanisch-koloniale Marken auf ganzem Brief aufzutreiben, hat es zwar unmöglich gemacht, von allen existirenden Abstempelungen deutliche Abbildungen zu bringen, immerhin aber dürfte das Gebotene genügen, dem Spezialsammler den nötigen Ueberblick über dieselben zu verschaffen.

Der Verfasser.

Inhalt.

IX

III. Fernando Póo.

Die spanischen Kolonien, spanisch mit dem Gesamtnamen „El Ultramar“ bezeichnet, umfassen die grossen Antillen-Inseln Cuba und Portorico, die Philippinen, Sulu‑Inseln, Marianen, Carolinen und Palaos, ferner die Guinea‑Inseln: Fernando Póo, Annobon, Corrisco und Elobey und schliesslich die Gebiete des Rio de Oro und von Adras, im Ganzen ein Territorium von 1,129,370 qkm mit etwa 8,200.000 Einwohner.

Von philatelistischem Standpunkt aus betrachtet lassen sie sich in drei Gruppen einteilen: 1. Die Antillen, nach deutschem Sprachgebrauch Spanisch Westindien genannt, 2. Die Philippinen und 3. Die Guinea-Inseln. Während die zahlreichen Inseln des Philippinen-Archipels ebenso wie diejenigen der Guinea-Inseln sich stets gemeinsamer Postwertzeichen bedienten, war dies innerhalb der Antillen-Gruppe nur bis zum Jahre 1873 der Fall; von diesem Jahre an wurden für Cuba und Portorico besondere Ausgaben hergestellt. Wir haben dementsprechend in Nachfolgendem zu betrachten:

I. Die Postwertzeichen von Westindien und zwar
    Ia. von Cuba und Portorico,
    Ib. von Cuba,
    Ic. von Portorico;
II. die Postwertzeichen der Philippinen und
III. diejenigen von Fernando Póo.

I. Spanisch Westindien.

Ia. Cuba und Portorico.

Einleitung.

Mit dem Namen „Spanisch Westindien" bezeichnet man gewöhnlich die zu den Grossen Antillen gehörenden Inseln: Cuba und Portorico: in Spanien selbst ist für dieselben meist nur die Bezeichnung „Las Antillas" gebräuchlich.

1. C U B A.

Geographisches. Cuba, die bedeutendste der Grossen Antillen, zwischen 19⁰ 48' und 23⁰ 15' nördlicher Breite und zwischen 72⁰ 2' und 84⁰ 55' westlicher Länge gelegen, hat einen Flächeninhalt von 118,833 qkm mit 1,631,687 Einwohner (1887). Sie ist administrativ in sechs Provinzen eingeteilt, welche nach den Hauptstädten benannt werden. An der Spitze der Regierung steht der General-Kapitän mit fast absoluter Gewalt, ihm zur Seite ein Ministerium von fünf Mitgliedern.

Sitz der Behörden ist La Habana mit ca. 210,000 Einwohnern.

Geschichtliches. Die Geschichte Cuba's ist, soweit sie für unsere Zwecke in Frage kommt, die spanische. Von Colon auf der ersten Reise entdeckt (1492), mass man der Insel, so lange die Kolonialpolitik Spaniens vorwiegend auf Ausbeutung der Gold- und Silberminen gerichtet wär, keine besondere Wichtigkeit bei. Handelsmonopole, denen zufolge der Aus- und Einfuhrhandel allein von Cadiz beherrscht wurde, hinderten fast gänzlich die Auf- schliessung des reichgesegneten Landes. Erst seitdem Spanien aus seinen festländischen Besitzungen von Amerika verdrängt ist, hat die Hebung der Landeskultur, des Handels und der Industrie kräftigen Aufschwung genommen. Die Ausfuhr, welche im Jahre 1828 nur 48 Mill. Mark betrug, war im Jahre 1890 schon auf 290 Millionen gestiegen. Unter diesen Umständen ist die Begehr- lichkeit, mit welcher eine nordamerikanische Annexionspartei nach der Perle der Antillen schielt, leicht begreiflich. Nordamerikanischem Geld und nordamerikanischen Abenteurern ist denn auch der zehn Jahre lang(1868—78) währende Aufstand der Farbigen zuzuschreiben, von dessen nachteiligen Folgen die Insel sich erst jetzt wieder zu erholen beginnt.

Verkehrsverhältnisse. Im Vergleich zu Mittel-Amerika giebt es auf Cuba eine beträchtliche Anzahl guter Strassen. An Eisen- bahnen sind über 1800 km in Betrieb, die Telegraphenlinien haben eine Ausdehnung von 3548 km mit 167 Stationen, die Post be- förderte 1889/90 zusammen ca. 8,000,000 Sendungen und hatte eine Einnahme von ca. 2 Millionen Mark.

Der Postdienst Cuba's steht nicht unter dem spanischen Ministerium des Innern (de la gobernacion), sondern unter dem- jenigen der Kolonien (del ultramar), ist also vollständig von dem- jenigen des Mutterlandes getrennt; die Organisation ist jedoch völlig derjenigen Spaniens nachgebildet; die Zuverlässigkeit der Beamten und die Sicherheit des Dienstbetriebes steht auf niederer Stufe.

An der Spitze des gesammten Post- und Telegraphenwesens steht die General-Direktion, welche ihren Sitz in La Habana hat. Drei Administraciones principales befinden sich in Matanzas. Puerto Principe und Santiago de Cuba, den nach La Habana wichtigsten Städten der Insel. Ausserdem existiren noch 5 Administraciones I. Classe, 10 II. Classe, 12 III. Classe und 48 Carterías für die kleineren Niederlassungen, im Ganzen also 157 Postanstalten.

Die Versendung der Postsendungen in's Innere und umgekehrt geschieht entweder per Eisenbahn oder durch Wagen oder durch Boten zu Pferd und zu Fuss, an der Küste durch Postschiffe. Die Verbindung mit Europa wird durch Postdampfer hergestellt, welche für ihre Fahrt etwa 18 Tage gebrauchen; vielfach bedient man sich auch des Weges über die Vereinigten Staaten, wie überhaupt die Dienste französischer, englischer und deutscher Postdampfer häufig in Anspruch genommen werden.

Geldwährung. Wie im Mutterlande, so wechselte auch in den Kolonien die Geldwährung mehrfach. Die Schwierigkeit, die Höhe der Portosätze genau beurteilen zu können, wird noch erhöht dadurch, dass der Peso duro, sowie der Silberreal einem steten Kurswechsel unterworfen waren.

Bis 1866:

1 Peso duro = 8 Reales de plata fuerte = 4 Mark.

1 Real plata fuerte = 2$^1/_2$ spanische Reales de vellon = 0,50 Mark.

Von 1866 bis 1870:

1 Peso duro = 2 Escudos à 2 Mark.

1 Escudo = 100 Céntimos de Esc$^\text{o}$ = 1000 Milesimas de Esc$^\text{o}$.

10 Cent. de esc$^\text{o}$ = 100 mil$^\text{s}$ = 1 spanischer Real de vellon.

20 Cent. de esc$^\text{o}$ = 1 Real de pl. f.

Von 1871 bis 1881:

1 Peso = 5 Pesetas = 4 Mark.

1 Peseta = 100 Céntimos de peseta = 0,80 Mark.

Von 1881 an:

1 Peso = 100 Céntimos de peso = 1000 Milesimas de peso.

Bei Umrechnung der Werte in Céntimos ist demnach genau darauf zu achten, ob es Céntimos (d. h. $^1/_{100}$) de peso, de escudo oder de peseta sind.

Gewicht. Wie in Spanien.

2. PORTORICO.

Geographisches. Portorico, spanisch Puertorico oder Puerto-Rico, zwischen 17° 51′ und 18° 31′ nördlicher Breite und 65° 37′ und 67° 16′ westlicher Länge gelegen, hat einen Flächeninhalt von 9620 qkm mit ca. 800,000 Einwohnern. Der Sitz des an der Spitze der Regierung stehenden General-Kapitäns ist auf San Juan (de Puertorico), einer kleinen, mit Puertorico durch einen Damm verbundenen Insel; eine Repräsentativverfassung existirt nicht. Portorico wird administrativ in 7 Departements eingeteilt.

Geschichtliches. Die von Colon im Jahre 1493 entdeckte Insel wurde erst 1510 völlig von den Spaniern in Besitz genommen. In Bezug auf culturelle Entwickelung gilt das bei Cuba Gesagte, die Geschichte der Insel, soweit sie für philatelistische Zwecke in Betracht kommt, ist die spanische.

Verkehrsverhältnisse. Dieselben, lange Zeit vernachlässigt, haben sich in den letzten Decennien bedeutend gebessert. An Eisenbahnen waren 1890 18 km in Betrieb, 546 km in Bau oder projektirt, Telegraphenlinien giebt es 778 km.

Ueber Organisation des Postwesens gilt das in Bezug auf Cuba Gesagte. Sitz der General-Direktion ist San Juan; Administraciones principales bestehen in Humacao, Mayaguez, Ponce und Caguas; in den kleineren Städten befinden sich Administraciones I., II. und III. Classe mit 56 Carterias und Estafetas. Die Beförderung der Postsendungen und die Verbindung mit Europa ist wie auf Cuba.

Geldwährung, Maass und Gewicht, wie auf Cuba.

Briefmarken.

A. Marken aus der Zeit der Regierung der Königin Isabella II.

I. Ausgabe:

vom 1. Januar 1855 bis Ende 1862, bezw. bis Januar 1864.

Kopf der Königin Isabella mit Lorbeerkranz nach rechts innerhalb eines Perlenkreises; um den Kreis ein rechteckiger Rahmen; in demselben oben: CORREOS, unten Wertangabe; an den Seiten und in den Ecken Verzierungen.

Farbiger Buchdruck auf in Farbe und Stärke verschiedenem Papier, mit und ohne Wasserzeichen; ungezähnt. (Taf. I, 1.)

A. Für Cuba und Portorico.

a. Auf mehr oder weniger intensiv bläulichem, manchmal grünlichem, rauhem und verschieden starkem Papier. Wasserzeichen: Schlingen; angefertigt vom 1. Januar bis 31. Dezember 1855.

1. ½ R⁰ PLATA F. (fuerte) blau und blaugrün in vier Abstufungen.

1 a) ½ R⁰ PLATA F	blaugrün,
1 b)	„	dunkelblaugrün,
1 c)	„	schwarzgrün,
1 d)	„	dunkelblau.

2. 1 R₺ PLATA F. grün in vier Schattirungen.

2 a)	1 R₺ PLATA F.		flaschengrün,
2 b)	1	„	lebhaft dunkelgrün,
2 c)	1	„	helleres grün,
2 d)	1	„	gelblichgrün.

3. 2 R⁵ PLATA F. braun und orangerot in zahlreichen Schattirungen.

3 a)	2 R⁵ PLATA F.		braunrot — lebhaft braunrot,
3 b)	2	„	dunkelkarmin,
3 c)	2	„	orangerot,
3 d)	2	„	blassorangerot,
3 e)	2	„	gelblichbraun,
3 f)	2	„	ziegelrot.

b. Auf weissem oder gelblichweissem, rauhem, dickem Papier. Wasserzeichen: Gekreuzte Linien; angefertigt vom Januar bis April 1856.

4. ½ R₺ PLATA F. grün in drei Schattirungen.

4 a)	½ R₺ PLATA F.		dunkelblaugrün,
4 b)	½	„	blaugrün,
4 c)	½	„	dunkelgelbgrün.

5. 1 R₺ PLATA F. gelblichgrün in drei Schattirungen.

5 a)	1 R₺ PLATA F.		gelbgrün,
5 b)	1	„	olivengrün,
5 c)	1	„	lebhaft grün.

6. 2 R⁵ PLATA F. orangerot in zwei Abstufungen.

6 a)	2 R⁵ PLATA F.		orangerot,
6 b)	2	„	lebhaft orangerot.

c. Auf weissem, glattem und verschieden starkem Papier ohne Wasserzeichen; angefertigt vom April 1856 bis Januar 1864.

7. ½ R₺ PLATA F. blau in zahlreichen Abstufungen.

7 a)	½ R₺ PLATA F.		blau,
7 b)	½	„	blassblau,
7 c)	½	„	mattblau,
7 d)	½	„	himmelblau,
7 e)	½	„	indigoblau,
7 f)	½	„	dunkelblau,
7 g)	½	„	grünlichblau.

8. 1 R₺ PLATA F. grün in fünf Schattirungen.

8 a)	1 R₺ PLATA F.		gelbgrün,
8 b)	1	„	blassgelbgrün,
8 c)	1	„	grün,
8 d)	1	„	lebhaft grün,
8 e)	1	„	olivengrün.

9. 2 R⁹ PLATA F. rosa und orangerot in drei Schattirungen.

    9 a) 2 R⁹ PLATA F. rosa,
    9 b) 2   „   lebhaft rosa,
    9 c) 2   „   orangerot.

B. Stadtpostmarke für La Habana.

Marke zu 2 R⁵ PLATA F. der Ausgabe a und c mit schwarzem Aufdruck von Y¹/₄ in verschiedenen Typen, vom 19. Nov. 1855 bis Ende 1862.

a. Auf mehr oder weniger intensiv bläulichem, manchmal grünlichem Papier mit Wasserzeichen (Schlingen) vom 19. November 1855 bis Ende 1858. Aufdruck Y¹/₄ in 9 Typen.

I. Type: Höhe des Y 5¹/₄ mm, auffallend dicker Grundstrich, Bruch steht dicht am Y und hat gleiche Höhe mit demselben, arabische 1 mit spitzwinkeligem Anstrich auffallend kleine 4. (Taf. I, 2.)

    10. Y¹/₄ auf 2 R⁵ PLATA F. schwarz auf dunkelkarmin, braun- und orangerot in verschiedenen Schattirungen.

        10 a) Y¹/₄ auf 2 R⁵ PLATA F. schwarz auf dunkelkarmin,
        10 b) Y¹/₄   „   schwarz auf braunrot,
        10 c) Y¹/₄   „   schwarz auf gelblichbraun.

II. Type: Höhe des Y nur 4¹/₂ mm. dünnerer Grundstrich, der Bruch steht 3¹/₂ mm vom Y entfernt und ist fast 2 mm höher, arabische 1 mit fast wagerechtem Anstrich, grössere 4. (Taf. I, 3.)

    11. Y¹/₄ auf 2 R⁵ PLATA F. auf denselben Farben wie No. 10.

III. Type: Schlankeres Y, Höhe 5¹/₄ mm, der Grundstrich fast eine gerade Linie bildend, Zahlen des Bruches und Entfernung desselben vom Y wie bei Type II. (Taf. I, 4.)

    12. Y¹/₄ auf 2 R⁵ PLATA F. auf denselben Farben wie No. 10.

IV. Type: Y wie in Type III, die 1 des Bruches ist etwas länger und hat spitzwinkeligen Anstrich.

    13. Y¹/₄ auf 2 R⁵ PLATA F. auf denselben Farben wie No. 10.

V. Type: Höhe des Y 5¹/₄ mm, oberer Abstand der beiden Arme etwas grösser, Zahlen des Bruches etwas dicker und länger, die 1 mit wagerechtem Anstrich, ganze Höhe des Bruches grösser. (Taf. I, 5.)

14. Y¹/₄ auf 2 R⁵ PLATA F. auf denselben Farben wie No. 10.

VI. Type: Höhe des Y nur 5 mm, sonst Type III ähnlich.

15. Y¹/₄ auf 2 R⁵ PLATA F. auf denselben Farben wie No. 10.

VII. Type: Höhe des Y 5¹/₂ mm, dickerer Grundstrich, Zahlen des Bruches, besonders die 1 nicht so hoch, in Folge dessen der ganze Bruch das Y wenig überragend. (Taf. I, 6.)

16. Y¹/₄ auf 2 R⁵ PLATA F. auf denselben Farben wie No. 10.

VIII. Type: Wie Type VII, nur die 4 des Bruches oben nicht abgestumpft, sondern spitz zulaufend.

17. Y¹/₄ auf 2 R⁵ PLATA F. auf denselben Farben wie No. 10.

IX. Type: Y auffallend lang: 6 mm, alles Uebrige wie bei Type III.

18. Y¹/₄ auf 2 R⁵ PLATA F. auf denselben Farben wie No. 10.

_____

b. Auf weissem, glattem Papier ohne Wasserzeichen, von Ende (?) 1858 bis Ende 1862. Aufdruck Y¹/₄ in 2 Typen mit 2 Abarten.

I. Type: Höhe des Y 5¹/₃ mm. dicker Grundstrich, arabische 1 mit spitzwinkeligem Anstrich, der Bruchstrich hat an seinen Enden kleine Vertikalstriche. (Taf. I, 8.)

19. Y¹/₄ auf 2 R⁵ PLATA F. rosa.

Ia. Type: Ebenso, nur der Bruchstrich ganz herausgeschoben. (Taf. I, 8.)

20. Y¹/₄ auf 2 R⁵ PLATA F. rosa.

Ib. Type: Ebenso, nur die 1 des Bruches verkehrt. (Taf. I, 10.)

21. Y¹/₄ auf 2 R⁵ PLATA F. rosa.

II. Type: Y ebenso, die Zahlen des Bruches dünner und schlanker, auch nicht ganz so hoch, wie bei Type I. (Taf. I, 9.)

22. Y¹/₄ auf 2 R⁵ PLATA F. rosa.

Vergleichende Zusammenstellung der Typenverschiedenheiten des Aufdrucks Y¹/₄ auf Ausgabe a..

No. der Type	Höhe des Y	Dicke des Grundstrichs	Oberer Abstand der beiden Arme	Höhe der 1	Form der 1	Höhe der 4	Form der 4	Höhe des ganzen Bruches	Bruchstrich	Entfernung des Bruchstriche vom Y	Bemerkungen
		in mm.				in mm			in mm.	in mm.	
I	5¹/₄	1	1½	2	arabisch, spitzwinkeliger Anstrich, aber leicht abgestumpft.	1³/₄	1½ mm breit, spitz zugehend.	5⁵/₈ bis 5¹/₂	2 mm lang, dick	2 und 2¹/₄	Taf. I, 2.
II	4¹/₂	³/₄	1¹/₄	2¹/₄	arabisch, numerklich gekrümmter, fast wagerechter Anstr.	2¹/₄	1³/₄ mm breit, spitz zugehend.	6³/₄ bis 7	3, 3¹/₄, 3¹/₂	3¹/₄, 3¹/₂, 4, 4¹/₄	Taf. I, 3.
III	5¹/₄	³/₄	³/₄	2¹/₄	wie bei II.	2¹/₄	wie bei Type II.	wie bei Type II	wie bei Type II	wie bei Type II	Taf. I, 4.
IV	5¹/₄	³/₄	³/₄	2½	arabisch, gerader, spitzwinkeliger Anstrich.	2¹/₄	wie bei Type II.	7¹/₄	3¹/₄	3¹/₄	Unterschied zwischen Type III und IV nur in der Ziffer 1 des Bruches.
V	5¹/₄	³/₄	1¹/₈	2¹/₂	arabisch, wagerechter Anstrich, dicker.	2¹/₂	etwas dicker.	7¹/₄ bis 7¹/₂	wie bei Type II	wie bei Type II	Taf. I, 5.
VI	5	³/₄	³/₄	2¹/₄	arabisch, kurzer, gerader, nur wenig spitzwinkeliger Anstrich.	2¹/₂	scharf zugespitzt.	7¹/₈	3, 3¹/₂	3¹/₄, 3¹/₂	Oberflächlich betrachtet, leicht mit Type III zu verwechseln.
VII	5½	1	1¹/₄	2	arabisch, abgestumpft, spitzwinkliger Anstrich, unten etwas dickerer Horizontalstrich.	2¹/₄	abgestumpft, unten etwas dickerer Horizontalstrich.	5³/₄	1³/₄ mit kleinem Vertikalstrich.	2³/₄	Taf. I, 6.
VIII	5¹/₂	1	1¹/₄	2	wie Type VII.	2¹/₄	spitz zulaufend, Horizontalstrich wie gewöhnlich.	5³/₄	wie Type VII	2³/₄	Unterschied zwischen Type VII und VIII nur in der Ziffer 4 des Bruches.
IX	6	—	³/₄	2¹/₂	—	2¹/₂	—	7¹/₄	3½	—	nach Duro.

Vergleichende Zusammenstellung der Typenverschiedenheiten des Aufdrucks $Y^{1}/_{4}$ auf Ausgabe b.

No. der Type.	Höhe des Y (in mm.)	Dicke des Grundstrichs (in mm.)	Oberer Abstand der beiden Arme (in mm.)	Höhe der 1 (in mm.)	Form der 1	Höhe der 4 in mm	Form der 4	Höhe des ganzen Bruches (in mm.)	Bruchstrich	Entfernung des Bruchstrichs vom Y (in mm.)	Bemerkungen.
I	$5^{1}/_{8}$	1	$1^{1}/_{4}$	2	arabisch, spitzwinkeliger Anstrich	$1^{7}/_{8}$	$1^{1}/_{4}$ mm breit, etwas abgestumpft	$5\frac{1}{2}$	An den Ecken kleine Verticalstriche	$2^{1}/_{2}$	Der linke Verticalstrich meist nicht zu sehen, Tafel I, 8.
Ia	$5^{1}/_{8}$	1	$1^{1}/_{4}$	2	arabisch, spitzwinkeliger Anstrich	$1^{7}/_{8}$	ebenso	$5\frac{1}{2}$	Bruchstrich rechts herausstehend, sodass links das Ende unter der 1 steht	$2^{1}/_{2}$	ebenso, Taf. I, 8.
Ib	$5^{1}/_{8}$	1	$1^{1}/_{4}$	2	verkehrt stehend	$1^{7}/_{8}$	ebenso	$5^{1}/_{2}$	wie bei I	$2^{1}/_{2}$	ebenso, Taf. I, 10.
II	$5^{1}/_{8}$	1	$1^{1}/_{4}$	$1^{3}/_{4}$	abrabisch, spitzwinkliger Anstrich, schlanker	etwas über $1\frac{1}{2}$	spitz zugehend	$5^{1}/_{4}$	wie bei I	$2^{1}/_{4}$	Taf. I, 9.

Bemerkungen.

1. Durch Verfügung vom 18. Dezember 1854, deren Bestimmungen jedoch erst am 1. März des folgenden Jahres in Kraft traten, wurden die Portosätze wie folgt festgesetzt:

für einfache Briefe für das Innere oder von Cuba nach Portorico und umgekehrt . . . . ½ Rl,
für einfache Briefe nach Spanien und den Adjacentes . . ½ „
für einfache Briefe nach den Philippinen . . . . . . 1 „

Als einfache Briefe wurden diejenigen angesehen, deren Gewicht ½ onza nicht überschritt; für jede ½ onza mehr musste der angegebene Portosatz nochmals bezahlt werden.

Diese Portosätze erhielten durch Verfügung vom 7. November 1856 eine Ergänzung in Bezug auf Drucksachen, deren Porto auf ½ Rl pro onza ermässigt wurde.

Durch Erlass vom 20. Mai 1859 wurden — vom 7. September in Kraft tretend — die Portosätze erhöht, begründet durch die grösseren Kosten, welche die Beförderung durch Dampfschiffe verursachte und zwar wurde das Porto für Briefe von den Antillen nach Spanien, den Philippinen und unter sich gleichmässig auf 1 Real pro ½ onza festgesetzt; das Porto für Drucksachen blieb unverändert.

Die Frankirung vermittelst Briefmarken war vom 1. Januar 1857 ab obligatorisch.

2. In Bezug auf die Marken der I. Ausgabe gilt das Teil I, X. Ausgabe Bemerk. 2, Gesagte, sie bilden eine einzige Emission, deren Verschiedenheit in bezug auf Papier und Farbe eine Folge von Zufälligkeiten bei der Herstellung ist. Die Ausgabedaten der verschiedenen Papiersorten werden verschieden angegeben, können jedoch nicht zweifelhaft sein. Die Marken auf Papier a. wurden laut Verfügung vom 1. September 1854 am 1. Januar 1855 verausgabt, also früher, als die gleiche Marke in Spanien. Von Januar 1856 an fertigte die Nationaldruckerei in Madrid keine Marken mehr auf diesem Papier, von April 1856 an wurde nur noch Papier ohne Wasserzeichen verwendet. Selbstverständlich durften auch in den Kolonien die vorhandenen Bestände aufgebraucht werden.

Die Werte zu 1 und 2 Reales wurden in den Jahren 1856–63 auch auf den Philippinen, von 1862—65 auch in dem zeitweilig besetzten Gebiet der Dominikanischen Republik gebraucht.

Von Ausgabe c sind die Restbestände später in Händlerhand übergegangen.

3. Ueber die Marken mit dem Aufdrucke Y¼ existiren in den meisten Katalogen und philatelistischen Handbüchern falsche Angaben, es erscheint deshalb nötig, hier etwas näher auf dieselben einzugehen.

Am 15. November 1855 erliess die G. P. D. in Habana folgende Bekanntmachung:

„Nachdem durch S. Excellenz den Generalkapitän die Einrichtung einer Stadtpost für diese Stadt und ihre ausserhalb der Mauern gelegenen Stadtviertel für den 19. c. zur Feier des Geburtstages unserer geliebten Königin Doña Isabel II (welche Gott behüten möge) angeordnet wurde, hat die Postverwaltung die Genugthuung, dem Publikum mitzuteilen, dass an genanntem Tage diese Verbesserung, welche dem lokalen Handelsverkehr die grösstmögliche Bequemlichkeit zu mässigen Preisen gewähren soll, in's Leben treten wird.

Die Korrespondenzen im Ortsverkehr sind dem Frankirungszwang unterworfen und müssen mit einer Marke zu ¼ Rl plata, welche zu diesem Zwecke bestimmt ist und welche man in denjenigen Häusern kaufen kann, an welchen sich Briefkasten befinden, beklebt werden.

2

Das Porto für Postsendungen im Ortsverkehr wird nicht von dem Gewichte abhängig sein, da eine einzige Marke zu $1/4$ Rl zur freien Beförderung genügen wird, sei das Gewicht auch, welches es sei. Habana, den 15. November 1855.

Narcisso de Torre Marin."

Der Inhalt dieses durch den Generalkapitän Don José de la Concha veranlassten Erlasses bildete einen gewaltigen Fortschritt in der postalischen Entwickelungsgeschichte der Stadt Habana. Während im Mutterlande in Madrid schon im Jahre 1852 eine Stadtpost geschaffen und diese Einrichtung im darauffolgenden Jahre auf fast alle grössere Städte Spaniens ausgedehnt worden war, fehlte in der Hauptstadt der Antillen 3 Jahre später noch jegliche Briefbestellung. Die Postverwaltung begnügte sich damit, dem Publikum die Ankunft bezw. Abfahrt der Postschiffe mitzuteilen, das Abholen der Sendungen von der Post blieb, ebenso wie die Beförderung nach derselben Sache des Einzelnen. Während somit ein Kaufmann für die Beförderung eines Briefes nach Madrid nur 1 Real zu bezahlen hatte, kostete ihn eine solche nach den ausserhalb der eigentlichen Stadtumwallung gelegenen Vorstädten Cerro oder Jesús del Monte mehr als 1 Peso, oder er war gezwungen, einen Diener hinzusenden, dessen Dienstleistungen ihm alsdann fast einen halben Tag entzogen waren. Diese ungenügenden postalischen Verhältnisse machten sich um so fühlbarer, als gerade in den letzten Jahren die Stadt bedeutend an Ausdehnung gewonnen und zahlreiche industrielle Etablissements in den Vorstädten entstanden waren, deren Besitzer in dem Mittelpunkte der Stadt wohnten.

Die Organisation der Stadtpost zu Habana gab nun die Veranlassung zur Ausgabe einer Marke, welche bis zum heutigen Tage den Sammlern und philatelistischen Schriftstellern das grösste Kopfzerbrechen verursacht hat. Da nämlich eine Marke im Werte von $1/4$ Real fehlte, die Anfertigung einer solchen in Madrid aber die Einrichtung auf viele Monate verzögert haben würde, so entschloss man sich dazu, die wenig gebrauchten und daher in grossen Beständen vorhandenen 2 Reales-Marken mit einem entsprechenden Aufdrucke zu versehen. Die Marken mit dem Aufdruck Y$1/4$ verloren also ihren bisherigen Wert und konnten nur zu dem angegebenen Zwecke verwandt werden.

In Europa, wo man den Zusammenhang der Dinge und den Ursprung und die Verwendung dieser Marken nicht kannte, war der Aufdruck rätselhaft und den verschiedenartigsten Deutungen unterworfen. Da „Y" in der spanischen Sprache „und" bedeutet, so glaubte man den Wert dieser Marken gleich 2$1/4$ Rs und verzeichnete sie dementsprechend in den Katalogen, ein Fehler, der noch im Jahre 1880 von der Philatelistischen Gesellschaft in London bei der Herausgabe des „Catalogue of Postage stamps of Spain", ja sogar noch im Jahre 1887 von Lietzow in seinem „Handbuch der Philatelie" gemacht wurde. Duro war der erste, der in seiner „Reseña histórico-descriptiva de los sellos de correos de España y del Ultramar" den oben citirten Erlass anführte und die Marken dementsprechend katalogisirte; aber auch er vermochte keine Erklärung des Aufdrucks Y zu geben und erklärte ihn einfach als einen Fehler, eine Ansicht, welche schon deshalb unhaltbar ist, weil der Aufdruck 6 Jahre lang in Gebrauch war und in mehreren Auflagen hergestellt wurde.

Da die Erklärung des Y mit „und" nach dem Bekanntwerden der postalischen Verfügung vom 15. November 1855 nicht mehr aufrecht zu erhalten war, so suchte man nach einer anderen. Pemberton, Evans u. A. glaubten dieselbe darin zu finden, dass sie das Y als Abkürzung des Wortes „Interior" bezeichneten. Sehen wir nun aus anderen Gründen ab, so ist diese Erklärung schon deshalb nicht annehmbar, weil Interior niemals und nirgen is mit Y geschrieben wurde. Man glaubte zwar eine Begründung dieser Schreibweise in dem Bestreben zu finden, ein leicht mögliches Missverständnis des

Aufdrucks zu vermeiden, indem ein J leicht für eine römische 1 gehalten werden und der Aufdruck dementsprechend als 1$^1/_2$ Rl gelesen werden konnte; die Idee, sechs Jahre lang absichtlich einen orthographischen Fehler zu machen, erscheint jedoch zu naiv, um ernst genommen zu werden.

Nach dem Verfasser aus denkbar bester Quelle zugegangenen Mitteilungen ist das Y nichts anderes, als die zu jener Zeit auf Cuba übliche Abkürzung für Silber-Real (Real de Plata fuerte). Dass dieses Zeichen in unserer Zeit selbst in Spanien wenig mehr bekannt ist, findet darin seine Erklärung, dass der Silber-Real ausschliesslich in den Kolonien gebraucht wurde, während das Mutterland nach dem Kupfer-Real (Real de vellon) rechnete, dass diese Münze mit dem Jahre 1866 — nach anderen Angaben 1862 — schon ausser Kurs gesetzt wurde und dass selbst in der Zeit ihrer Circulation die Kaufleute von Cuba ihre Rechnungen mit Spanien in Pesos duros ausdrücken mussten.

Wie über Ursprung und Verwendung, so sind auch über die Art und Weise der Herstellung des Aufdruckes, über die Zahl der vorhandenen Typen und über die Daten der Ausgabe pp. irrige Ansichten verbreitet.

Eine genauere Untersuchung ergiebt deutlich, dass der Aufdruck vermittelst Buchdruckes hergestellt ist. Der deutliche, die Ränder scharf abhebende, tief in das Papier eindringende und die Papierfaserung manchmal zerschneidende Druck, die gleichmässige Stellung des Aufdruckes und das Aussehen der Druckerschwärze lassen sich durch Handstempelung nicht erreichen, man vergleiche nur den vermittelst Handstempel erzeugten Aufdruck: „Habilitado por la nacion". Ein genauerer Vergleich zahlreicher Aufdrucke ergiebt ferner, dass der Aufdruckstempel aus vier Teilen: dem Y, der 1, der 4 und dem Bruchstrich zusammengesetzt war. Man erkennt dies deutlich aus der verschieden grossen Entfernung des Bruches vom Y, der Stellung der 1 zur 4 des Bruches, aus der schiefen oder umgekehrten Stellung einzelner oder der Vereinigung mehrerer nicht zasammen gehöriger Teile. Aus diesen Eigentümlichkeiten der einzelnen Aufdrucke und aus der grossen Verschiedenartigkeit der einzelnen Teile der Aufdrucktype geht hervor, dass die weit verbreitete Ansicht, als wären die verschiedenen Aufdrucktypen das äussere Zeichen einer jedesmaligen neuen Druckauflage, eine irrige ist, dass vielmehr sämtliche Typen auf einmal entstanden sind und auf dem Markenbogen vereinigt waren, ebenso wie dies später bei den Arabesken-Aufdrucken des Jahres 1882 der Fall war, oder mit anderen Worten, dass die verschiedenen Aufdrucktypen ihr Dasein nur dem Umstande zu verdanken haben, dass die mit der Herstellung des Aufdrucks beauftragte Druckerei nicht so viele gleiche Drucktypen besass, um auf einmal die 200 Marken des Markenbogens mit gleichen Aufdrucken versehen zu können. Diese Ansicht wird durch andere Thatsachen bestätigt. Aus Bemerkung 2 geht hervor, dass die Fábrica nacional de sellos in Madrid das Papier mit dem Wasserzeichen Schlingen nur bis zum 31. Dezember 1855 verwandte, vom 1. Januar bis 1. April 1856 Papier mit Wasserzeichen gekreuzte Linien und von April an Papier ohne Wasserzeichen gebrauchte. Da die Organisation der Stadtpost in Habana am 19. November 1855 in's Leben trat, so hätte im Falle einer neuen Druckauflage das Papier mit Schlingen kaum mehr zur Verfügung gestanden und man hätte das Papier mit gekreuzten Linien oder dasjenige ohne Wasserzeichen verwenden müssen, auf jeden Fall aber wäre dies der Fall gewesen, wenn neun verschiedene Auflagen hergestellt worden wären. Wir haben es demnach bezüglich des Aufdruckes auf dem Schlingen-Papier nur mit einer einzigen Druckauflage zu thun, welche aber in gewaltiger Ueberschätzung des Verbrauches dieser Marken so stark war, dass sie für mehrere Jahre ausreichte.

Was die Zahl der existirenden Typen anbelangt, so herrschte auch hierüber bisher keine Uebereinstimmung in den verschiedenen Katalogen. Nach Moens nahm man gewönlich vier Typen an, eine von dem Verfasser im Laufe des

2*

vorigen Jahres angestellte Untersuchung, bei welcher ihm über 1600 Exemplare der Ausgabe 1855 zur Verfügung gestellt wurden, ergab das Vorhandensein der auf Seite 13, 14 und 15 beschriebenen Typen I—VIII. Type IX wurde aus der Duro'schen Reseña übernommen, da bei der genauen Beschreibung derselben ein Zweifel an dem Vorhandensein derselben nicht am Platze zu sein schien. Dass mit der Zahl neun alle Typenverschiedenheiten erschöpft sind, lässt sich nicht annehmen.

Die einzelnen Typen sind in Bezug auf ihr Vorkommen nicht gleich, ebenso wie dies bei den Arabesken-Aufdrucken des Jahres 1882 der Fall ist. Es verrät also Unkenntnis der Verhältnisse, sie bezüglich des Sammelwertes über einen Kamm zu scheeren. Von den von mir untersuchten 1605 Exemplaren gehörten an:

$$\begin{array}{llll}
\text{der Type} & \text{I} & 65 \text{ Stück} & = 4 \text{ %,}\\
\text{„ „} & \text{II} & 450 \text{ „} & = 28 \text{ „}\\
\text{„ „} & \text{III} & 875 \text{ „} & = 54 \text{ „}\\
\text{„ „} & \text{IV} & 50 \text{ „} & = 3 \text{ „}\\
\text{„ „} & \text{V} & 60 \text{ „} & = 4 \text{ „}\\
\text{„ „} & \text{VI} & 35 \text{ „} & = 2 \text{ „}\\
\text{„ „} & \text{VII} & 55 \text{ „} & = 3^1/_2 \text{ „}\\
\text{„ „} & \text{VIII} & 15 \text{ „} & = 1 \text{ „}\\
\text{„ „} & \text{IX} & 0 \text{ „} & = 0 \text{ „}
\end{array}$$

Wenn diese Prozentsätze auch vielleicht nicht vollständig richtig sind, bezw. sich bei einer grösseren Zahl Marken etwas verschieben würden, so vermögen sie doch wohl einen allgemeinen Anhalt für die Beurteilung des Wertes der einzelnen Typen abzugeben.

Ueber die Aufdrucktypen auf dem Papier ohne Wasserzeichen können Zweifel nicht obwalten, da hier grössere Restbestände in Händlerhände übergingen, mithin noch ganze Bogen existiren. Es sei nur bemerkt, dass sich der Aufdruck mit umgekehrter 1 (Tafel 1, 10) zweimal, der Aufdruck mit herausgeschobenem Bruchstrich (Taf. I, 8) einmal auf jedem Bogen befindet.

Bezüglich der Ausgabedaten geht aus dem oben Gesagten deutlich hervor, dass die bisher allgemein übliche Bezeichnung: Ausgabe 1855, 1856 und 1857 eine irrtümliche ist. Die erste Auflage auf Schlingenpapier war vielmehr eine so starke, dass sie, wie 17 mir vorliegende, auf ganzen Briefen befindliche Exemplare beweisen, bis zum Jahre 1858 ausreichte; erst gegen Ende 1858 scheint die Ausgabe b allgemein in Gebrauch gesetzt worden zu sein. Nur so lässt sich auch das verhältnismässig zahlreiche Vorkommen der Ausgabe a erklären. Eine genauere Feststellung der Ausgabedaten erscheint schwierig. Wenn aber die erste Ausgabe thatsächlich bis zum Jahre 1858 in Gebrauch war, — und hierüber ist jeder Zweifel ausgeschlossen —, so ist damit auch bewiesen, dass es eine Ausgabe auf dem Papier mit Wasserzeichen gekreuzte Linien nicht gegeben hat, da dieses von der National-Markenfabrik nur vom 1. Januar bis 1. April 1856 zur Herstellung von Marken verwandt wurde. Die an Unauffindbarkeit grenzende Seltenheit dieser Marke, sowie der Umstand, dass die wenigen Exemplare, welche überhaupt bekannt sind, nur einer einzigen Type angehören (Type VI), lässt darauf schliessen, dass wir es im günstigsten Falle mit einem Essai, wenn nicht mit einer offenbaren Fälschung zu thun haben.

Fälschungen des Aufdruckes sind ungemein zahlreich vorhanden; selbstverständlich stammen dieselben aus neuerer Zeit. Im Allgemeinen lassen sie sich jedoch mit Leichtigkeit erkennen, da sie — von der Ausgabe b abgesehen — naturgemäss nicht vermittelst Buchdruckes hergestellt sein können, der Handstempel aber niemals die Deutlichkeit und Schärfe des Buchdrucks besitzen kann. Von Ausgabe a sind ungebrauchte Markenbogen nicht vorhanden; hierdurch ist die Fälschung des Aufdrucks wesentlich erschwert, da die Fälscher den Aufdruck auf den Entwertungsstempel setzen müssen, was sich mikroskopisch leicht erkennen lässt. Gewöhnlich werden deshalb aus grösseren Blocks stammende Exemplare benutzt, deren Mitte vom Entwertungsstempel nicht berührt wurde. Da diese aber zumeist auf zwei Seiten einen Teil des Entwertungsstempels tragen, zwei zusammenhängende Exemplare der Marke aber nach dem oben angeführten Einführungserlass nie vorkommen können, so betrachte man alle Marken mit zwei Stempelteilen von vornherein mit Misstrauen.

Von Ausgabe b giebt es noch einige Reste ungebrauchter 2 Reales-Marken in ganzen Bogen; hier konnten deshalb auch die Fälscher Buchdruck anwenden; es ist jedoch bis jetzt nicht gelungen, den Original-Aufdruck genau nachzuahmen.

Eine weitverbreitete Fälschung ist Tafel I, 7 abgedruckt; sie existirt auf den drei Papiersorten, ist stets durch Tintenstrich entwertet und wird von vielen Händlern als echt verkauft. Sie ist es auch, welche meist als Ausgabe 1856 in den Sammlungen sich befindet. Meine Nachforschungen nach dem Ursprung dieser Marke haben ergeben, dass dieselbe kurz nach 1870 von einer sonst als reell bekannten Hamburger Firma in grossen Massen aus Habana importirt und unter Garantie der Echtheit verkauft wurde. Man kann daher nur annehmen, dass es eine in Habana hergestellte Fälschung oder ein auf Bestellung hergestellter Neudruck ist, bei welchem aber die alte Type nicht mehr zur Verfügung stand. Postalisch entwertet ist sie nicht bekannt.

4. In Ausgabe 1857 existiren von der Marke zu ½ R! fehlerhafte Drucke mit CORRFOS und CORRLOS anstatt CORREOS.

Von der Marke zu 1 R! aller drei Ausgaben giebt es eine Abart ohne Punkt unter dem L der Wertangabe. Da dieser Punkt auch auf Stücken von sonst tadellosem Druck fehlt, so scheint hier eine Typenverschiedenheit vorzuliegen.

Von der Marke zu ½ R! der Ausgabe 1855 gibt es Stücke mit einem Strich anstatt eines Punktes unter dem L der Wertangabe.

5. Gegen Ende des Jahres 1857 tauchten in Habana gefälschte Marken zu ½ und 1 R! auf. Ein Rundschreiben des Gouverneurs von Cuba, veröffentlicht in der Gaceta oficial vom 9. Februar 1858, giebt folgende Erkennungszeichen derselben:

a. Die falschen Marken sind in der Höhe um 1 Linie kleiner als die echten.

b. Das Profil des Gesichtes, insbesondere der Nase der Königin in der Nähe des Auges weicht in der Zeichnung etwas ab; die Striche des Haares sind gröber ausgeführt.

c. Die Punkte zwischen Rahmen und Perlenkreis sind von mangelhafter Ausführung und weichen in der Zahl von den echten ab; während die echten Marken oben rechts 32, oben links 27, unten rechts 27 und unten links 28 Punkte besitzen, haben die falschen an den betreffenden Stellen nur 24, 18, 27 und 20.

d. Das erste R von CORREOS ist unvollkommen ausgeführt und berührt das zweite.

Andere Fälschererzeugnisse, welche im Jahre 1860 auftauchten, sind die Marken zu ½ und 1 R! in Lithographie. Da diese Fälschungen vielfach postalisch entwertet vorkommen, so wurden sie lange Zeit für echt gehalten, ungebraucht auch als Essais verkauft. Eine genauere Beschreibung derselben ist unmöglich, da die Marke zu ½ R! in ca. 15, diejenige zu 1 R! in ca. 6 Typen bekannt ist.

Die Bekanntmachung dieser Fälschungen in der Gaceta oficial scheint im Uebrigen ihren Zweck nicht erreicht zu haben, denn der Gouverneur von Cuba berichtet in den folgenden Jahren noch mehrfach über gefälschte Marken nach Madrid. Ein Königl. Erlass vom 26. November 1862 ordnet endlich die Ausgabe einer neuen Markenzeichnung an und befiehlt, um den Gebrauch falscher Marken in Zukunft zu erschweren, eine alljährliche Aenderung der Postwertzeichen in Zeichnung, Farbe und Beschaffenheit des Papieres, ein Befehl, der jedoch infolge der Indolenz der spanischen Behörden, nicht zur Ausführung gelangte.

6. Essais der ersten Ausgabe in der angenommenen Zeichnung, jedoch in abweichenden Farben und auf verschieden gefärbtem Papier sind folgende bekannt:

½ real	blau, blaugrün, graublau auf weissem Papier,
	grünblau auf gelblichem Papier,
	graugrün auf rosa Papier,
1 real	grün auf rosa Papier,
	grün auf strohgelbem Papier,
	grün auf weissem Papier,
	gelbgrün auf grünem Papier,
	dunkelgrün auf lebhaft grünem Papier,
	dunkelgrün auf hellgrünem Papier,
	karmin auf weissem Papier,
	karmin auf blauem Papier,
	karmin auf gelblichem Papier,
	karmin auf rosa Papier,
	karmin auf rötlichchamois Papier,
	rosa auf grünem Papier,
	zinnober auf fleischfarbenem Papier,
	zinnober auf gelblichem Papier,
	dunkelrot auf orange Papier,
	blau auf bläulichem Papier,
	dunkelviolett auf bläulichem Papier,
	dunkelbraun auf grünem Papier,
2 reales	rot auf rosa Papier.

Ob diese Marken jedoch thatsächlich den Namen „Essais" verdienen, erscheint fraglich, da sie nach anderen Angaben erst zu Ende des Jahres 1863 angefertigt wurden, um Papier und Farben der Ausgabe 1864 festzustellen.

7. In Bezug auf die Abstempelungen gilt für die spanischen Kolonien im Allgemeinen das bei Spanien Gesagte. Der durch Verfügung vom 15. Mai 1842 in Spanien eingeführte Datumstempel war zu gleicher Zeit auch in den Kolonien eingeführt worden. (Taf. II, 11.) Die Farbe desselben war, wie in Spanien meist rot, seltener schwarz oder blau.

Im Jahre 1854 wurde dieser Stempel bei den meisten Postanstalten abgeschafft und wie in Spanien, durch das Modell 1853 ersetzt; zu gleicher Zeit erhielten die Postanstalten und Kolonien eine eigene, vom Mutterlande unabhängige Nummerirung (Habana = No. 1). (Taf. II. 12.) Die Farbe dieses Stempels ist meist schwarz, seltener blau. Der spanische Stempel des Jahres 1857 (Taf. II. 13) scheint dagegen erst später und auch nur bei einigen Postanstalten eingeführt zu sein, man findet ihn selten auf Briefen vor dem Jahre 1860.

Zeigte sich hierin eine Uebereinstimmung mit dem Mutterlande, so waren dafür die Marken-Entwertungsstempel um so abweichender. Die hierfür in den Kolonien eingeführten Stempelmodelle sind so zahlreich, dass es scheint, als wäre auch hier die Beschaffung dieses wichtigen Post-Utensils den einzelnen Postanstalten überlassen geblieben. Die Haupt-Postämter benutzten einen ovalen Gitterstempel (18 : 30 mm), dessen zehn sich kreuzende Linien an den Schnittpunkten kleine Sterne bilden. (Taf. II. 14.) Seine Farbe ist blau oder schwarz. Er blieb bis zum Jahre 1871 allgemein in Gebrauch und wird bei einzelnen Postanstalten noch bis zum heutigen Tage benutzt. Die kleineren Postanstalten und Carterías besassen anfänglich überhaupt keinen Entwertungsstempel, sondern entwerteten die Marken durch Tintenstriche. Erst später und ganz allmählich wurden auch bei ihnen Entwertungsstempel beschafft; die Formen derselben sind so mannigfaltig, dass auf eine genauere Beschreibung verzichtet und auf die Abbildungen auf Tafel II. 15—24 hingewiesen werden muss. Ueber das Datum ihrer Einführung etc. lässt sich natnrgemäss nichts Genaueres sagen.

II. Ausgabe:

von Ende 1862 bis Januar 1864.

Stadtpostmarke für Habana. Zeichnung der X. Ausgabe Spaniens: Kopf der Königin mit Krone nach links in einem an den vier Seiten durch Verzierungen unterbrochenen Kreise: die den Kreis umgebenden Felder sind durch wagerechte Striche ausgefüllt; unten links ein Hermesstab, rechts ein Anker: über dem Kreis auf flatterndem Band: CORREOS, unten auf rechteckigem Schild Wertangabe.

Farbiger Buchdruck auf dickem, leicht chamois gefärbtem Papier; ungezähnt. (Taf. 1, 25.)

23. ¹/₄ R᪢ Pᵀᴬ F. mehr oder weniger intensiv schwarz.

    23 a) ¹/₄ R᪢ Pᵀᴬ F. schwarz,
    23 b) ¹/₄ „ grauschwarz.

Bemerkung.

Die Marke war bestimmt, den Aufdruck Y¹/₄ zu ersetzen, also dem Stadtpostverkehr von Habana zu dienen. Sie war mit den übrigen Werten bis zum Januar 1864 in Gebrauch, selbstverständlich, wie auch die späteren Marken dieses Wertes, nur auf Cuba. Die Marke wurde wegen ihres seltenen Vorkommens in gebrauchtem Zustande lange Zeit als Essai angesehen.

III. Ausgabe:

von Januar 1864 bis Januar 1866.

Zeichnung der XII. Ausgabe Spaniens: Kopf der Königin mit Diadem nach links in ovalem, mit Verzierungen ausgefülltem Rahmen, welcher in den vier Ecken Kreise bildet; oben auf einem Band: CORREOS, unten Wertangabe (ohne Jahreszahl). Farbiger Buchdruck auf verschieden gefärbtem Papier; ungezähnt. (Taf. I, 26.)

A. Für Cuba und Portorico.

24. ½ R! PLATA F. grün in zwei Abstufungen auf verschieden gefärbtem Papier.

24 a) ½ R! PLATA F. grün auf dickem, blass-fleischfarbenem
Papier,
24 b) ½ „ dunkelgrün auf fleischfarbenem Papier,
24 c) ½ „ grün auf dünnem, lebhaft rosa Papier,
24 d) ½ „ dunkelgrün auf dünnem, lebhaft rosa
Papier.

25. 1 R! PLATA F. blau in zwei Abstufungen auf lachsfarbenem Papier.

25 a) 1 R! PLATA F. blau auf lachsfarbenem Papier,
25 b) 1 „ blau auf gelblichrosa Papier,
25 c) 1 „ dunkelblau auf lachsfarbenem Papier.

26. 2 R⠐ PLATA F. zinnoberrot in zwei Abstufungen auf verschieden gefärbtem und verschieden starkem Papier.

26 a) 2 R⠐ PLATA F. zinnoberrot auf dünnem, violett - rosa
Papier,
26 b) 2 „ lebhaft zinnoberrot auf dünnem, violettrosa Papier,
26 c) 2 „ zinnoberrot auf dickem, blass - fleischfarbenem, fast weissem Papier.

B. Für die Stadtpost in Habana.

27. ¼ R! PLATA F. schwarz auf dünnem chamois Papier.

IV. Ausgabe:

von Januar 1866 bis Januar 1867.

Nämliche Zeichnung, nur veränderte Wertangabe und Beifügung der Jahreszahl. Farbiger Druck auf weissem Papier; ungezähnt. (Taf. I, 27.)

A. Für Cuba und Portorico.

28. 10 C$\underline{^{MOS}}$ blau in zwei Abstufungen.
 28 a) 10 C^{MOS} blau,
 28 b) 10 „ dunkelblau.

29. 20 C$\underline{^{MOS}}$ grün in zwei Abstufungen.
 29 a) 20 C^{MOS} grün,
 29 b) 20 „ dunkelgrün.

30. 40 C^{MOS} rosa in zwei Abstufungen.
 30 a) 40 C^{MOS} rosa,
 30 b) 40 „ blassrosa.

B. Für die Stadtpost in Habana.

31. 5 C$\underline{^{MOS}}$ lila.

Von Herbst 1866 an: ¼ R$\frac{l}{}$-Marke der III. Ausgabe mit schwarzem Aufdruck von 66. (Taf. 1, 28.)

32. ¼ R$\frac{l}{}$ PLATA F. schwarz auf chamois Papier.

Dieselbe Marke mit Aufdruck von „1866" in kleineren und mageren Ziffern.

33. ¼ R$\frac{l}{}$ PLATA F. schwarz auf chamois Papier.

Bemerkungen.

1. Die Marken dieser, wie auch der folgenden Ausgabe sind auffallend schlecht gedruckt, so dass vielfach Teile der Zeichnung, namentlich aber der Jahreszahl fehlen.

2. Die dem Stadtverkehr von Habana dienende Marke zu 5 C^{MOS} war im Herbst 1866 aufgebraucht; man überdruckte daher die Restbestände der ¼ R$\frac{l}{}$-Marke der vorhergehenden Ausgabe mit der Jahreszahl 66. Der Aufdruck wurde mehrfach gefälscht.
 Da die Marke wenig mehr als 3 Monate in Gebrauch war, ist sie postalisch entwertet sehr selten. Die Restbestände gelangten später in die Hände der Händler.

Der Aufdruck „1866" in schmaleren Ziffern war wohl ursprünglich Essai, der nur durch Zufall in einigen Exemplaren zur postalischen Verwendung kam. Es gibt auch Exemplare mit doppeltem Aufdruck von 1866 und 66 darüber oder darunter. Diese Aufdrucke gehören zu den grössten Raritäten.

V. Ausgabe:

vom Januar 1867 bis Januar 1868.

Zeichnung der vorhergehenden Ausgabe, nur Aenderung der Jahreszahl.

Farbiger Druck auf weissem Papier; gezähnt 14. (Taf. 1, 27.)

A. Für Cuba und Portorico.

34. 10 C$\underline{MOS}$ blau in zwei Abstufungen.

    34 a) 10 C$\underline{MOS}$ blau,
    34 b) 10 „ dunkelblau.

35. 20 C$\underline{MOS}$ grün in zwei Abstufungen.

    35 a) 20 C$\underline{MOS}$ grün,
    35 b) 20 „ dunkelgrün.

36. 40 C$\underline{MOS}$ rosa in zwei Abstufungen.

    36 a) 40 C$\underline{MOS}$ rosa,
    36 b) 40 „ blassrosa.

B. Für die Stadtpost in Habana.

37. 5 C$\underline{MOS}$ lila in zwei Abstufungen.

    37 a) 5 C$\underline{MOS}$ lila,
    37 b) 5 C$\underline{MOS}$ blasslila.

Bemerkungen.

1. Die Marken zu 5, 10 und 20 C$\underline{MOS}$ giebt es auch ungezähnt.

2. Neben den in Ausgabe I erwähnten Datumstempeltypen tauchte im Jahre 1867 (?) bei verschiedenen Postanstalten ein neues Modell auf, welches jedoch nur kurze Zeit in Gebrauch gewesen zu sein scheint. (Taf. II, 30.)

VI. Ausgabe:

vom Januar 1868 bis Januar 1869.

Kopf der Königin mit Krone nach links in einem Kreise, dessen Untergrund mit wagerechten Linien ausgefüllt ist; über und unter dem Kreise zwei viereckige Rahmen mit Inschriften in weissen Buchstaben auf farbigem Grund und zwar oben: ULTRAMAR, unten Wertangabe und Jahreszahl; in den Ecken je ein Buchstabe C, O, R und R (correos); zwischen Kreis und Rahmen Verzierungen in weiss auf farbigem Grund.

Farbiger Druck auf weissem Papier; gezähnt 14. (Taf. I, 29.)

A. Für Cuba und Portorico.

38. **10 CENT.** blau in drei Abstufungen.

    38 a) 10 CENT. blau,
    38 b) 10   „   blassblau,
    38 c) 10   „   dunkelblau.

39. **20 CENT.** grün in drei Abstufungen.

    39 a) 20 CENT. grün,
    39 b) 20   „   blassgrün,
    39 c) 20   „   dunkelgrün.

40. **40 CENT.** rosa in zwei Abstufungen.

    40 a) CENT. rosa,
    40 b)   „   karmin.

B. Für die Stadtpost in Habana.

41. **5 CENT.** lila in zwei Abstufungen.

    41 a) 5 CENT. lila,
    41 b) 5   „   blasslila.

Bemerkung.

Die Marke zu 10 und 20 CENT. kommt halbirt postalisch gebraucht vor.

B. Marken der Provisorischen Regierung.

VII. Ausgabe:

vom Dezember 1868 bis Januar 1869.

arken der vorigen Ausgabe mit schwarzem Aufdruck: Habilitado por la nacion im Typus von Vizcaya (vergl. Teil I, Seite 51).

A. Für Cuba und Portorico.

42. 10 CENT. blau in drei Abstufungen.

42 a) 10 CENT. blau,
42 b) 10 „ blassblau,
42 c) 10 „ dunkelblau.

43. 20 CENT. grün in drei Abstufungen.

43 a) 20 CENT. grün,
43 b) 20 „ blassgrün,
43 c) 20 „ dunkelgrün.

44. 40 CENT. rosa in zwei Abstufungen.

44 a) 40 CENT. rosa,
44 b) 40 „ karminrosa.

B. Für die Stadtpost in Habana.

45. **5 CENT.** lila in zwei Abstufungen.

 45 a) 5 CENT. lila,
 45 b) 5 „ blasslila.

Bemerkungen.

1. Fast gleichzeitig mit der Revolution in Spanien, brach auf Portorico die sogenannte Bewegung von Lares aus, ein Aufstand, der sich scheinbar gegen die neuen Steuern, in Wahrheit aber gegen den Verband mit Spanien richtete, jedoch so schwach war, dass er im Laufe einer Woche mit wenigen Soldaten unterdrückt werden konnte. Einige Tage später erhob sich in Yara auf Cuba eine Anzahl von Eingeborenen, die zwar anfänglich auch die neuen Steuern zum Vorwand nahmen, nach der Nachricht von der September-Revolution in Madrid aber ganz offen die Trennung von Spanien zum Wahlspruch machten. Der Aufstand bildete den Anfang eines Bürgerkrieges, der, genährt durch amerikanisches Geld, bis zum Jahre 1878 dauerte.

 Unter diesen Verhältnissen konnte der Befehl der Provisorischen Regierung in Madrid vom 26. October 1868, alle Postwertzeichen, Stempelmarken u. drgl. mit dem Aufdruck: „Habilitado por la nacion" zu versehen, anfänglich nur wenig Beachtung finden. Die gegen Ende November erst ankommenden Stempel, — vierunddreissig für Cuba, dreizehn für Portorico, — wurden zwar an die Bureaus der Rentas Estancadas vertheilt, im Jahre 1868 aber in Portorico nur wenig, in Cuba fast gar nicht benutzt, umsoweniger, als der auf Cuba kommandirende Generalkapitän Lersundi durchaus bourbonisch gesinnt war und sowohl an den öffentlichen Gebäuden, als auch in den amtlichen Urkunden. Titel und Abzeichen des gestürzten Herrscherhauses beibehielt. Dem Befehl der Provisorischen Regierung wurde erst Folge geleistet, nachdem Lersundi seiner Stellung enthoben und im Dezember durch den General Dulce ersetzt worden war.

 Die Zahl der habilitirten Marken vom Jahre 1868 kann hiernach nur eine ganz unbedeutende sein.

 Die von Madrid nach den Kolonien gesandten Handstempel gehören sämtlich dem Typus von Vizcaya an; abweichende Typen haben sich sämtlich als Fälschungen erwiesen.

2. Im Sommer 1868 tauchten in Habana falsche Marken zu 20 und 40 cent. auf. Die Unterschiede zwischen echten und falschen Stücken waren so gering, dass erstere fast anstandslos von der Post angenommen wurden.

VIII. Ausgabe:

von Januar 1869 bis Januar 1870.

Zeichnung der vorigen Ausgabe, nur Aenderung der Jahreszahl.

Farbiger Druck auf weissem Papier; gezähnt 14.

I. Mit schwarzem Aufdruck: Habilitado por la nacion:

A. Für Cuba und Portorico.

46. 10 CENT. braun in drei Schattirungen.

    46 a) 10 CENT. gelbbraun,
    46 b) 10   „   blassgelbbraun,
    46 c) 10   „   chocoladenbraun.

47. 20 CENT. orange in zwei Schattirungen.

    47 a) 20 CENT. orangegelb,
    47 b) 20   „   orangerot.

48. 40 CENT. lila in zwei Abstufungen.

    48 a) 40 CENT. lila,
    48 b) 40   „   dunkellila.

B. Für die Stadtpost in Habana

49. 5 CENT. rosa in drei Abstufungen.

    49 a) 5 CENT. rosa,
    49 b) 5   „   blassrosa,
    49 c) 5   „   karmin.

II. Die nämlichen Marken ohne Aufdruck:

A. Für Cuba und Portorico.

50. 10 CENT. braun in drei Schattirungen.

    50 a) 10 CENT. gelbbraun,
    50 b) 10   „   blassgelbbraun,
    50 c) 10   „   chocoladenbraun.

51. 20 CENT. orange in zwei Schattirungen.

    51 a) 20 CENT. orangegelb,
    51 b) 20   „   orangerot.

52. 40 CENT. lila in zwei Abstufungen.

    52 a) 40 CENT. lila,
    52 b) 40   „   dunkellila.

B. Für die Stadtpost in Habana.

53 5 CENT. rosa in drei Abstufungen.

53 a) 5 CENT. rosa,
53 b) 5   „   blassrosa,
53 c) 5   „   karmin.

Bemerkungen.

1. Es erscheint wunderbar, dass noch im Jahre 1869 neue Marken mit dem Bilde der Königin Isabella ausgegeben wurden, nachdem dieselbe schon über drei Monate aufgehört hatte zu regieren. Die Erklärung hierfür liegt darin, dass die Ausgabe für 1869 schon im Herbst 1868 fertig gestellt war und die politischen und finanziellen Verhältnisse Spaniens eine Neuanfertigung von Marken in so kurzer Zeit nicht erlaubte.

Was die Habilitirung der Marken anbelangt, so geschah dieselbe auch nach dem Eintreffen des neuen Generalkapitäns nur selten und schlief allmählich ein. Sicher ist, dass nach April 1869 weder in Cuba, noch in Portorico Marken mit einem Aufdruck versehen wurden.

2. Zwischen den Marken der VI. und VIII. Ausgabe bestehen trotz Gleichheit der Zeichnung einige kleine Unterschiede, auf welche hier aufmerksam gemacht werden soll, weil sie bei Fälschungen meist vergessen werden. Die Ausgabe 1868 hat nach dem Worte ULTRAMAR, wie auch nach der Jahreszahl 1868 je einen Punkt, welche bei der Ausgabe 1869 fehlen. Umgekehrt steht bei der Ausgabe 1869 vor dem Worte CENT. der Wertangabe ein senkrechter weisser Strich, welcher bei der Ausgabe 1868 nicht zu sehen ist.

IX. Ausgabe:

von Januar 1870 bis Januar 1871.

Zeichnung der XX. Ausgabe Spaniens: Allegorische Figur der España (Frauenkopf mit Mauerkrone, darüber ein Stern) in einem ovalen Rahmen mit farbigem Untergrund; über und unter dem Rahmen flatternde Bänder mit Inschrift und zwar oben: CORREOS, unten Wertangabe und Jahreszahl. Unter dem Halsabschnitt die Initialen des Kupferstechers E. J. (Eugenio Julia). Farbiger Druck auf weissem Papier; gezähnt 14. (Taf. I, 31.)

A. Für Cuba und Portorico.

54. 10 C<u>s</u> grün in zwei Abstufungen.

  54 a) 10 C<u>s</u> grün,
  54 b) 10 C<u>s</u> dunkelgrün.

55. 20 C<u>s</u> braun in zwei Abstufungen.

  55 a) 20 C<u>s</u> gelbbraun,
  55 b) 20 C<u>s</u> blassgelbbraun.

56. 40 C<u>s</u> rosa in zwei Abstufungen.

  56 a) 40 C<u>s</u> rosa,
  56 b) 40 C<u>s</u> lebhaft rosa (karmin).

B. Für die Stadtpost in Habana.

57. 5 C<u>s</u> blau in zwei Schattirungen.

  57 a) 5 C<u>s</u> blau,
  57 b) 5 C<u>s</u> indigoblau.

Bemerkung.

Die Marken zu 10 und 20 C<u>s</u> kommen halbirt postalisch gebraucht vor. Ein Rundschreiben der General-Post-Direktion vom 5. Mai 1870 verbietet zwar für die Zukunft den Gebrauch halbirter Marken, ohne dass dieselben jedoch in den nächsten Jahren seltener werden. Die Ursache ist darin zu suchen, dass bei den entlegeneren Post-Aemtern häufig der eine oder der andere Wert aufgebraucht war, ohne dass man sich bemüht hatte, rechtzeitig für Ersatz zu sorgen.

X. Ausgabe:

von Januar 1871 bis gegen Ende 1872.

Allegorische Figur der España, dargestellt als sitzende Frauengestalt nach links gedreht, in der rechten Hand einen Oelzweig, den linken Arm auf ein Schild mit dem Wappen Spaniens gestützt: Untergrund durch wagerechte Striche ausgefüllt; oben auf einem Band: ULTRAMAR 1871, unten in rechteckigem Rahmen Wertangabe in Céntimos de peseta, zu beiden Seiten: CORREOS. In der rechten unteren Ecke die Initialen des Kupferstechers E. J. Farbiger Druck auf weissem Papier; gezähnt 14. (Taf. I, 32.)

A. Für Cuba und Portorico.

58. 25 **C. DE PESETA blau in zwei Abstufungen.**

    58 a) 25 C. DE PESETA ultramarinblau,
    58 b) 25   „   blassultramarinblau.

59. 50 **C. DE PESETA grün in drei Abstufungen.**

    59 a) 50 C. DE PESETA grün,
    59 a) 50   „   blassgrün,
    59 c) 50   „   dunkelgrün.

60. 1 **PESETA braun in zwei Abstufungen.**

    60 a) 1 PESETA gelbbraun,
    60 b) 1   „   blassgelbbraun.

B. Für die Stadtpost in Habana.

61. 12 **C. DE PESETA lila in drei Schattirungen.**

    61 a) 12 C. DE PESETA graulila,
    61 b) 12   „   blasslila,
    61 c) 12   „   lebhaft lila.

Bemerkungen.

1. Die ganze Ausgabe existirt auch ungezähnt.

2. Im März 1871 auftauchende Fälschungen zeigen folgende Unterschiede:
   a) Nase und Stirn der España bilden einen Winkel, anstatt einer geraden Linie;
   b) die Ziffer 8 in 1881 ist in ihrem oberen Teil dicker, während sie bei den echten Marken überall die gleiche Stärke besitzt;
   c) zwischen Rahmen und Kopf befinden sich sechs, anstatt fünf Linien;
   d) der Punkt nach D der Wertangabe befindet sich in gleicher Höhe mit demjenigen nach C, während er bei den echten Marken höher steht;
   e) die Strahlen der Sterne in den unteren Ecken sind gleich lang, während bei den echten Marken die vier Eckstrahlen länger sind;
   f) der Stab der España berührt die Randlinie, während er bei den echten in geringer Entfernung von derselben endigt.

3. Von Essais wurden folgende bekannt:
   12 C. DE PESETA schwarz und grün auf weissem Karton und weissem Papier, blau auf weissem Papier,

3

25 C. DE PESETA schwarz auf weissem, auch auf gelblichem, dickerem
Karton,
hellgrün, dunkelgrün, blau, lila, blassviolett, braunrot und fleischfarben auf weissem Karton,
grau, violett, braunrot und blau auf weissem Papier,
50   „   blau auf weissem Karton,
1 PESETA   blau auf weissem Karton.

Mit der **X.** Ausgabe endigen die auf Cuba und Portorico
gleichzeitig gebrauchten Marken. Allerdings tragen auch die
nachfolgenden Ausgaben bis zum Jahre 1876 die gemeinsame Bezeichnung: Ultramar, da sie aber in Portorico ohne Aufdruck
eines oder mehrerer Namenszüge nicht gebraucht werden durften,
in Cuba aber umgekehrt mit Paraphe nicht zu verwenden waren,
so erscheint es richtiger, die Marken beider Inseln schon vom
Jahre 1873 an getrennt zu behandeln.

I. Spanisch Westindien.

Ib. Cuba.

I.

Briefmarken.

A. Marken aus der Zeit der Regierung des Königs Amadeo.

I. Ausgabe:

von Januar 1873 bis Januar 1874.

Zeichnung der **XXI.** Ausgabe (III) Spaniens in zwei Typen:

I. Type: Kopf des Königs Amadeo im Oval nach rechts; Untergrund ausgefüllt durch wagerechte Linien; über dem Oval in bogenförmigem Rahmen: ULTRAMAR 1873, unten in den Ecken im Viereck: Wertziffer, zwischen beiden C. DE PESETA: über dem unteren Rand des Rahmens: E. Julia.

Farbiger Druck auf weissem Papier; gezähnt 14. (Taf. I, 34.)

1. 12½ **C. DE PESETA** grün.

2. **25 C. DE PESETA** lila in drei Schattirungen.
   2 a) 25 C. DE PESETA lila,
   2 b) 25   „   graulila,
   2 c) 25   „   blaulila.

3. **5o C. DE PESETA** braun in zwei Abstufungen.
   3 a) 50 C. DE PESETA braun,
   3 b) 50   „   hellbraun.

II. Type: Oberer Teil der Marke wie bei Type I, unten statt der
Wertziffern iu Viereck pp. ein bogenförmiger Rahmen
mit der Inschrift: UNA PESETA.
Farbiger Druck auf weissem Papier; gezählt 14. (Taf. I, 35.)

4. UNA PESETA rötlichbraun.

Bemerkungen.

1. Die Marken zu 25 und 50 c. de peseta kommen auch ungezähnt vor.

2. Die Marke zu 1 Peseta kommt halbirt postalisch entwertet vor.

3. Eine Marke zu 12 CENTS DE PESETA war zur Ausgabe fertig gestellt,
kam jedoch wegen Aenderung der Portotarife nicht zur Verwendung. Das
sehr schön ausgeführte Markenbild (Taf. I, 33) zeigt den Kopf des Königs in
ovalem, weissem Rahmen zu ³/₄ nach links; in den vier Ecken Kreise mit
dem Buchstaben C (correos), unten auf rechteckigem Schild Wertangabe in
weissen Buchstaben auf dunklem Untergrund; gezählt 14 oder auch ungezählt.
Die Marke war in schwarz geplant, es giebt jedoch Essais in abweichenden
Farben und zwar:
in braun violett, tiefviolett, schwarz, blau und milchblau auf weissem
Karton,
in braun und zinnoberrot auf weissem Papier, gezählt,
in braun, karmin, zinnoberrot und grün auf weissem Papier. ungezählt.
Von Essais in der angenommenen Type kennt man:
12 c. d. p. grün und blau, 12½ c. grün, 25 c. grün, braun und
und rotbraun, 50 c. blau, Una peseta grün und blau.
Von Essais in nicht angenommener Zeichnug sind zwei bekannt:

Kopf des Königs in Hochrelief nach links in einem
Perlenoval auf farbigem Untergrund; über dem Oval ein
länglicher, an den Ecken abgerundeter Schild mit der
Inschrift: ULTRAMAR, unten ein ebensolcher mit der
Wertangabe; zwischen beiden arabeskenartige Verzierungen.
Man kennt:
25 MILS DE E° schwarz auf rosa,
50 „ schwarz auf blau,
100 „ schwarz auf gelb und auf dunkelrosa,
200 „ schwarz auf gelbgrün,
400 „ schwarz auf dunkelrosa,
1 E° 600 MILS schwarz auf violett,
2 ESCVDOS schwarz auf blass-, auch auf dunkelrosa.

Kopf des Königs in Type II der XIII. Ausgabe Philippinen (Taf. VI.), nur
im unteren Schild ULTRAMAR an Stelle von FILIPINAS. Existirt nur für
den Wert UNA PESETA in karminroter Farbe; ungezählt.

B. Marken der Republik.

II. Ausgabe:

vom Januar 1874 bis Januar 1875.

Zeichnung der X. Ausgabe von Cuba und Portorico, nur Aenderung der Jahreszahl.

Farbiger Druck auf weissem Papier; gezähnt 14. (Taf. I, 32.)

5. 12½ C. D. PESETA braun in zwei Abstufungen.

5 a) 12½ C. D. PESETA braun,
5 b) 12½   „   dunkelbraun.

6. 25 C. D. PESETA blau in zwei Abstufungen.

6 a) 25 C. D. PESETA ultramarinblau,
6 b) 25   „   dunkelultramarinblau.

7. 50 C. D. PESETA violett in vier Schattirungen.

7 a) 50 C. D. PESETA lebhaft violett,
7 b) 50   „   blassviolett,
7 c) 50   „   grauviolett,
7 d) 50   „   stahlblau.

8. 1 PESETA karmin in zwei Abstufungen.

8 a) 1 PESETA karmin,
8 b) 1   „   karminrosa.

Bemerkungen.

1. Die Marke zu 1 Peseta kommt auch ungezähnt vor.

2.  Im Jahre 1875, also während des auf Cuba noch immer tobenden Bürgerkrieges, tauchten bei verschiedenen Händlern Marken mit der Aufschrift: República de Cuba auf. Man behauptete, dieselben würden im inneren Verkehr des aufständischen Gebietes benutzt, etwa wie die carlistischen Marken im nördlichen und nordöstlichen Teile von Spanien. Die Marken waren von vorzüglicher Ausführung. Sie zeigten in der Mitte ein Wappenschild, welches durch eine Querleiste mit der Inschrift: REP. DE CUBA in drei Felder geteilt wurde. Das oberste Feld zeigt eine aufgehende Sonne, welche ihre Strahlen über einen im Vordergrund durch zwei Inseln verengten Meeresteil entsendet; das Fahrwasser zwischen den Inseln ist durch einen Schlüssel gesperrt. Von den beiden unteren Feldern zeigt das linke drei silberne Schrägbalken im blauen Feld (heraldisch angedeutet), das rechte eine am Meeresufer stehende hochragende Palme. Oberhalb des Wappenschildes befindet sich auf flatterndem Band die Inschrift: CORREOS, unten, sowie in den oberen Ecken die Wertangabe 10 CENTAVOS(!). Die Marke war grün auf weissem Papier und gezähnt; ob es noch andere Werte gab, ist unbekannt.

Längere Zeit für echt gehalten und verhältnismässig teuer bezahlt, erwies sich die Marke später als das Erzeugnis eines New-Yorker Schwindler-Consortiums.

III. Ausgabe:
von Januar 1875 bis Januar 1876.

Zeichnung der XXV. Ausgabe Spaniens: Wappen Spaniens, umgeben von Lorbeerzweigen, darüber Mauerkrone; oben und unten in länglichem, an den Ecken abgerundetem Schild: ULTRAMAR 1875 bezw. Wertangabe; Untergrund mit wagerechten Strichen ausgefüllt.

Farbiger Druck auf weissem Papier; gezähnt 14. (Taf. I, 36.)

9. 12½ CENTˢ PESETA violett in drei Schattierungen.

9 a) 12½ CENTˢ PESETA lebhaft violett,
9 b) 12½   „   blasslila,
9 c) 12½   „   bräunlichlila.

10. **25 CENT⁝ PESETA blau in zwei Schattirungen.**
    10 a) 25 CENT⁝ PESETA ultramarinblau,
    10 b) 25   „   dunkelblau.

11. **5o CENT⁝ PESETA grün in zwei Abstufungen.**
    11 a) 50 CENT⁝ PESETA grün,
    11 b) 50   „   dunkelgrün.

12. **UNA PESETA braun in zwei Schattirungen.**
    12 a) UNA PESETA gelblichbraun,
    12 b) UNA   „   braun.

Bemerkungen.

1. Die Marken zu 12$\frac{1}{2}$, 25 und 50 Cents gibt es auch ungezähnt.

2. Die Marken zu 25 und 50 Cents kommen halbirt postalisch entwertet vor.

C. Marken aus der Zeit der Regierung des Königs Alfonso XII.

IV. Ausgabe:
vom 1. Januar 1876 bis 1. Januar 1877.

eichnung der XXVI. Ausgabe Spaniens mit kleinen Veränderungen: Kopf des Königs Alfonso XII in ovalem Rahmen nach rechts, Untergrund mit wagerechten Strichen ausgefüllt; um das Oval ein rechteckiger Rahmen, darin oben: ULTRAMAR. 1876, rechts und links: CORREOS in ovalem Schild und griechischer Borde, unten Wertangabe; in den vier Ecken die Wappen von Leon und Castilien, zwischen Oval und Rahmen die bourbonischen Lilien; auf dem Halsabschnitt die Initialen des Kupferstechers J. G. Farbiger Druck auf weissem Papier; gezählt 14. (Taf. I, 37.)

13. 12½ C⁵ **PESETA** hellgrün.

14. 25 C⁵ **PESETA** lila in vier Schattirungen.

14 a)	25 C⁵ PESETA		blasslila,
14 b)	25	„	rotlila,
14 c)	25	„	bläulichlila,
14 d)	25	„	blaugrau.

15. 50 C<u>s</u> PESETA blau in zwei Schattirungen.
    15 a) 50 C<u>s</u> PESETA ultramarinblau,
    15 b) 50   „   hellblau.

16. 1 PESETA mehr oder weniger intensiv schwarz.
    16 a) 1 PESETA schwarz,
    16 b) 1   „   grauschwarz.

Bemerkungen.

1. Die Marken zu 25 und 50 C<u>s</u> kommen halbirt postalisch gebraucht vor.

2. Die Marken zu 50 C<u>s</u> und 1 PESETA existiren auch ungezähnt.

3. Von Essais sind die Werte 25 und 50 C<u>s</u>, sowie derjenige zu 1 Peseta in schwarzer und rotbrauner Farbe auf grünem Papier bekannt.

4. Während bis zum Jahre 1876 die in Ausgabe I von Cuba und Portorico erwähnten Stempelmodelle in Gebrauch blieben, beginnt mit dem Jahre 1876 sich allmählich ein Wechsel bei den meisten Postanstalten zu vollziehen, indem die auch in Spanien seit dem Jahre 1874 gebrauchten modernen Formen eingeführt worden. Von einer Gleichmässigkeit ist jedoch keine Rede und finden wir auf den Marken eines und desselben Jahres Stempel, welche zwar im Allgemeinen dem spanischen Modell 1874 ähneln, im Detail aber doch grosse Verschiedenheit zeigeu. Ein den Colonien eigentümlicher, heute noch viel gebrauchter Datumstempel ist Tafel II, 38 abgebildet: Grosses Oval. oben Correos, unten Ort, in der Mitte Datum, gewöhnlich in karminroter Farbe.

In gleicher Weise tauchen auch vom Jahre 1876 an vielfach neue Entwertungsstempel auf, von denen die am häufigsten vorkommenden Typen auf Tafel II, 39—43 abgebildet sind. Bei dem Mangel an amtlichem Aktenmaterial und bei der Seltenheit Cubanischer Marken auf ganzem Brief ist eine Angabe des Einführungsdatums ebenso unmöglich, wie eine Bezeichnung der Postanstalten, wo sie gebraucht wurden.

V. Ausgabe:

vom 1. Januar 1877 bis Januar 1878.

Nämliche Zeichnung, nur oben CUBA, anstatt ULTRAMAR und veränderte Jahreszahl.

Farbiger Druck auf weissem Papier; gezähnt 14.

17. 10 C⁵ PESETA grün in zwei Abstufungen.

   17 a) 10 C⁵ PESETA grün,
   17 b) 10   „   hellgrün.

18. 12½ C⁵ PESETA lila in drei Schattirungen.

   18 a) 12½ C⁵ PESETA lila,
   18 b) 12½   „   blasslila,
   18 c) 12½   „   grauviolett.

19. 25 C⁵ PESETA dunkelgrün in zwei Schattirungen.

   19 a) 25 C⁵ PESETA dunkelgrün,
   19 b) 25   „   dunkelblaugrün.

20. 50 C⁵ PESETA mehr oder weniger intensiv schwarz.

   20 a) 20 C⁵ PESETA schwarz,
   20 b) 20   „   grauschwarz.

21. 1 PESETA braun in zwei Schattirungen.

   21 a) 1 PESETA gelblichbraun,
   21 b) 1   „   braun.

Bemerkung.

1, Die Werte zu 12½, 25 und 50 C⁵ existiren auch ungezähnt.

2 Von Essais ist nur die Marke zu 50 C⁵ in blau (gezähnt) bekannt.

VI. Ausgabe:

von Januar 1878 bis Januar 1879.

Nämliche Zeichnung, nur veränderte Jahreszahl.
Farbiger Druck auf weissem Papier; gezähnt 14.

22. 5 C⁵ PESETA blau.

23. 10 C⁵ PESETA tiefschwarz.

24. 12½ C⁵ PESETA gelblichbraun in zwei Schattirungen.

   24 a) 12½ C⁵ PESETA gelblichbraun,
   24 b) 12½   „   bräunlichgelb.

25. **25 C⁵ PESETA grün in drei Schattirungen.**
  25 a) 25 C⁵ PESETA grün.
  25 b) 25 „ blassgrün,
  25 c) 25 „ gelbgrün.

26. **50 C⁵ PESETA dunkelgrün.**

27. **1 PESETA karmin.**

Bemerkung.

Sämtliche Werte kommen auch ungezählt vor.

VII. Ausgabe:
von Januar 1879 bis Januar 1880.

Nämliche Zeichnung, nur Veränderung der Jahreszahl.
Farbiger Druck auf weissem Papier; gezähnt 14.

28. **5 C⁵ PESETA grünschwarz.**

29. **10 C⁵ PESETA braunorange in zwei Schattirungen.**
  29 a) 10 C⁵ PESETA braunorange,
  29 b) 10 „ gelborange.

30. **12½ C⁵ PESETA rosa in zwei Abstufungen.**
  30 a) 12½ C⁵ PESETA karminrosa,
  30 b) 12½ „ blassrosa.

31. **25 C⁵ PESETA ultramarinblau in zwei Abstufungen.**
  31 a) 25 C⁵ PESETA ultramarinblau,
  31 b) 25 „ dunkelultramarinblau.

32. **50 C⁵ PESETA graulila.**

33. **1 PESETA olivenbraun.**

VIII. Ausgabe:

vom Januar 1880 bis Januar 1881.

Zeichnung der XXIX. Ausgabe Spaniens: Kopf des Königs Alfonso XII, nach rechts in ovalem Rahmen: über und unter dem Oval je ein rechteckiger Schild mit Inschriften und zwar oben: CUBA 1880 zwischen zwei Sternen, unten Wertangabe; in den Ecken zwischen Oval und Schild ornamentale Verzierungen; der Untergrund der ganzen Marke ist mit wagerechten Strichen ausgefüllt; auf dem Halsabschnitt der Name des Kupferstechers Julia.

Farbiger Druck auf weissem Papier; gezähnt 14. (Taf. I, 45.)

34. 5 CENT. PESETA blassgrün.

35. 10 CENT. PESETA karminrosa.

36. 12½ CENT. PESETA grau.

37. 25 CENT. PESETA blassultramarinblau.

38. 50 CENT. PESETA braun in zwei Abstufungen.

38 a) 50 CENT. PESETA braun,
38 b) 50   „   dunkelbraun.

39. UNA PESETA rotbraun.

Bemerkungen.

1. Die für das Jahr 1880 geschaffene Markenzeichnung ist — von Kleinigkeiten abgesehen — für alle Colonien gleich; sie bleibt, oberflächlich betrachtet und die Inschriften ausser Acht gelassen, bis zum Jahre 1889, also 9 Jahre lang, unverändert. Betrachten wir jedoch die im Laufe dieser 9 Jahre ausgegebenen Marken genauer, so erkennen wir bei den am meisten gebrauchten Werten mit Leichtigkeit drei verschiedene Typen, die sich nicht unwesentlich von einander unterscheiden. Diese Unterschiede, welche von der grossen Masse der Sammler wenig beachtet werden, bestehen hauptsächlich in der Zeichnung der Haare des Königs und in derjenigen des ovalen Rahmens um den Kopf Alfonso's. Die Ausgabe des Jahres 1880, welche wir als Type I bezeichnen wollen, hat die Haare über den Schläfen in einem spitzen Winkel scharf eingebogen und unterhalb dieses fast in einen Punkt endigenden Winkels nach rechts bogenförmig herabfallend. Der ovale Rahmen, der den Kopf des Königs einschliesst, wird durch zwei Linien gebildet, deren Stärke überall die gleiche

ist. (Ueber Type II vergl. X. Ausgabe C, über Type III XI. Ausgabe C. Auf Tafel I. 45. 46 und 47 sind die 3 Typen nebeneinander gestellt.)

2. Die Marke zu 25 CENT. PESETA kommt mehrfach infolge Beschädigung der Platte mit unvollständigem Druck der Inschriften vor und zwar: ohne den linken Eckstern. CUBA ohne C. CUBA ohne CU. CUbA mit mangelhaftem B, sowie mit unvollständigen Zahlen bei der Wertangabe.

3. Eine vielfach erwähnte Marke zu 15 cent. peseta in roter Farbe scheint Essai zu sein, da sie gebraucht nicht bekannt ist.

4. Von sämtlichen Marken der VIII. Ausgabe giebt es Essais in abweichenden Farben auf weissem Karton und zwar:
5 Cent. Peseta dunkelkarmin (dieses Essai auch auf gelblichem Karton), 10 C. de Peseta violett, 12¹/₂ C. de P. blau, 15 C. de P. violett, 25 Cent. Peseta braun, 50 C. de P. grün, UNA Peseta dunkelkarmin. Von dem Werte 25 Cent. Peseta giebt es auch ein Essai in dunkelkarmin mit dem Unterdruck der 25 C. d. P. blau von Spanien, gezähnt 14.

5. Im Jahre 1880 erhielten die Post-Anstalten Cuba's — ob sämtlich oder nur bestimmte Kategorien ist unsicher — Entwertungsstempel mit der im Jahre 1854 gegebenen Nummer (Taf. II, 41). Der Stempel ist dem spanischen auf Taf. V, 50 ähnlich. Auch ein neuer Certificado-Stempel taucht bei mehreren Post-Anstalten auf: Grosses Rechteck, dessen lange Seiten leicht rollenartig gekrümmt sind, in drei Zeilen untereinander: YSLA DE CUBA, Name der Postanstalt. Nummer; rechts davon ein grosses R, links: CERTIFICADO.
In Bezug auf Datumstempel finden mehrere moderne spanische Stempelmodelle Einführung.

IX. Ausgabe:

vom 1. Januar 1881 bis 1. Januar 1882.

Nämliche Zeichnung, nur Aenderung der Jahreszahl und Ausdruck des Wertes in Céntimos de peso.

Farbiger Druck auf weissem Papier; gezählt 14.

40. UN C. DE PESO blassgrün.

41. 2-C. DE PESO karminrosa.

42. 2', C. DE PESO olivenbraun.

43. 5-C. DE PESO blassultramarinblau.

44. 10 C. DE PESO rotbraun in zwei Abstufungen.

    44 a) 10 C. DE PESO rötlichbraun,
    44 b) 10   „   dunkelrotbraun.

45. 20 C. DE PESO schwarzbraun.

Bemerkungen.

1. Die Marken zu 5 und 10 C. de Peso kommen halbirt postalisch entwertet vor.

2. Von sämtlichen Werten giebt es Essais in abweichenden Farben auf weissem oder gelblichweissem Kartonpapier und zwar:
UN C. de Peso dunkelkarmin, 2 C. de P. grün, 2½ C. de P. blau, 5 C. de P. dunkelkarmin, 10 C. de P. hellblau, sämtlich auf weissem Karton, 3 C. de Peso und 20 C. de Peso perlgrau auf gelblichweissem Karton. Ausserdem existirt der Wert 10 C. de Peso braun mit dem Unterdruck der 25 cent. de peseta blau von Spanien, gezähnt 14.

X. Ausgabe:

von 1. Januar 1882 bis 1. Januar 1884.

Nämliche Zeichnung, nur Fortfall der Jahreszahl.
Farbiger Druck auf weissem Papier; gezähnt 41. (Tafel I, 46.)

A. Ohne Aufdruck: vom Januar 1882 bis Juni 1883 und wieder von Ende September 1883 bis Januar 1884.

46. UN C. DE PESO blassgrün.

47. 2-C. DE PESO karminrosa. ·

48. 2½ C. DE PESO braun in zwei Schattirungen.

    48 a) 2½ C. DE PESO rotbraun,
    48 b) 2½   „   braunoliven.

49. 5-C. DE PESO blassultramarinblau.

50. 10 C. DE PESO olivenbraun.

51. **20 C. DE PESO braun in zwei Abstufungen.**

51 a) 20 C. DE PESO braun,
51 b) 20 „ dunkelbraun.

B. Mit farbigem Aufdruck eines Linien - Ornaments in fünf verschiedenen Ausführungen: von Juni bis Ende September 1883. (Tafel I, 48.)

I. Aufdruck-Type:

52. **5 - C. DE PESO Aufdruck zinnoberrot oder karmin auf blassultramarin.**

52 a) 5 - C. DE PESO Aufdruck zinnoberrot auf blassultramarin,
52 b) 5 - C. „ Aufdruck lebhaft karmin auf blassultramarin.

53. **10 C. DE PESO Aufdruck blau auf olivenbraun.**

54. **20 C. DE PESO Aufdruck schwarz auf braun.**

II. Aufdruck-Type:

55. **5 - C. DE PESO Aufdruck zinnoberrot oder karmin auf blassultramarin.**

55 a) 5 - C. DE PESO Aufdruck zinnoberrot auf blassultramarin,
55 b) 5 - C. „ Aufdruck lebhaft karmin auf blassultramarin.

56. **10 C. DE PESO Aufdruck blau auf olivenbraun.**

57. **20 C. DE PESO Aufdruck schwarz auf braun.**

III. Aufdruck-Type:

58. **5 - C. DE PESO Aufdruck zinnoberrot oder karmin auf blassultramarin.**

58 a) 5 - C. DE PESO Aufdruck zinnoberrot auf blassultramarin,
58 b) 5 - C. „ Aufdruck lebhaft karmin auf blassultramarin.

59. **10 C. DE PESO Aufdruck blau auf olivenbraun.**

60. **20 C. DE PESO Aufdruck schwarz auf braun.**

4*

IV. Aufdruck-Type:

61. 5 C. DE PESO Aufdruck zinnoberrot oder karmin auf blassultramarin.

61 a) 5 C. DE PESO Aufdruck zinnoberrot auf blassultramarin,
61 b) 5 C. DE PESO Aufdruck lebhaft karmin auf blassultramarin.

62. 10 C. DE PESO Aufdruck braun auf olivenbraun.

63. 20 C. DE PESO Aufdruck schwarz auf braun.

V. Aufdruck-Type:

64. 5 C. DE PESO Aufdruck zinnoberrot oder karmin auf blassultramarin.

64 a) 5 C. DE PESO Aufdruck zinnoberrot auf blassultramarin,
64 b) 5 C. „ Aufdruck lebhaft karmin auf blassultramarin.

65. 10 C. DE PESO Aufdruck blau auf olivenbraun.

66. 20 C. DE PESO Aufdruck schwarz auf braun.

C. Vom Herbst 1883 bis Frühjahr 1886. Etwas veränderte Type(II): Das Haar des Königs ist über die Stirn etwas schärfer gebogen, der Winkel über den Schläfen ist grösser, endigt nicht in einen Punkt, sondern ist etwas ausgerundet, das Haar fällt infolgedessen in etwas gestreckterer Linie nach unten ab. Die äussere Linie des den Kopf des Königs umschliessenden ovalen Rahmens ist auf der rechten Seite stärker als auf der linken. (Tafel I, 46.)

67. 5 C. DE PESO ultramarinblau in zwei Abstufungen.

67 a) 5 C. DE PESO blassultramarinblau,
67 b) 5 C. „ lebhaft ultramarinblau.

Bemerkungen.

1. Zu Ende Mai 1883 waren in Habana grosse Mengen Marken zu 5, 10 u. 20 C. de peso gestohlen und nach auswärts zum Verkauf angeboten worden. Um diese wertlos zu machen, liess die G. P. D. die vorhandenen Bestände, sowie alle diejenigen Marken, welche bei den grossen Handlungshäusern der Insel noch

unbenutzt zu finden waren, mit einem schwierig nachzuahmenden Aufdruck versehen. Der Aufdruck erhielt fünf verschiedene Typen, von denen die erste keinerlei Wertbezeichnung führt, während die vier anderen die entsprechenden Wertziffern zeigen. Die verschiedenen Aufdrucktypen finden sich auf den einzelnen Markenbogen derart verteilt vor, dass die erste Type am seltensten vorkommt; die Gruppirung der Typen war jedoch sehr verschieden und scheint mehrfach gewechselt zu haben; es ist bis jetzt nicht gelungen, alle existirenden Zusammenstellungen mit Sicherheit anzugeben.

Nach zuverlässig erscheinenden Quellen sind folgende Zusammenstellungen bekannt:

a. für die Marke zu 5 c. de peso:

```
1 3 3 3 3 3 3 3 3 3      1 3 3 3 3 3 3 3 3 3      5 3 3 3 3 3 3 3 3 3
1 3 3 3 3 3 3 3 3 3      1 3 3 3 3 3 3 3 3 3      5 3 3 3 3 3 3 3 3 3
1 3 3 3 3 2 2 2 2 2      1 3 3 3 3 2 2 2 2 2      5 3 3 3 3 3 2 2 2 2
1 2 2 2 2 2 2 2 2 2      1 2 2 2 2 2 2 2 2 2      5 2 2 2 2 2 2 2 2 2
1 2 2 2 2 2 2 2 2 4      1 2 2 2 2 2 2 2 2 4      5 2 2 2 2 2 2 2 2 4
1 4 4 4 4 4 4 4 4 4      1 4 4 4 4 4 4 4 4 4      5 4 4 4 4 4 4 4 4 4
1 4 4 4 4 4 4 4 4 4      1 4 4 4 4 4 4 4 4 4      5 4 4 4 4 4 4 4 4 4
1 4 4 4 5 5 5 5 5 5      1 5 4 4 4 5 5 5 5 5      5 4 4 4 5 5 5 5 5 5
1 5 5 5 5 5 5 5 5 1      1 5 5 5 5 5 5 5 5 1      5 5 5 5 5 5 5 5 5 5
1 5 5 5 5 5 5 5 5 1      1 5 5 5 5 5 5 5 5 1      5 5 5 5 5 5 5 5 5 5
```

```
        3 3 3 3 3 3 3 3 3 3      2 2 2 2 2 2 2 2 2 2
        3 3 3 3 3 3 3 3 3 3      2 2 2 2 2 2 2 2 2 2
        3 3 3 3 3 3 3 3 3 3      2 2 2 2 2 2 2 2 2 2
        2 2 2 2 2 2 2 2 2 2      3 3 3 3 3 3 3 3 3 3
        2 2 2 2 2 2 2 2 2 2      3 3 3 3 3 3 3 3 3 3
        3 2 2 2 2 2 2 2 2 2      2 3 3 3 3 3 3 3 3 3
        4 4 4 4 4 4 4 4 4 4      4 4 4 4 4 4 4 4 4 4
        4 4 4 4 4 4 4 4 4 4      4 4 4 4 4 4 4 4 4 4
        4 4 4 4 4 4 4 4 4 4      4 4 4 4 4 4 4 4 4 4
        5 5 5 5 5 5 5 5 5 5      5 5 5 5 5 5 5 5 5 5
```

b. für die Marke zu 10 c. de peso:

```
1 3 3 3 3 3 3 3 3 3      1 2 2 2 2 2 2 2 2 2      1 2 2 2 2 2 2 2 2 2
1 3 3 3 3 3 3 3 3 3      1 2 2 2 2 2 2 2 2 2      1 2 2 2 2 2 2 2 2 2
1 3 3 3 3 2 2 2 2 2      1 2 2 2 2 3 3 3 3 3      1 2 2 2 2 3 3 3 3 3
1 2 2 2 2 2 2 2 2 2      1 3 3 3 3 3 3 3 3 3      1 3 3 3 3 3 3 3 3 3
1 2 2 2 2 2 2 2 2 4      1 3 3 3 3 3 3 3 3 4      1 3 3 3 3 3 3 3 3 4
1 4 4 4 4 4 4 4 4 4      1 4 4 4 4 4 4 4 4 4      1 4 4 4 4 4 4 4 4 4
1 4 4 4 4 4 4 4 4 4      1 4 4 4 4 4 4 4 4 4      1 4 4 4 4 4 4 4 4 4
1 4 4 4 5 5 5 5 5 5      1 4 4 4 4 4 4 4 4 4      1 4 4 4 5 5 5 5 5 5
1 5 5 5 5 5 5 5 5 1      1 4 4 4 5 5 5 5 5 1      1 5 5 5 5 5 5 5 5 5
1 5 5 5 5 5 5 5 5 1      1 5 5 5 5 5 5 5 5 1      1 5 5 5 5 5 5 5 5 5
```

```
        1 2 2 2 2 2 2 2 2 2
        1 2 2 2 2 2 2 2 2 2
        1 2 2 2 2 3 3 3 3 3
        1 3 3 3 3 3 3 3 3 3
        1 3 3 3 3 3 3 3 3 4
        1 4 4 4 4 4 4 4 4 4
        1 4 4 4 4 4 4 4 4 4
        1 5 4 4 4 5 5 5 5 5
        1 5 5 5 5 5 5 5 5 1
        1 5 5 5 5 5 5 5 5 1
```

c. für die Marke zu 20 c. de peso:

```
1 3 3 3 3 3 3 3 3 3     3 3 3 3 3 3 3 3 3 3     2 2 2 2 2 2 2 2 2 2
1 3 3 3 3 3 3 3 3 3     3 3 3 3 3 3 3 3 3 3     2 2 2 3 2 2 2 2 2 2
1 3 3 3 3 2 2 2 2 2     3 3 3 3 3 3 3 3 3 3     2 2 2 2 2 2 2 2 2 2
1 2 2 2 2 2 2 2 2 2     2 2 2 2 2 2 2 2 2 2     3 3 3 3 3 3 3 3 3 3
1 2 2 2 2 2 2 2 2 4     2 2 2 2 2 2 2 2 2 2     3 3 3 3 3 3 3 3 3 3
·1 4 4 4 4 4 4 4 4 4    3 2 2 2 2 2 2 2 2 2     2 3 3 3 3 3 3 3 3 3
1 4 4 4 4 4 4 4 4 4     4 4 4 4 4 4 4 4 4 4     4 4 4 4 4 4 4 4 4 4
1 4 4 4 5 5 5 5 5 5     4 4 4 4 4 4 4 4 4 4     4 4 4 4 4 4 4 4 4 4
1 5 5 5 5 5 5 5 5 1     4 4 4 4 4 4 4 4 4 4     4 4 4 4 4 4 4 4 4 4
1 5 5 5 5 5 5 5 5 1     5 5 5 5 5 5 5 5 5 5     5 5 5 5 5 5 5 5 5 5
```

2. Durch Nachlässigkeit beim Druck bezw. beim Einschieben der Ziffer entstanden bei den Aufdrucktypen II—V eine Reihe von Abarten mit falscher oder verkehrter Wertziffer, bei der 5 cents-Marke mit Punkt vor der „5“ oder rechts oben derselben, auch mit Komma anstatt mit Punkt hinter der 5; häufig, besonders bei den Aufdrücken in karminroter Farbe, fehlt der Punkt gänzlich. Von der Marke zu 20 C. de Peso giebt es einen Fehldruck mit 10 (anstatt 20) in Type IV.

3. Der „Philatelist“ vom März 1884 meldet einen Fehldruck der Marke zu 2¹/₂ c. de peso in violett anstatt braun (Hartmann-Berlin) und einen ebensolchen der 10 cents-Marke in hellbraun anstatt olivenbraun (v. d. Beeck-Moskau.) Es sind mit dieser Meldung wohl die entsprechenden Werte der XI. Ausgabe gemeint.

4. Die Marken zu 5 und 10 c. d. peso (49 und 50) kommen halbirt postalisch entwertet vor.

5. Die Ausgabe der 5 cent-Marke in II. Type lässt sich zeitlich nicht genau feststellen. Sicher ist, dass sie auf Briefen von November 1883 gefunden wurde, mit Arabeskenaufdruck, der bis Ende September gebraucht wurde, aber nicht existirt.

6. Von sämtlichen Werten der X. Ausgabe (ohne Aufdrucke) existiren Essais in blauer Farbe auf weissem, manchmal gelblichweissem Kartonpapier.

XI. Ausgabe:

vom 1. Januar 1884 bis 1. Januar 1888.

Nämliche Zeichnung, nur Farbenänderung.

Farbiger Druck auf weissem Papier: gezähnt 14.

A. In Type I:

68. **UN C. DE PESO** graugrün.

69. 2¹/₂ C. DE PESO violett in vier Schattirungen.

    69 a) 2¹/₂ C. DE PESO lebhaft violett,
    69 b) 2¹/₂   „   blassviolett,
    69 c) 2¹/₂   „   lila.
    69 d) 2¹/₂   „   bläulichlila.

70. 20 C. DE PESO olivenbraun.

B. In Type II (vergl. X Ausgabe C.):

71. 10 C. DE PESO braun in zwei Abstufungen.

    71 a) 10 C. DE PESO braun,
    71 b) 10   „   hellbraun.

C. Von Frühjahr 1886 bis Januar 1890. III. Type: Der spitze Winkel des Haares des Königs über der Schläfe ist völlig verschwunden und das Haar bildet statt dessen einen sanft ausgerundeten Bogen, von dem aus es noch etwas gestreckter, wie bei Type II, nach unten fällt. Der ovale Rahmen ist wie bei Type II. (Taf. I, 47.)

72. UN C. DE PESO blassgrün.

73. 5-C. DE PESO blassblau.

Bemerkungen.

1. Einige Kataloge erwähnen mit dem Ausgabedatum vom Dezember 1883 eine Marke zu 2¹/₂ c. de peso blaulila. Ein zweimaliger Farbenwechsel eines Wertes innerhalb weniger Wochen ist aber, da alle Marken in Madrid hergestellt wurden und von da nach Cuba gesandt werden mussten, kaum glaublich; viel eher ist die Ansicht gerechtfertigt, dass diese Marke eine Schattirung der Marke No. 69 ist, welche auf irgend eine Weise schon vor Januar 1884 zur Verwendung kam. Die Ausgabe der UN C. DE PESO-Marke in III. Type verlegt Moens irrtümlich erst in den Dezember 1886.

2. Die Marke zu 5 c. de peso (Type III) kommt halbirt postalisch entwertet vor.

3. Die Marken zu 2¹/₂ c. de peso (No. 69) und zu 10 c. de peso (No. 71) existiren auch in Punkten durchstochen.

4. Von der Marke zu 10 c. de peso giebt es Fälschungen — häufig postalisch entwertet —, die sich an der zu hoch gestellten oberen griechischen Borde, an dem etwas zu oval geratenen O des Wortes PESO und dem schlecht ausgeführten Namen Julia erkennen lassen.

XII. Ausgabe:

von Januar 1888 bis Januar 1890.

Nämliche Zeichnung, nur Farbenänderung.
Farbiger Druck auf weissem Papier: gezähnt 14.

74. 2½ C. DE PESO (Type I) braun.

75. 10 C. DE PESO (Type II) blau in zwei Abstufungen.
75 a) 10 C. DE PESO hellblau,
75 b) 10 „ dunkelblau.

76. 20 C. DE PESO (Type I) lilagrau.

Ausserdem für Drucksachen: Nämliche Zeichnung, nur oben mit Inschrift: CUBA-IMPRESOS, sämtlich in Type III.
Farbiger Druck auf weissem Papier: gezähnt 14. (Taf. I, 47.)

77. ½ MIL^A DE PESO schwarz.

78. 1 MIL^A DE PESO schwarz.

79. 2 MIL^S DE PESO schwarz.

80. 3 MIL^S DE PESO schwarz.

81. 4 MIL^S DE PESO schwarz.

82. 8 MIL^S DE PESO schwarz.

Bemerkung.

Die Marke zu 10 c. de peso (75) kommt halbirt postalisch entwertet vor.

D. Marken aus der Zeit der Regentschaft der Königin Maria Christina bezw. der Regierung des Königs Alfonso XIII.

XIII. Ausgabe:
vom Januar 1890 bis Oktober 1891 bezw. 1892.

Zeichnung der XXXII. Ausgabe Spaniens: Kopf des Königs Alfonso XIII. nach rechts in ovalem Rahmen, um denselben ornamentenartige Verzierungen, Untergrund mit wagerechten Strichen ausgefüllt; oben auf rechteckigem Schild: ISLA DE CUBA, unten auf ebensolchem Wertangabe; auf dem Halsabschnitt Name des Kupferstechers JULIA.

Farbiger Druck auf weissem Papier; gezähnt 14. (Taf. I, 49.)

83. **UN C. DE PESO** graubraun.

84. **2 C. DE PESO** schieferblau.

85. **2½ C. DE PESO** blaugrün.

86. **5 C. DE PESO** oliven.

87. **10 C. DE PESO** violettbraun.

88. 20 C. DE PESO dunkelviolett.

Ausserdem für Drucksachen: Nämliche Zeichnung, nur oben Inschrift: CUBA IMPRESOS.
Farbiger Druck auf weissem Papier: gezähnt 14. (Taf. I, 50.)

89. ½ MIL^A DE PESO blassrotbraun.

90. 1 MIL^A DE PESO blassrotbraun.

91. 2 MIL^S DE PESO blassrotbraun.

92. 3 MIL^S DE PESO blassrotbraun.

93. 4 MIL^S DE PESO blassrotbraun.

94. 8 MIL^S DE PESO blassrotbraun.

— —

Bemerkung.

Von No. 86 und 87 giebt es Fälschungen, die man häufig postalisch entwertet findet. Bei genauem Vergleich mit dem Original findet man leicht den Unterschied: schlechter Druck, Abweichungen in der Zeichnung, bei No. 87 ausserdem unregelmässige und engere Zähnung. Diese Fälschungen wurden die Ursache der Farbenänderung der nächsten Ausgabe.

XIV. Ausgabe:
vom Oktober 1891 bis 31. Dezember 1893.

Nämliche Zeichnung, nur Farbenänderung.
Farbiger Druck auf weissem Papier; gezähnt 14.

95. 5 C. DE PESO hellgrün.

96. 10 C. DE PESO blassrosa.

1892. 97. UN C. DE PESO olivengrün.

98. **2 C. DE PESO** braun.

99. **2¹/₂ C. DE PESO** orange.

100. **20 C. DE PESO** ultramarinblau.

Marken für Drucksachen: Nämliche Zeichnung wie in voriger Ausgabe.

101. **¹/₂ MIL⸺ DE PESO** violett.

102. **1 MIL^A DE PESO** violett.

103. **2 MIL⸝ DE PESO** violett.

104. **3 MIL⸝ DE PESO** violett.

105. **4 MIL⸝ DE PESO** violett.

106. **8 MIL⸝ DE PESO** violett.

Bemerkungen.

1. Die Marke zu 5 C. de peso der XIII. Ausgabe war schon Mitte September aufgebraucht gewesen, weshalb durch Verfügung vom 20. dieses Monats der Gebrauch halbirter 10 Cents-Marken gestattet wurde. Nach dem Eintreffen der neuen Marken wurde diese Erlaubniss zurückgezogen. Es geht aber hieraus hervor, dass die Marken der XIV. Ausgabe nicht, wie vielfach angegeben, schon im August oder September gebraucht worden sein können.

2 Von beiden Werten dieser Ausgabe giebt es Fälschungen in Lithographie. Die falsche 5 C. de peso-Marke ist an der etwas abweichenden Zeichnung und der dunkleren Farbe, die falsche 10 C. de peso auch an der unregelmässigen Zähnung (12) zu erkennen.

XV. Ausgabe

vom 1. Januar 1894 an.

Nämliche Zeichnung, nur Farbenänderung.

Farbiger Druck auf weissem Papier; gezählt 14.

107. **UN C. DE PESO** blau.

108. **2 C. DE PESO** rosa.

109. **2½ C. DE PESO** violett.

110. **20 C. DE PESO** braun.

Marken für Drucksachen: Nämliche Zeichnung, wie bisher, nur Farbenänderung.

111. **½ MIL^A DE PESO** rosa.

112. **1 MIL^A DE PESO** rosa.

113. **2 MIL^S DE PESO** rosa.

114. **3 MIL^S DE PESO** rosa.

115. **4 MIL^S DE PESO** rosa.

116. **8 MIL^S DE PESO** rosa.

Bemerkung.

Die Ausgabe war zum 1 Januar 1894 fertig gestellt, die einzelnen Werte gelangten jedoch erst nach und nach zur Verwendung. Die Marken zu 5 und 10 C. de peso bleiben scheinbar unverändert.

II.

Postkarten.

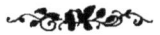

A. Postkarten aus der Zeit der Regierung Alfonso's XII.

I. Ausgabe:

vom 1. Januar bis 31. Oktober 1878.

Rechteck aus dunkelchamois Karton. Grösse 145 : 98 mm: Marke in Zeichnung der IV. Ausgabe oben in der Mitte, im oberen Rahmen derselben: ISLA DE CUBA: links der Marke: TARJETA, rechts: POSTAL: vier Adresslinien, auf der ersten in Schreibschrift: *A D.*, ein bald mehr, bald weniger stark hervortretender Unterdruck zeigt in 2 cm hohen englischen Buchstaben: Tarjeta Postal, umgeben von Kreisen, Strichen und Verzierungen: unten: Nota: Lo que debe escribirse se hará en el reverso é irá firmado por el remitente.

Marke, Vordruck und Umrandung in blauer, Unterdruck in orange Farbe. (Taf. III, 51.)

1. 25 C^{s} PESETA blau in zwei Abstufungen auf verschieden starkem Karton.

1 a) 25 C^{s} PESETA blau auf dickem chamois Karton,
1 b) 25   „   dunkelblau auf dickem chamois Karton,
1 c) 25   „   blau auf dünnem, etwas dunkler gefärbtem Karton.

Bemerkung.

Von Karte No. 1 giebt es einen fehlerhaften Druck mit gebogenen Adresslinien, auch giebt es Exemplare mit „se hará en el reverso" in der Nota. anstatt: „en el reverso".

II. Ausgabe:

vom 1. Januar bis 31. Dezember 1879.

Karte der vorigen Ausgabe, nur veränderte Inschrift im oberen Rahmen der Marke: CUBA 1879 und Farbenänderung. (Taf. III, 52.)

2. 25 C⁵ PESETA karmin in zwei Abstufungen auf hellchamois Karton.

2 a) 25 C⁵ PESETA karmin,
2 b) 25   „   blasskarmin.

Bemerkung.

Von Karte No. 2 existiren mangelhafte Drucke, bei welchen Teile des Wertstempels, der oberen dicken Einfassungslinie oder der ersten Adresslinie zerbrochen oder verbogen erscheinen. Ob die Karte jemals in Verkehr gekommen ist, erscheint zweifelhaft.

III. Ausgabe:

vom 1. Januar 1880.

Karte für den Weltpostverkehr: Rechteck aus weissem Kartonpapier in verschiedener Grösse. Marke im Typus der VIII. Ausgabe oben rechts, links daneben fünfzeiliger Vordruck und zwar untereinander stehend: ULTRAMAR — UNION POSTAL UNIVERSAL — UNION POSTALE UNIVERSELLE — ESPAÑA. — En este lado se escribe solamente la direccion; darunter drei Adresslinien, die erste mit $\mathscr{A}$ beginnend, ohne Umrandung. (Taf. III, 53.)

Grösse 133 : 89.

3. 10 C. DE PESETA karmin.

Grösse 133 : 99.

4. 10 C. DE PESETA blasskarmin.

Doppelkarte in ähnlicher Ausführung: auf der ersten Karte ist links unten die gewöhnliche Bemerkung in verschiedener Länge, auf der zweiten Karte steht dafür RESPUESTA; Marke auf der ersten Karte links oben, auf der zweiten Karte rechts oben; Grösse verschieden.

Bemerkung auf der ersten Karte ist 39 mm lang.

5. 10+10 C. DE PESETA karmin in drei Schattirungen.
    5 a) 10+10 C. DE PESETA karmin,
    5 b) 10+10   „   blasskarmin,
    5 c) 10+10   „   dunkelrosa.

Bemerkung ist 41 mm lang, ohne Punkt am Schluss.

6. 10+10 C. DE PESETA karmin in zwei Schattirungen.
    6 a) 10+10 C. DE PESETA blasskarmin,
    6 b) 10+10   dunkelrosa.

Karte in gleicher Ausführung wie No. 3, nur Aenderung des Wertes. Grösse 133 : 89 mm. (Taf. III, 53.)

7. 15 C. DE PESETA karminrosa.

Ebenso, nur Druck blasser, Grösse 133 : 99 mm.

8. 15 C. DE PESETA blasskarminrosa.

Doppelkarte in gleicher Ausführung wie No. 5, mit den gewöhnlichen Zusätzen im Vordruck.

Bemerkung 39—40 mm lang.

9. 15+15 C. DE PESETA karminrosa in zwei Abstufungen.

9 a) 15+15 C. DE PESETA karminrosa,
9 b) 15+15   „   blasskarminrosa.

Bemerkung 38 mm, ohne Punkt am Schluss.

10. 15+15 C. DE PESETA karminrosa.

_____

Bemerkung.

Die Karten der III. Ausgabe verdanken den im Juni 1878 in Paris getroffenen Vereinbarungen des Weltpostvereins ihre Entstehung, sie wurden früher in Verkehr gesetzt, als die entsprechenden Werte des Mutterlandes.

IV. Ausgabe:

vom 1. Januar bis 31. Dezember 1881.

Karte in nämlicher Ausführung wie No. 3, nur Marke in Zeichnung der IX. Ausgabe und Wertangabe in C. DE PESO. Dünnes weisses oder hellchamois Papier, Grösse 133 : 99 mm.

11. 2 C. DE PESO karmin auf verschiedenem Papier.

11 a) 2 C. DE PESO karmin auf weissem Papier,
11 b) 2   „   karmin auf hellchamois Papier.

Doppelkarte in gleicher Ausführung, mit den gewöhnlichen Bemerkungen; Marke auf der ersten Karte links, auf der zweiten rechts oben; dünnes weisses Papier, Grösse 133 : 99 mm.

Bemerkung 39 mm lang.

12. 2+2 C. DE PESO karmin in zwei Abstufungen.

12 a) 2+2 C. DE PESO karmin,
12 b) 2+2   „   blasskarmin.

Bemerkung 41 mm lang, auf der ersten Karte fehlen die Punkte hinter direccion und Respuesta.

13. **2+2 C. DE PESO blasskarmin.**

Karte in gleicher Ausführung wie No. 11, nur Aenderung des Wertes: weisser oder gelblichweisser Karton oder gelblichweisses Papier.

Zweite Adresslinie 103 mm lang.

14. **3 C. DE PESO rosa in zwei Schattirungen auf verschiedenem Karton oder Papier.**

14 a) 3 C. DE PESO rosa auf weissem Karton,
14 b) 3 „ blassrot auf gelblichweissem Karton,
14 c) 3 „ blassrot auf gelblichweissem Papier.

Zweite Adresslinie nur 94 mm lang.

15. **3 C. DE PESO rosa in zwei Abstufungen auf verschiedenem Karton.**

15 a) 3 C. DE PESO rosa auf weissem Karton,
15 b) 3 „ blassrot auf gelblichweissem Karton.

Doppelkarte in gleicher Ausführung mit den gewöhnlichen Bemerkungen; weisser oder gelblichweisser Karton, Grösse 133:94 mm.

Bemerkung auf der ersten Karte 39 mm, zweite Adresslinie 103 mm lang.

16. **3+3 C. DE PESO rosa auf verschiedenem Karton.**

16 a) 3+3 C. DE PESO rosa auf weissem Karton,
16 b) 3+3 „ rosa auf gelblichweissem Karton.

Bemerkung 39 mm, zweite Adresslinie 94 mm lang, hinter Respuesta der zweiten Karte kein Punkt.

17. **3+3 C. DE PESO rosa auf verschiedenem Karton.**

17 a) 3+3 C. DE PESO rosa auf weissem Karton,
17 b) 3+3 „ rosa auf gelblichweissem Karton.

Bemerkung 41 mm, zweite Adresslinie 103 mm lang.

18. **3+3 C. DE PESO rosa auf verschiedenem Karton.**

18 a) 3+3 C. DE PESO rosa auf weissem Karton,
18 b) 3+3 „ rosa auf gelblichweissem Karton.

5*

Bemerkung.

Von No. 11a, 11b und 12a giebt es Stücke ohne Punkt hinter dem Worte direccion der Bemerkung, von No. 12 solche ohne Punkt hinter direccion und hinter Respuesta, von No. 16 solche mit lädirtem E in ESPAÑA, von 16b ohne Punkt hinter Respuesta.

V. Ausgabe:

vom 1. Januar 1882.

Karte für den Weltpostverkehr in ähnlicher Ausführung wie No. 11, nur Marke in Zeichnung der X. Ausgabe; drei Adresslinien von verschiedener Länge; weisser oder gelblichweisser Karton, Grösse 133 : 99 mm.

19. 2 C. DE PESO karmin in zwei Abstufungen auf verschiedenfarbigem Karton.

19 a) 2 C. DE PESO karmin auf weissem Karton,
19 b) 2   „   blasskarmin auf weissem Karton,
19 c) 2   „   karmin auf gelblichweissem Karton,
19 d) 2   „   blasskarmin auf gelblichweissem Karton.

Doppelkarte in gleicher Ausführung mit den gewöhnlichen Bemerkungen; Marke auf der ersten Karte links, auf der zweiten Karte rechts oben; weisser oder gelblichweisser, verschieden starker Karton, Grösse 133 : 94 mm.

Bemerkung auf der ersten Karte ist 39 mm lang.

20. 2+2 C. DE PESO karmin auf verschiedenem Karton.

20 a) 2+2 C. DE PESO karmin auf weissem Karton,
20 b) 2+2   „   karmin auf gelblichweissem Karton,
20 c) 2+2   „   karmin auf dünnem, weissem Karton.

Bemerkung nur 38 mm lang.

21. 2+2 C. DE PESO karmin auf weissem Karton.

Bemerkung ist 40 mm lang.

22. 2+2 C. DE PESO karmin auf gelblichweissem Karton.

Bemerkung ist 41 mm lang.

23. 2+2 C. DE PESO karmin auf weissem Karton.

Karte in gleicher Ausführung wie No. 19, nur veränderter Wert:
weisser oder gelblichweisser, verschieden starker Karton,
Grösse 133 : 99 mm.

24. 3 C. DE PESO blassrot auf verschiedenem Karton.

24 a) 3 C. DE PESO blassrot auf weissem Karton,
24 b) 3   „   blassrot auf gelblichweissem Karton,
24 c) 3   „   blassrot auf bläulichweissem Karton,
24 d) 3   „   blassrot auf ganz dünnem, weissem Karton.

Doppelkarte in gleicher Ausführung wie No. 24 mit den gewöhnlichen Bemerkungen.

Bemerkung 39 mm lang.

25. 3+3 C. DE PESO blassrot auf weissem Karton.

Bemerkung auf der ersten Karte 28 mm lang.

26. 3+3 C. DE PESO blassrot auf weissem Karton.

Bemerkung 40 mm lang.

27. 3+3 C. DE PESO blassrot auf gelblichweissem Karton.

Erste Adresslinie der ersten Karte 5 mm verkürzt.

28. 3+3 C. DE PESO blassrot auf weissem Karton.

Karte für das Inland in gleicher Ausführung wie No. 1, nur mit
der Marke der X. Ausgabe: Marke, Vordruck und Umrandung in
grüner, Unterdruck in gelbroter Farbe; chamois Karton, Grösse
145 : 98 mm. (Taf. III, 54.)

Bemerkung 82 mm lang.

29. 2 C. DE PESO grün auf chamois Karton.

Bemerkung 82 mm lang in etwas grösseren Lettern.

30. 2 C. DE PESO grün auf chamois Karton.

Bemerkung 79 mm lang.

31. **2 C. DE PESO** grün auf chamois Karton.

Bemerkung 79 mm lang in etwas grösseren Lettern.

32. **2 C. DE PESO** grün auf chamois Karton.

Karte in gleicher Ausführung wie No. 29, nur veränderter Wert.

Bemerkung 82 mm lang.

33. **4 C. DE PESO** karmin auf chamois Karton.

Bemerkung 82 mm lang in etwas grösseren Lettern.

34. **4 C. DE PESO** karmin auf chamois Karton.

Bemerkung 79 mm lang.

35. **4 C. DE PESO** karmin auf chamois Karton.

Bemerkung 79 mm lang in etwas grösseren Lettern.

36. **4 C. DE PESO** karmin auf chamois Karton.

Karte in gleicher Ausführung, nur veränderter Wert.

Bemerkung in kleinen Lettern.

37. **10 C. DE PESO** blau.

Bemerkung in grösseren Lettern.

38. **10 C. DE PESO** blau.

Bemerkung.

Von Karte No. 19 giebt es einen Fehldruck ohne tilde über dem n von España. Von Karte No. 20 giebt es einen Fehldruck, bei welchem die Markenbilder falsch eingedruckt sind, d. h. auf der ersten Karte rechts, auf der zweiten Karte links, statt umgekehrt. Von Karte No. 29 giebt es mangelhafte Drucke mit OEBE anstatt DEBE in der Bemerkung. Von sämtlichen Karten der Ausgabe giebt es Exemplare ohne Punkt hinter direccion oder Respuesta.

VI. Ausgabe:

von Juli 1888 bis 1. Januar 1890.

Karte in gleicher Ausführung wie No. 29, nur ohne farbigen Unterdruck; chamois Karton, Grösse 145 : 98. (Taf. III, 55.)

Das r von  mit Punkt, Nota in grossen Buchstaben 94 mm lang.

39. 2 C. DE PESO grün.

40. 4 C. DE PESO karmin.

Das r von  bildet eine Schleife nach oben, Nota in grossen Buchstaben und 88½ mm lang.

41. 2 C. DE PESO grün.

42. 4 C. DE PESO karmin.

Nota in kleinen Buchstaben 89 mm lang.

43. 2 C. DE PESO grün.

44. 4 C. DE PESO karmin.

B. Postkarten aus der Zeit der Regentschaft der Königin Maria Cristina bezw. der Regierung des Königs Alfonso XIII.

VII. Ausgabe:

vom 1. Januar 1890 an.

arte in gleicher Ausführung wie No. 39, nur Marke der XIII. Ausgabe; chamois Karton, Grösse 145 : 98 mm. (Taf. III, 56.)

45. **2 C. DE PESO** grün.

46. **3 C. DE PESO** rosa.

47. **4 C. DE PESO** karmin.

VIII. Ausgabe:

vom August (?) 1893 an.

Rechteck aus chamois Karton, Grösse 145 : 102; Marke der XIII. Ausgabe oben in der Mitte; links der Marke: TARJETA, rechts: POSTAL: vier Adresslinien, die erste mit *A. D.* beginnend; unten links die gewöhnliche Bemerkung. (Taf. III, 57.)

48. 2 C. DE PESO grün.

IX. Ausgabe:

vom 1. Januar 1894.

Karte in gleicher Ausführung wie No. 48. (Taf. III, 57.)

49. 5 C. DE PESO grün.

I. Spanisch Westindien.

Ic. Portorico.

I.

Briefmarken.

A. Marken aus der Zeit der Regierung des Königs Amadeo.

~~~~~~~~~

I. Ausgabe:
von Juni 1873 bis (?) 1874 bezw. Januar 1875.

arken der I. Ausgabe von Cuba: Kopf des Königs Amadeo (vergl. Seite 39) mit schwarzem Aufdruck eines Namenszuges.

Farbiger Druck auf weissem Papier: gezähnt 14.
(Taf. IV, 58, auch Taf. I, 34 und 35.)

I. Type*:

1. 25 C. DE PESETA lila in drei Schattirungen.
   - 1 a) 25 C. DE PESETA lila,
   - 1 b) 25   „   blasslila,
   - 1 c) 25   „   graublau.

2. 50 C. DE PESETA braun.

II. Type*:

3. UNA PESETA rotbraun.

---

* Anmerkung: Eingehendere Beschreibung dieser und der folgenden Ausgaben siehe Cuba.

Bemerkungen.

1. Die Marken wurden von Seiten des Chefs der Intendantur mit einem aufgedruckten Namenszug versehen, um zu verhindern, dass in Cuba gekaufte Marken in Portorico gebraucht würden. Spekulanten kauften nämlich die in Cuba wegen der niedrigeren Papierwährung billigeren Marken, um sie in Portorico, welches Silberwährung hatte, mit Gewinn wieder zu verkaufen.

2. Wie schon bei Cuba erwähnt, diente die Marke zu $12^1/_2$ C. de peseta ausschliesslich dem Stadtverkehr von Habana, sie existirt also nicht mit Namenszug.

3. Die Marke zu 25 C. d. p. war in Gebrauch bis zum Jahre 1874, diejenigen zu 50 C. d. p. und 1 Peseta blieben in Verkehr bis zum Januar 1875.

4. In Bezug auf Abstempelungen gilt auch für Portorico das bei Spanisch-Westindien und Cuba Gesagte. Die Abbildungen auf Tafel IV geben die gebräuchlichsten Stempelmodelle, nur zwei von ihnen gehören ausschliesslich Portorico an, No. 59 und 61, alle übrigen finden sich auch in den übrigen ‘Colonien, bezw. in Spanien. (No. 60 und 64 Certificado - Stempel, No. 65 Dienststempel der Civilbehörden.)

B. Marken der Republik.

II. Ausgabe:

von (?) 1874 bis Januar 1875.

arken der II. Ausgabe von Cuba (vergl. Seite 41): Allegorische Figur der España mit schwarzem Aufdruck von zwei Namenszügen. Farbiger Druck auf weissem Papier; gezähnt 14. (Taf. IV, 66.)

1. 25 C. DE PESETA ultramarinblau in zwei Abstufungen.

4 a) 25 C. DE PESETA ultramarinblau,
4 b) 25 „ dunkelultramarinblau.

Bemerkung.

Die Marke trägt ausser dem Namenszug des Chefs der Intendantur auch noch denjenigen des General-Capitäns. Die Werte zu 50 C. d. p. und 1 peseta erhielten diesen zweiten Namenszug nicht.

III. Ausgabe:

von Januar 1875 bis Januar 1876.

Marken der III. Ausgabe von Cuba (vergl. Seite 42): Wappen Spaniens mit Aufdruck von zwei Namenszügen.

Farbiger Druck auf weissem Papier; gezähnt 14. (Taf. IV, 67.)

5. **25 CENT**ˢ **PESETA** ultramarinblau.

6. **5o CENT**ˢ **PESETA** dunkelgrün.

7. **UNA PESETA** braun.

C. Marken aus der Zeit der Regierung des Königs Alfonso XII.

IV. Ausgabe:

von Januar 1876 bis 1. Januar 1877.

arken der IV. Ausgabe von Cuba (vergl. Seite 44.): Kopf des Königs Alfonso XII. mit einem, zwei oder drei in schwarz aufgedruckten Namenszügen. Farbiger Druck auf weissem Papier; gezähnt 14.

A. Mit einem Namenszug (Taf. IV, 68):

8. 25 C^s PESETA blassviolett.

9. 1 PESETA grauschwarz.

B. Mit zwei Namenszügen (Taf. IV, 69):

10. 25 C^s PESETA blassviolett in drei Schattirungen.

    10 a) 25 C^s PESETA blassviolett,
    10 b) 25   „   grauviolett,
    10 c) 25   „   blasslila.

11. 50 C^s PESETA ultramarinblau.

6*

12. 1 **PESETA** mehr oder weniger intensiv schwarz.

    12 a) 1 PESETA schwarz,
    12 b) 1   „   grauschwarz.

C. Mit drei Namenszügen (Taf. IV, ·70):

13. 25 C⁵ **PESETA** blassviolett in drei Schattirungen.

    13 a) 25 C⁵ PESETA blassviolett.
    13 b) 25   „   graublau,
    13 c) 25   „   blasslila.

14. 1 **PESETA** grauschwarz.

Bemerkungen.

1. Die beiden ersten Aufdrucke wurden aus dem schon angeführten Grunde gemacht, um die Verwendung der in Cuba gekauften Marken in Portorico unmöglich zu machen. Der dritte (wagerechte) Aufdruck dagegen wurde veranlasst, um einem durch Rundschreiben der General-Postdirection vom 22. Juni mitgetheilten Diebstahl von 325,800 Marken à 25 C⁵ und 19,000 Marken à 1 Peseta zu begegnen. Da Marken zu 50 c. d. p. nicht gestohlen waren, so erhielt dieser Werth den dritten Aufdruck nicht.

2. Die Marken zu 25 und 50 c. d. p. soll es nach Moens auch mit vier Namenszügen (davon zwei horizontal) geben. Es sind dies natürlich durch Versehen entstandene Doppeldrucke.

V. Ausgabe:

vom 1. Januar 1877 bis 1. Januar 1878 bezw. wieder vom 1. Juli 1878
bis 1. Januar 1879.

Zeichnung der vorigen Ausgabe, nur oben die Inschrift Pᵀᵒ RICO 1877.

Farbiger Druck auf weissem Papier; gezähnt 14. (Taf. IV, 71.

15. 5 C⁵ **PESETA** gelbrötlichbraun.

16. 10 C⁵ **PESETA** karminrosa.

17. 15 C⁵ PESETA dunkelgrün.

18. 25 C⁵ PESETA ultramarinblau in drei Abstufungen.

    18 a) 25 C⁵ PESETA ultramarinblau,
    18 b) 25   „   hellultramarinblau,
    18 c) 25   „   dunkelultramarinblau.

19. 5o C⁵ PESETA gelbbraun in zwei Abstufungen.

    19 a) 50 C⁵ PESETA gelbbraun,
    19 b) 50   „   hellgelbbraun.

—

Bemerkungen.

1. Mit dem Jahre 1877 beginnt die Ausgabe besonderer Marken für Portorico.

2. Die Restbestände der Marken zu 5, 10 und 15 C. d. p. wurden im darauffolgenden Jahre Mangels dieser Werte aufgebraucht. Sie circulirten im Jahre 1878 vom 1. Juli ab bis zum Schlusse des Jahres.

3. Der Philatelist (No. 1, 1885) teilt die Existenz von postalisch entwerteten Fehldrucken der 5 und 10 Cs-Marken mit, erstere lackfarben, letztere rotbraun (Dr. Vedel-Copenhagen). Von der Marke zu 5 C⁵ giebt es ausserdem einen Fehldruck in karmin.

4. Sämtliche Werte kommen auch ungezähnt vor; von der Marke zu 10 C⁵ wurden Stücke bekannt, welche nur eine wagerechte Zähnung besitzen.

5. Marken zu 25 C. d. p. mit einem in Tinte aufgeschriebenen oder auch aufgedruckten R sind nicht postalisch gebraucht, sondern haben fiskalischen Zwecken gedient. Im Jahre 1877 wurde nämlich in Portorico die Quittungssteuer eingeführt und Mangels einer besonderen Marke diejenigen der Post dazu verwendet; sie erhielten als Zeichen ihrer Verwendung ein aufgeschriebenes oder aufgedrucktes R (Recibos). Später tritt an Stelle dieses R ein kreisrunder Entwertungsstempel, der oben Recibos, unten Puerto-Rico, in der Mitte das Datum trägt.

VI. Ausgabe:

vom 1. Januar 1878 bis 1. Januar 1879 und nach kurzer Unterbrechung
bis 1. Januar 1880.

Zeichnung der vorigen Ausgabe, nur Veränderung der
Jahreszahl.

Farbiger Druck auf weissem Papier; gezähnt 14.

20. 5 C^s PESETA olivenbraun.

21. 10 C^s PESETA dunkelbraun.

22. 25 C^s PESETA grün in zwei Abstufungen.

    22 a) 50 C^s PESETA grün,
    22 b) 50   „   dunkelgrün.

23. 50 C^s PESETA blau in zwei Schattirungen.

    23 a) 50 C^s PESETA ultramarinblau.
    23 b) 50   „   hellblau.

24. 1 PESETA gelbbraun in drei Schattirungen.

    24 a) 1 PESETA dunkelgelbbraun,
    24 b) 1   „   gelbbraun,
    24 c) 1   „   olivenbraun,

Bemerkungen.

1. Nach kurzem Umlauf (bis 1. Juli) dieser Ausgabe waren die Werte zu 5,
10 und 25 C. d. p. aufgebraucht und die Regierung verfügte deshalb die Verwendung der entsprechenden Werte, sowie der Marke zu 15 C. d. p. des vorhergehenden Jahres. Gegen Ende des Jahres trafen von Madrid neue Marken
dieser Werte ein, gelangten jedoch im Jahre 1878 nicht mehr zur Verwendung
(vergl. Bemerkung 1 zur folgenden Ausgabe).

2. Die Marken zu 5, 10 und 50 C. d p., sowie diejenige zu 1 PESETA kommen
auch ungezähnt vor.

VII. Ausgabe:

vom 1. Januar 1879 bis 1. August 1879 bezw. bis zum 1. Januar 1880.

Zeichnung der vorigen Ausgabe, nur Veränderung der Jahreszahl.

Farbiger Druck auf weissem Papier; ungezähnt 14, (Taf. IV, 71.)

25. 5 C^s PESETA rotviolett in zwei Schattirungen auf verschiedenem Papier.

    25 a) 5 C^s PESETA rotviolett auf weissem Papier,
    25 b) 5   „   braunrot auf gelblichem Papier.

26. 10 C^s PESETA braun.

27. 15 C^s PESETA grünlichschwarz.

28. 25 C^s PESETA blau in zwei Schattirungen.

    28 a) 25 C^s PESETA blau,
    28 b) 25   „   ultramarinblau.

29. 50 C^s PESETA dunkelgrün.

30. 1 PESETA lilagrau.

Bemerkungen.

1. Die Marken zu 5 und 10 C. d. p. waren nach kurzer Zeit aufgebraucht, es wurden daher von August an die bis dahin nicht gebrauchten entsprechenden Werte des vorhergehenden Jahres in Verkehr gebracht.

2. Von der Marke zu 5 C. d. p. giebt es einen fehlerhaften Druck mit P<u>TO</u> RICC.

VIII. Ausgabe:

vom 1. Januar bezw. 1. Juli 1880 bis 1. Januar 1881.

Zeichnung der VIII. Ausgabe von Cuba (vergl. Seite 48): Kopf des Königs Alfonso XII. nach rechts in ovalem Rahmen, oben: PUERTO-RICO 1880.

Farbiger Druck auf weissem Papier; gezähnt 14. (Taf. IV, 72.)

1. Januar 1880.

31. 5 CENT. PESETA blassgrün.

32. 10 C. DE PESETA rosa in zwei Abstufungen.
32 a) 10 C. DE PESETA karminrosa,
32 b) 10 „ blassrosa.

33. 15 CENT. PESETA gelbbraun.

34. 25 CENT. PESETA blassultramarinblau.

35. 40 CENT. PESETA grau.

36. 50 C. DE PESETA gelbbraun.

37. UNA PESETA olivenbraun.

1. Juli 1880.

38. ¼ C. DE PESETA dunkelgrün.

39. ½ C. DE PESETA karmin.

40. 1 CENT. PESETA rotviolett.

41. 2 CENT. PESETA graulila.

42. 3 CENT. PESETA blassgelb.

43. 4 CENT. PESETA schwarz.

Bomerkungen.

1. Bezüglich Typen gilt auch für Portorico das bei Cuba in Bemerkung 1 zur VIII. Ausgabe Gesagte. Die obige Ausgabe gehört der Type I an.

2. Die Werte von ¹/₄ bis 4 Cent. de Peseta dienten zur Frankirung von Drucksachen. Die Bezeichnung „Impresos" wurde wohl nur wegen Raummangels weggelassen.

3. Von Essais giebt es die Marken No. 31 bis 37 in abweichenden Farben auf weissem Karton und zwar:
5 CENT. Peseta blau, 10 C. de Peseta grün, 15 Cent. Peseta braun, 25 Cent. Peseta karmin, (hell und dunkel), 40 Cent. Peseta violett (hell und dunkel), 50 C. de Peseta blau, UNA Peseta violett.

IX. Ausgabe:
vom 1. Januar 1881 bis 1. Januar 1882.

Zeichnung der vorigen Ausgabe, nur Veränderung der Jahreszahl und Wertangabe.

Farbiger Druck auf weissem Papier: gezähnt 14.

44. ¹/₂ MILᴬ DE PESO karmin in zwei Abstufungen.
44 a) ¹/₂ MILᴬ DE PESO karmin,
44 b) ¹/₂   „   karmiurosa.

45. 1 MILᴬ DE PESO lila.

46. 2 MILˢ DE PESO blassrosa.

47. 4 MILˢ DE PESO gelbgrün.

48. 6 MILˢ DE PESO blasslila.

49. 8 MILˢ DE PESO blau in zwei Schattirungen.
49 a) 8 MILˢ DE PESO hellultramarinblau,
49 b) 8   „   stahlblau.

50. UN C. DE PESO graugrün.

51. 2 C. DE PESO karmin in zwei Abstufungen.
51 a) 2-C. DE PESO karmin,
51 b) 2-C.   „   karminrosa.

52. 3 C. DE PESO braun.

53. 5 C. DE PESO blassblau.

54. **8 C. DE PESO braun auf verschiedenem Papier.**

54 a) 8 C. DE PESO braun auf weissem Papier,
54 b) 8   „   braun auf chamois Papier.

55. **10 C. DE PESO lilagrau.**

56. **20 C. DE PESO olivenbraun.**

Bemerkungen.

1. Die Werte von 1 Mil^A bis 8 Mil^S dieser, wie der nächsten Ausgaben, dienten zur Frankirung von Drucksachen.

2. Von sämtlichen Werten giebt es Essais in abweichender Farbe auf weissem Karton und zwar:
$^1/_2$ Mil^A de Peso karmin, 1 Mil^A de Peso blau, 2 Mil^S de Peso violett und blassviolett, 4 Mil^S de Peso grün, 6 Mil^S de Peso blau, 8 Mil^S de Peso violett, UN C. de Peso blau, 2 C. de Peso karmin, 3 C. de Peso violett und blassviolett, 5 C. de Peso grün, 8 C. de Peso karmin, 10 C. de Peso violett und blassviolett, 20 C. de Peso grün, ausserdem ein Doppeldruck von 6 Mil^S de Peso in braun auf weissem Papier.

X. Ausgabe:

vom 1. Januar 1882 bis 1. Januar 1884.

Zeichnung der vorigen Ausgabe, nur Wegfall der Jahreszahl.
Farbiger Druck auf weissem Papier; gezähnt 14. (Taf. IV, 73.)

A. In Type I:

57. **$^1/_2$ MIL^A DE PESO rosa in zwei Abstufungen.**

57 a) $^1/_2$ MIL^A DE PESO karmin,
57 b) $^1/_2$ „   rosa.

58. **1 MIL^A DE PESO karmin.**

59. **2 MIL^S DE PESO violett in zwei Schattirungen.**

59 a) MIL^S DE PESO hellviolett,
59 b)   „   blauviolett.

60. 4 MIL⁵ DE PESO lila in zwei Schattirungen.
   60 a) MIL⁵ DE PESO rotlila,
   60 b)   „   lilabraun.

61. 6 MIL⁵ DE PESO gelbbraun.

62. 8 MIL⁵ DE PESO hellgrün.

63. UN C. DE PESO graugrün.

64. 2 C. DE PESO karmin.

65. 3 C. DE PESO gelb in zwei Schattirungen.
   65 a) 3 C. DE PESO orangegelb,
   65 b) 3   „   blassgelb.

66. 5 C. DE PESO blassultramarinblau.

67. 8 C. DE PESO braun in zwei Abstufungen.
   67 a) 8 C. DE PESO braun,
   67 b) 8   „   dunkelbraun.

68. 10 C. DE PESO blaugrün.

69. 20 C. DE PESO graulila.

70. 40 C. DE PESO blau in zwei Abstufungen.
   70 a) 40 C. DE PESO blau,
   70 b) 40   „   dunkelblau.

71. 80 C. DE PESO olivenbraun.

B. Ende des Jahres 1883. In Type II (vergl. Cuba: VIII. Ausg., Bemerk. 1 und X. Ausgabe C.).

72. 5 C. DE PESO blassultramarinblau.

— —

Bemerkungen.

1. Mit dem Jahre 1882 wurden für Portorico keine Telegraphenmarken mehr angefertigt und die Marken zu 40 und 80 c. de peso auch für Telegraphenzwecke verwandt.

2. Die Ausgabe der 5 c. de peso-Marke in Type II. wird häufig in das nächste Jahr verlegt; da jede amtliche Angabe hierüber fehlt und die Ausgabe der II. Type bei allen übrigen Kolonien zwischen 1. Oktober 1883 und 1. Januar 1884 erfolgte, so erscheint dieses Ausgabe-Datum wohl auch bei Portorico am richtigsten.

3. Von der Marke zu 8 c. de peso existirt ein Fehldruck in gelb, entstanden dadurch, dass ein Cliché dieser Marke aus Versehen in die Platte der 3 c. de peso-Marke eingeschoben wurde.

4. Von der Marke zu 40 c. de peso erschienen im Frühjahr 1883 Fälschungen, welche zur Folge hatten, dass dieser Wort zeitweise von der Postverwaltung nicht mehr ausgegeben wurde. Die Fälschung ist eine derartig ungeschickte, dass eine Beschreibung nicht nötig erscheint.

5. Von sämtlichen Werten existiren Essais in blauer Farbe auf weissem Kartonpapier.

XI. Ausgabe:

vom 1. Januar 1884 bis 1. Januar 1890.

Zeichnung der vorigen Ausgabe, nur Aenderung der Farbe.
Farbiger Druck auf weissem Papier; gezähnt 14.

A. in Type I.

73. ½ MIL^A DE PESO karmin.

74. 1 MIL^A DE PESO blassrosa.

75. UN C. DE PESO blassgraugrün.

76. 3 C. DE PESO braun.

B. 1886. In Type II. (vergl. Cuba: VIII. Ausg. Bemerk. 1 und XI. Ausgabe C.)

77. 5 C. DE PESO blassultramarinblau.

Bemerkungen.

1. Die Marke zu UN C. DE PESO unterscheidet sich in der Farbe wesentlich von der gleichwertigen Marke der X. Ausgabe. Sie ist auf keinen Fall als eine blosse Farbenschattirung der letztgenannten anzusehen, da diese vom Jahre 1884 an nicht mehr zur Verwendung kommt, auch in Cuba zu der nämlichen Zeit der gleiche Farbenwechsel eintritt.

2. Von Marke No. 77 giebt es Essais in dunkelbrauner, roter und grüner Farbe auf weissem Kartonpapier.

D. Marken aus der Zeit der Regentschaft der Königin Maria Cristina bezw. der Regierung des Königs Alfonso XIII.

~~~

XII. Ausgabe:

vom 1. Januar 1890 bis 31. Dezember 1891.

Zeichnung der XIII. Ausgabe Cuba's (vergl. Seite 57): Kopf des Königs Alfonso XIII. nach rechts in ovalem Rahmen pp.; oben auf rechteckigem Schild: PUERTO-RICO.

Farbiger Druck auf weissem Papier; gezähnt 14. (Taf. IV, 74.)

78. ½ MIL.ᴬ DE PESO schwarz.

79. 1 MIL.ᴬ DE PESO blaugrün.

80. 2 MILˢ DE PESO rosa in zwei Abstufungen.

    80 a) 2 MILˢ DE PESO rosa,
    80 b) 2   „   blassrosa.

81. 4 MILˢ DE PESO graugrün.

82. 6 MILˢ DE PESO braun.

83. **8 MIL⁹ DE PESO** olivenbraun.

84. **UN C. DE PESO** gelbbraun in zwei Schattirungen.

    84 a) UN C. DE PESO gelbbraun,
    84 b) UN   „   hellgelbbraun.

85. **2 C. DE PESO** dunkelviolett.

86. **3 C. DE PESO** dunkelblau.

87. **5 C. DE PESO** violettbraun in zwei Abstufungen.

    87 a) 5 C. DE PESO violettbraun,
    87 b) 5   „   blassviolettbraun.

88. **8 C. DE PESO** hellultramarinblau.

89. **10 C. DE PESO** rosa.

90. **20 C. DE PESO** zinnoberrot (lachsfarben).

91. **40 C. DE PESO** rotgelb.

92. **80 C. DE PESO** gelbgrün.

XIII. Ausgabe:

von (?) 1891 bis 1. Januar 1892.

Nämliche Zeichnung, nur Farbenänderung.
Farbiger Druck auf weissem Papier: gezähnt 14.

93. **UN C. DE PESO** blaugrün.

94. **5 C. DE PESO** gelbgrün.

XIV. Ausgabe:

vom 1. Januar 1892 bis 31. Dezember 1893.

Nämliche Zeichnung, nur Farbenänderung.

Farbiger Druck auf weissem Papier: gezähnt 14.

95. ½ MIL⸱ DE PESO graugrün.

96. 1 MIL⸱ DE PESO violett.

97. 2 MIL⸱ DE PESO lilabraun.

98. 4 MIL⸱ DE PESO ultramarinblau.

99. 6 MIL⸱ DE PESO rosa.

100. 8 MIL⸱ DE PESO blassgelbgrün.

101. 1 C. DE PESO gelbbraun.

102. 2 C. DE PESO weinrot.

103. 3 C. DE PESO ziegelrot.

104. 5 C. DE PESO blaugrün.

105. 8 C. DE PESO braun.

106. 10 C. DE PESO karminrosa.

107. 20 C. DE PESO lila.

108. 40 C. DE PESO dunkelblau.

109. 80 C. DE PESO rotgelb.

Juli 1893:

110. 5 C. DE PESO braun.

Bemerkung.

Ein Rundschreiben des Ministeriums der Kolonien vom 13. Dezember 1891 giebt als Gründe der Farbenänderung an: Aehnlichkeit der Farben verschiedener Werte und Nichtübereinstimmung der Farben mit den Vereinbarungen des Weltpostvereins.

XV. Ausgabe:

für den 19. November 1893.

Für den Verkehr im Innern: Marke zur vierhundertjährigen Gedenkfeier der Entdeckung Portorico's: Im Hintergrund Portorico, rechts das Schiff des Colon, links ein Landungsboot  gefüllt mit Spaniern und Indiern; um das Ganze ein Rahmen mit Inschriften und zwar oben: PUERTO - RICO, links: 19 NOVIEMBRE, rechts: 1493–1893, unten Wertangabe: 3 CENTAVOS DE PESO. Grösse 37 : 26 mm.

Farbiger Druck auf weissem Papier: gezähnt 12.

111. 3 CENTAVOS DE PESO dunkelgrün.

Bemerkungen.

1. Die Entdeckung Portoricos geschah auf der zweiten Reise des Columbus, die Landung der Spanier am 19. November 1493 an dem Punkte. wo heute Mayaguez liegt. Die Jubiläums-Marke durfte daher nur von der Post-Anstalt dieser Stadt und nur am 19. November verausgabt werden. Die Marke wurde in Portorico selbst von Privaten angefertigt, ist daher von primitiver Ausführung. Nach Verfügung der Central-Verwaltung von Portorico vom 6. November 1893 sollte die Anfertigung unter Beisein eines Delegirten der General-Intendantur geschehen, die Platten nach Abzug der für nötig erachteten Zahl Marken (20,000) zerstört, die am 19. November nicht verkauften Exemplare aber verbrannt werden. Die Verwendung der Jubiläums-Marke an Stelle der officiellen Marken war in das Belieben des Publikums gestellt. Im Widerspruch hiermit steht die Mitteilung eines Sammlers aus Mayaguez, veröffentlicht in der „Union filatélica", wonach die erste Auflage von einer englischen Firma völlig aufgekauft, und von der Generalverwaltung infolge dessen die Anfertigung einer zweiten, mit der ersten genau übereinstimmenden Auflage befohlen worden wäre. Die Verwendung der Marke wäre ausserdem bis zum 31. Dezember gestattet worden. — Näheres ist bis jetzt hierüber nicht bekannt geworden, für die Wahrheit der letzterwähnten Mitteilung scheint jedoch das rasche Fallen des Preises zu sprechen.

2. Von der Jubiläums-Marke giebt es Probe-Abzüge in 12 verschiedenen Farben; jede Farbe existirt in 20 Exemplaren, welche an einige höhere Beamte und bekannte Sammler Portoricos und Spaniens verteilt wurden. Ausserdem existiren aber noch Essais der Marke, welche als Hauptunterschied die Inschriften in schwarz auf weissem Grund, anstatt weiss auf farbigem Grund zeigen.

XVI. Ausgabe:

vom 1. Januar 1894 an.

Nämliche Zeichnung, nur Farbenänderung.

Farbiger Druck auf weissem Papier; gezähnt 14.

112. UN C. DE PESO braun.

113. 2 C. DE PESO violett.

114. 3 C. DE PESO oliven.

115. 4 C. DE PESO violett.

116. 5 C. DE PESO braunrot.

117. 6 C. DE PESO braunrot.

118. 8 C. DE PESO dunkelviolett.

119. 10 C. DE PESO olivengrün.

120. 20 C. DE PESO lebhaft rosa.

121. 40 C. DE PESO braunrot (braun).

122. ½ MIL$^{\underline{A}}$ DE PESO hellbraun.

123. 1 MIL$^{\underline{A}}$ DE PESO blau.

124. 2 MIL^{S} DE PESO fleischfarben.

125. 4 MIL^{S} DE PESO gelbbraun.

Bemerkung.

Die Marken waren zum 1. Januar 1894 fertig gestellt und werden seit diesem Tage successive dem Verkehr übergeben. Bis jetzt (Mai 1894) sind noch nicht alle Werte erschienen, die Farben einzelner Werte werden noch verschieden angegeben.

II.

Postkarten.

*A. Postkarten aus der Zeit der Regierung des Königs Alfonso XII.

I. Ausgabe:

vom 1. Januar bis Ende Juni 1878.

Rechteck aus chamois Karton, Grösse 145 : 98 mm: Marke in Zeichnung der V. Ausgabe oben in der Mitte, links davon: TARJETA, rechts: POSTAL: vier Adresslinien, vor der ersten in Schreibschrift: $Sr.$ $D.$ ein bald mehr, bald weniger stark hervortretender Unterdruck zeigt in 2 cm hohen englischen Buchstaben: Tarjeta Postal, umgeben von Kreisen, Strichen und sonstigen Verzierungen: unten: NOTA: Lo que debe escribirse se hará en el reverso é irá firmado por el remitente. Marke, Vordruck und Umrandung in dunkelgrüner, Unterdruck in orangegelber Farbe. (Taf. III. 52.)

1. 25 C§ PESETA dunkelgrün auf chamois Karton.

––––

Bemerkung.

Die Karte wurde den Vereinbarungen des Weltpostvereins entsprechend zu Ende Juni ausser Verkehr gezogen und bis zum Jahre 1885 durch keine Neu-Ausgabe ersetzt.

––

* Anmerkung: Da die Postkarten Portorico's sich von denjenigen Cuba's nur durch die Inschriften auf oem Markenbilde unterscheiden, so wird von nun an stets auf die Abbildungen jener verwiesen.

II. Ausgabe:

vom 1. Januar 1885 bis Herbst 1887.

Karte für den Weltpostverkehr: Rechteck aus weissem Karton ohne Unterdruck, Grösse 132 : 95 mm; Marke der X. Ausgabe oben rechts; links davon in fünf Zeilen untereinander: ULTRAMAR — UNION POSTAL UNIVERSAL — UNION POSTALE UNIVERSELLE — ESPAÑA. — En este lado se escribe solamente la direccion; darunter drei Adresslinien, die erste mit *Of* beginnend.
Marke und Vordruck in dunkelbrauner Farbe.

2. 3 C. DE PESO dunkelbraun auf weissem Karton.

III. Ausgabe:

von Herbst 1887 bis Herbst 1890.

Karte in gleicher Ausführung wie No. 2, nur Aenderung der Farbe des Kartons.

3. 3 C. DE PESO dunkelbraun auf verschiedenem Karton.
   3 a) 3 C. DE PESO dunkelbraun auf chamois Karton,
   3 b) 3   „   dunkelbraun auf dickem, dunkelchamois Karton.

Bemerkungen.

1. Von Karte No. 3 giebt es Stücke mit links seitwärts verschobener Bemerkung: En este lado usw. (das n von direccion schneidet mit dem Punkte hinter ESPAÑA ab), auch finden sich häufig mangelhafte Drucke ohne Punkt hinter direccion oder mit unvollständig gedruckten Buchstaben im Vordruck.

2. Abzüge des Markenbildes allein existiren in blauer Farbe auf weissem Kartonpapier.

B. Postkarten aus der Zeit der Regentschaft der Königin Maria Cristina bezw. der Regierung des Königs Alfonso XIII.

~~~~~~~

IV. Ausgabe:
von Herbst 1890 bis Herbst 1892.

Karte für den Weltpostverkehr: In gleicher Ausführung wie No. 2, nur Marke der XII. Ausgabe.

4. 3 C. DE PESO grün auf chamois Karton.

V. Ausgabe:
von Herbst 1892 bis Herbst 1893.

Karte für den Weltpostverkehr: In gleicher Ausführung wie No. 2 bezw. 4, nur Farbenänderung.

5. 3 C. DE PESO dunkelblau auf chamois Karton.

Doppelkarte in gleicher Ausführung mit den gewöhnlichen Zusätzen im Vordruck.

6. 3+3 C. DE PESO dunkelblau auf chamois Karton.

VI. Ausgabe:

von Herbst 1892 an.

Rechteck aus chamois Karton, Grösse 145 : 98; Marke der
XII. Ausgabe oben in der Mitte; links davon: TARJETA, rechts:
POSTAL: darunter vier Adresslinien, die erste mit *A* beginnend;
unten links: En este lado debe escribirse solamente la dirección.
Marke und Vordruck in dunkelblauer Farbe. (Taf. III, 57.)

7. 3 C. DE PESO dunkelblau auf chamois Karton.

II. Philippinen.

.

Einleitung.

Geographisches. Die Philippinen, nach König Philipp II. Islas Filipinas genannt, zwischen dem 5 und 20° nördlicher Breite und dem 117 und 126° östlicher Länge gelegen, bestehen aus etwa 1400 grösseren und kleineren Inseln, von denen aber nur ca. 400 bewohnt sind. Sie haben zusammen einen Flächeninhalt von 293,726 qkm. mit 6—7 Millionen Einwohner. Die Hauptinsel ist Luzon mit der Hauptstadt Manila.

An der Spitze der Verwaltung steht der auf sechs Jahre ernannte und mit absoluter Gewalt ausgestattete General-Capitän, dem auch die Marianen und Carolinen unterstellt sind. Die administrative Einteilung unterscheidet 52 Provinzen, von denen 29 auf Luzon entfallen.

Die **Geschichte** der Philippinen ist, soweit sie für unsere Zwecke in Frage kommt, die spanische.

Die **Verkehrsverhältnisse** waren bis in die neueste Zeit äusserst vernachlässigt, wohl deshalb, weil auf dem Archipel nur ca. 10,000 Spanier leben, für die Eingeborenen aber Strassen zu bauen, man nicht für nötig erachtete. An Eisenbahnen giebt es nur die 192 km lange Linie von Manila nach Dagupan; die Telegraphen-linien haben eine Gesamtlänge von ca. 1200 km mit 40 Stationen.

Die Post war bis vor kurzer Zeit derart organisirt, dass alle Postsendungen von der Hauptpost in Manila an die Chefs der Provinzial-Verwaltungen abgeliefert wurden, welche für die Weiterbeförderung Sorge zu tragen hatten und welche für ihre Arbeit mit 10°/₀ der verkauften Freimarken entschädigt wurden; jetzt ist das spanische System — siehe Cuba — auch hier eingeführt. Die General-Direction hat ihren Sitz in Manila. Administraciones I. Klasse bestehen in Albay, Camarines-Sur, Ildilo, Pangatinam, Pampa, Cebu und Zamboanga; II. Klasse bestehen 7. III. Klasse 15 und IV. Klasse 24, im Ganzen 53 Postanstalten, denen wiederum eine gewisse Zahl von Carterías und Estafetas unterstellt sind.

Der Transport der Postsendungen nach dem Innern vollzieht sich per Wagen oder Pferd, an der Küste durch kleine schnellfahrende Boote. Die Verbindung mit Europa geschieht durch spanische, englische oder französische Dampfer über Brindisi, zweimal monatlich. Fahrzeit von Luzon bis Cadiz etwa 48 Tage.

Geldwährung. Ueber die Geldwährung der Philippinen zu den verschiedenen Zeiten sich ein richtiges Bild zu machen, ist ungemein schwer, da die Angaben in den verschiedenen einschlägigen Werken sich sehr widersprechen. Wir finden auf den Postwertzeichen:

bis 1864:

1 Peso duro oder Peso fuerte = 8 Reales de plata fuerte = 4 Mk.
1 Real de plata f. = 2¹/₂ span. Reales de vellon = 0,50 Mk.
1 Real de pl. f. = 20 cuartos.

von 1864 bis 1871:

1 Peso fuerte = 100 Céntimos de peso f. = 1000 milésimas.

von 1871 bis 1872:

1 Peso fuerte = 2 Escudos à 2 Mk.
1 Escudo = 100 Céntimos de E$\underline{o}$ = 1000 Mil$\underline{s}$ de E$\underline{o}$.

von 1872 bis 1876.

1 Peso = 5 Pesetas.
1 Peseta = 100 Céntimos de peseta = 0,80 Mk.

von 1876 an:

1 Peso = 100 Céntimos de peso = 1000 milésimas.

Auf den Aushilfs-Marken der Jahre 1881—89 finden wir merkwürdigerweise wiederum Reales und Cuartos, ein Beweis dafür, dass diese alten Münzen noch immer im praktischen Leben als Rechnungsmünze dienen.

I.

Briefmarken.

A. Marken aus der Zeit der Regierung der Königin Isabella II.

I. Ausgabe:

vom 1. Februar 1854 bis Juni 1855 bezw. 1856 und 1859.

Kopf der Königin Isabella mit Diadem nach rechts innerhalb eines ovalen Perlenrahmens; oben und unten je ein viereckiger Schild mit Inschrift; die Ecken zwischen Rahmen und Schild mit mehr oder weniger dicken wagerechten Linien ausgefüllt. Die Ausgabe besteht aus vier Werten in zwei Typen und je 40 verschiedenen Ausführungen der Zeichnung. In Kupfer gestochen und farbig gedruckt auf dickem, weissem und gelblichweissem Papier; ungezähnt.

1. Type: Inschrift oben: CORREOS 1854 Y 1855, unten: FRANCO und Wertangabe.

1. 5 C^s (cuartos) orange in drei Schattirungen auf weissem Papier. (Taf. V, 75.)

   1 a) 5 C^s orange,
   1 b) 5 C^s rotorange,
   1 c) 5 C^s blassorange.

2. 10 C^s rot in vier Schattirungen auf weissem und gelblichem Papier. (Taf. V, 76.)

   2 a) 10 C^s dunkelrot auf weissem Papier,
   2 b) 10 C^s dunkelrot auf gelblichem Papier,

2 c) 10 C⁹ karminrot auf weissem Papier,
2 d) 10 C⁹ blasskarmin auf weissem Papier,
2 e) 10 C⁹ schmutzigrot auf weissem Papier.

II. Type: Aehnliche Zeichnung, Inschriften umgekehrt, oben: FRANCO und Wertangabe; unten: CORREOS und Jahreszahlen; gelbliches Papier.

3. 1 R¹⸴ F$\underline{TE}$ (Real fuerte) blau und blauviolett in zahlreichen Schattirungen. (Taf. V, 77.)

3 a) 1 R¹⸴ F$\underline{TE}$ lebhaft blau,
3 b) 1 „ schieferblau,
3 c) 1 „ grünblau,
3 d) 1 „ schmutzigblau,
3 e) 1 „ preussischblau,
3 f) 1 „ blauviolett,
3 g) 1 „ grauviolett.

4. 2 R$\underline{s}$ F$\underline{TE}$ (Reales fuerte) grün in zahlreichen Schattirungen.

4 a) 2 R$\underline{s}$ F$\underline{TE}$ gelbgrün,
4 b) 2 „ dunkelgelbgrün,
4 c) 2 „ grün,
4 d) 2 „ lebhaft grün,
4 e) 2 „ oliven,
4 f) 2 „ bräunlich.

Bemerkungen.

1. Ueber eine Ausgabe Philippinen-Marken vom Jahre 1847 ist s. Zt. viel geschrieben und gestritten worden. Heute lohnt es nicht mehr, auf diesen Gegenstand näher einzugehen, da die Forschungen von Rondot, Moens, Mauriño, Argiles und Duro mit zweifelloser Sicherheit ergeben haben, dass allerdings im Jahre 1847 in Luzon die Absicht bestanden hat, die Frankirung der Briefe vermittelst Marken einzuführen und dass zu diesem Zwecke auch Marken-Entwürfe ausgeführt wurden, dass aber dieser Plan nicht die Billigung der spanischen Regierung und die Marken niemals Verwendung gefunden haben.

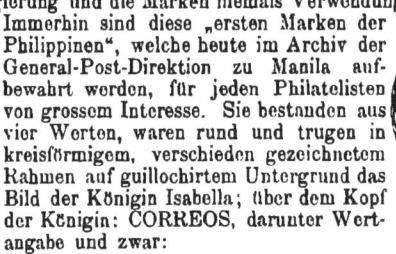

Immerhin sind diese „ersten Marken der Philippinen", welche heute im Archiv der General-Post-Direktion zu Manila aufbewahrt werden, für jeden Philatelisten von grossem Interesse. Sie bestanden aus vier Worten, waren rund und trugen in kreisförmigem, verschieden gezeichnetem Rahmen auf guillochirtem Untergrund das Bild der Königin Isabella; über dem Kopf der Königin: CORREOS, darunter Wertangabe und zwar:

MEDIO REAL grün,
DOS RES gelb,
CUATRO RES blau,
UN PESO rosa,
sämtlich auf weissem Papier.

2. Die erste amtliche Ausgabe von Postwertzeichen wurde durch Verfügung vom 7. Dezember 1853 angeordnet, nachdem durch Königlichen Erlass vom 12. Januar 1853 dem General-Capitän befohlen war, die nötigen Schritte für die Einführung des Frankirungszwanges im inneren Verkehr der Philippinen zu treffen und die erforderlichen Marken anfertigen zu lassen.

In den Ausführungsbestimmungen vom 7 Dezember 1853 wird angeordnet: Jeder Brief für den Verkehr im Innern des Archipels ist vermittelst Briefmarken zu frankiren; Briefe bis zu ¹/₂ onza Gewicht gelten als einfache, alle übrigen als doppelte; alle Briefe zahlen das gleiche Porto und zwar:

einfache Briefe . . . . 5 cuartos,
von ¹/₂ bis 1 onza oxcl. . . . . 10 cuartos,
von 1 bis 1¹/₂ onza . . . . 1 real,
usf. für jede ¹/₂ onza mehr . . . . 10 cuartos,
Eingeschriebene Briefe ausser diesem Porto noch . 2 reales.

Auch auf privatem Wege beförderte verschlossene Briefe waren diesen Portosätzon entsprechend zu frankiren, widrigenfalls sie als Kontrebande angesehen wurden. Die amtliche Korrespondenz der Behörden war frei; später, am 24. Februar 1858, wurden für diese die in Spanien gebrauchten Dienstmarken eingeführt.

Diese in Manila getroffenen Bestimmungen wurden am 18. Dezember 1854 von Madrid aus dahin ergänzt, dass das Porto für einfache Briefe von den Philippinen nach Spanien vom 1. Juni 1855 ab auf 1 Real, dasjenige der eingeschriebenen Briefe auf 2 Reales festgesetzt wurde. Am 22. Juni 1855 wurde der Frankirungszwang auch auf die Briefe nach Spanien ausgedehnt

3. Die Marken der I. Ausgabe wurden auf Veranlassung der Generaldirektion der indirekten Steuern in Manila angefertigt und charakterisiren sich als eine äusserst mangelhafte Nachahmung der spanischen Marken des Jahres 1853. Sie wurden in Kupfer gestochen und jede Platte enthielt 40 Marken (8 Reihen à 5), welche, da jede Marke einzeln gravirt wurde, ebensoviel Verschiedenheiten in Zeichnung des Kopfes der Königin, in den Buchstaben und im Beiwerke zeigen. Auf der Platte der 1 Real-Marke (1. der 6. Reihe) befindet sich eine Type mit CORROS anstatt CORREOS.

Das zur Verwendung gelangte Papier ist derart spröde und brüchig, dass heute schon die Mehrzahl der noch existirenden Stücke Verletzungen aufzuweisen haben. Nur durch eine äusserst sorgsame Behandlung wird es möglich sein, diese interessanten Marken der Nachwelt zu überliefern.

4. Von der 1. Ausgabe war die Marke zu 5 cuartos bis zum Juni 1855, die Marken zu 1 und 2 Reales bis zum Januar 1856 und diejenige zu 10 cuartos bis zum Jahre 1859 in Verkehr.

5. Die mangelhafte Ausführung in Stich und Druck, sowie die Verschiedenartigkeit in der Zeichnung erleichterten den Fälschern naturgemäss sehr das Geschäft. Schon im Jahre 1855 tauchte eine Fälschung der Marke zu 5 cuartos auf, welche, auf gelblichem Papier in dunkelgelber Farbe gedruckt, sich von den echten hauptsächlich durch bessere Ausführung des Kopfes der Königin und der Inschriften unterscheidet; auch besitzt sie nicht die weissen Stellen in dem oberen Teile des Kopfes und am Halse, welche die echten Marken zeigen, sondern die Schattenstriche sind bis an den Rand der das Profil andeutenden Linie durchgezogen.

Die in grosser Menge vorkommenden Fälschungen der übrigen Werte sind Erzeugnisse späterer Jahre.

6. In Bezug auf Abstempelungen gilt für die Philippinen das bei Cuba (I. Ausgabe, Bemerkung 7) Gesagte. Auch hier ist der älteste Datumstempel der im Jahre 1842 für die ganze Monarchie eingeführte. Er trägt oben den Namen Manila, unten die Bezeichnung: Islas Filipⁿˢ, zwischen beiden die No. 31

(Taf. V u. VII, 78). Die Stempelfarbe ist meist schwarz, seltener rot oder blau. Es scheint, als habe nur die Hauptstadt Manila dieses Stempelmodell besessen, wie ja auch die Zahl der Postbezirke, in welche Spanien eingeteilt war, mit Manila (31) endigte. Neben diesem Stempel findet man, jedoch sehr selten, ein zweites, etwas kleineres Modell, welches an Stelle von Islas Filip᷉ den Namen Luzon trägt, es ist wahrscheinlich der für die später in's Leben gerufenen Postanstalten eingeführte Stempel. — Mit dem Jahre 1856 scheinen beide Stempel durch einen dem spanischen Modell 1853 ähnlichen ersetzt worden zu sein (Taf. VII, 79); das Einführungsdatum desselben lässt sich bei der Seltenheit von Marken auf ganzem Brief nicht genau bestimmen. Das Gleiche gilt von dem spanischen Modell 1857. welches einige Jahre später auftaucht. — Was Entwertungsstempel anbelangt, so besass die Post von Manila den bekannten, auch auf den Antillen eingeführten Gitterstempel (Taf. VII, 80). Denselben erhielten später auch noch andere Postanstalten, welche ihn zum Teil, wie No. 81 auf Taf. VII beweist, noch bis in die jüngste Zeit gebrauchten. Ob der Punktstempel, Taf. V, 82 und 83, zu gleicher Zeit oder vor Einführung des Gitterstempels ausschliesslich gebraucht wurde, lässt sich nicht mit Bestimmtheit sagen, jedenfalls findet er sich in vereinzelten Fällen ebenfalls bis in die neueste Zeit vor.

II. Ausgabe:

von Juni 1855 bis Januar 1859.

Aehnlich der vorigen Ausgabe: Kopf der Königin mit Diadem nach rechts in einem kreisrunden Rahmen, mit glattem, farbigem Untergrund; Inschriften wie bei Type I der vorigen Ausgabe; Linien zwischen Rahmen und Schildern dünner.

Lithographirt und farbig gedruckt auf dünnem, weissem Papier; ungezähnt. (Taf. V, 83.)

5. 5 C᷉ rot in drei Schattirungen.
    5 a) 5 C᷉ zinnoberrot,
    5 b) 5 C᷉ ziegelrot,
    5 c) 5 C᷉ bräunlichrot.

Bemerkungen.

1. Die Marke wurde in Gruppen zu vier einzeln lithographirt, infolge dessen giebt es vier Abarten, die in Zeichnung, Grösse und Ausführung der In-

schriften mehr oder weniger von einander abweichen. Der Ursprung einer fünften Type, welche sich von den vier übrigen durch die Grösse ($18^1/_2$: 21 mm anstatt 19 und $19^1/_2$: 22 mm), durch die Ausführung des Perlenkreises, sowie durch etwas kleinere und magere Buchstaben der Inschriften unterscheidet, ist bis jetzt nicht aufgeklärt.

2. In Anbetracht des Umstandes, dass die Marke dieser Ausgabe drei und ein halbes Jahr in Verkehr gewesen, ist ihre heutige Seltenheit schwer begreiflich. Thatsächlich war ihre Verwendung jedoch nur gering, da sie nur im inneren Verkehr der Inseln gebraucht werden durfte, dieser aber bei der unbedeutenden Zahl des Schreibens kundiger Bewohner nur minimal gewesen sein konnte. Nach uns überkommenen Nachrichten gewöhnten sich überdies die Einwohner nur sehr langsam an die neue Frankirungsmethode und zogen noch Jahre lang die bisher übliche Beförderung „durch Gelegenheit" vor. Besonders aber hegten sie anfänglich — wahrscheinlich durch Thatsachen gerechtfertigt — ein schwer zu überwindendes Misstrauen gegen die Vorausbezahlung des Briefportos.

III. Ausgabe:

vom 1. Januar 1856 bis Ende 1864.

Marken der I. Ausgabe (A) von Cuba und Portorico (vergl. Seite 12): Kopf der Königin mit Lorbeerkranz nach rechts im Perlenkreise mit einfarbigem Untergrund; um den Kreis rechteckiger Rahmen, ausgefüllt an den beiden Seiten und in den Ecken mit Verzierungen, oben: CORREOS, unten Wertangabe. Farbiger Druck auf in Farbe und Stärke verschiedenem Papier mit Wasserzeichen (Schlingen); ungezähnt. (Taf. VII, 80.)

6. 1 R$\frac{1}{}$ PLATA F. grün auf bläulichem oder grünlichem Papier in zahlreichen Schattirungen.

6 a)	1 R$\frac{1}{}$	PLATA F.	flaschengrün,
6 b)	1	„	lebhaft dunkelgrün,
6 c)	1	„	helleres grün,
6 d)	1	„	gelblichgrün.

7. 2 R^s PLATA F. braun- und orangerot auf ebensolchem Papier in zahlreichen Schattirungen.

7 a)	2 R^s	PLATA F.	braunrot — lebhaft braunrot,
7 b)	2	„	dunkelkarmin,
7 c)	2	„	orangerot,
7 d)	2	„	blassorangerot,
7 e)	2	„	gelblichbraun,
7 f)	2	„	ziegelrot.

8*

Bemerkung.

Ueber die Verwendung dieser Marken auf den Philippinen schweigen die meisten philatelistischen Handbücher, gerade hierüber sind uns jedoch einige genügend aufklärende Verfügungen, einesteils des spanischen Ministeriums der Kolonien (del Ultramar), andererseits der Finanzbehörden in Manila überliefert. Nur die Unbekanntschaft mit diesen amtlichen Aktenstücken, sowie die Seltenheit dieser Marken auf ganzem Brief oder mit deutlichem Ortsstempel macht die geringe Beachtung begreiflich, welche diese Ausgabe bis jetzt gefunden.

Nach einem Königlichen Erlass vom 1. September 1854 sollten beide Marken auf den Philippinen vom 1. April 1855 an für die Postsendungen nach Spanien und dem Ausland zur Verwendung gelangen. Um die Bestände der vorhergehenden Ausgabe aufzubrauchen, wurde durch eine Verfügung vom 18. Dezember desselben Jahres dieser Zeitpunkt zuerst auf den 1. Juni 1855, dann auf den 1. Januar 1856 verschoben. Von diesem Tage an waren beide Marken bis gegen Ende des Jahres 1864 in Verwendung. Eine Unterbrechung erlitt ihre Verwendung im Jahre 1863 aus den in Bemerkung 1 zur VIII. Ausgabe angegebenen Gründen. Warum sie auch noch im Jahre 1864, also nach Einführung der IX. Ausgabe, weiterverwandt wurden, ist unerklärlich, da eine Verfügung der General-Postdirektion in Madrid vom 10. November 1864 wohl die ihr durch die Finanzbehörde von Manila angegebenen Gründe der Weiter-Verwendung billigt, dieselben aber nicht näher angiebt, der Bericht dieser letzteren Behörde uns aber nicht erhalten ist.

IV. Ausgabe:

Januar 1859 bis (?) 1861.

Kopf der Königin Isabella mit Lorbeerkranz nach rechts in einem Perlenkreise mit einfarbigem Untergrund; um den Kreis ein viereckiger Rahmen, rechts und links mit Verzierungen, oben: CORREOS . INTERIOR (beide Worte getrennt durch einen Punkt), unten: FRANCO und Wertangabe enthaltend.

Lithographirt und farbig gedruckt auf weissem oder gelblich-weissem, verschieden starkem Papier; ungezählt.

8. 5 C^8 rot in zahlreichen Abstufungen auf verschiedenem Papier. (Taf. V, 84.)

8 a) 5 C^8 dunkelrot auf dickem, weissem Papier,
8 b) 5 C^8 lebhaft rot auf dickem, weissem Papier,
8 c) 5 C^8 zinnoberrot auf dickem, weissem Papier,
8 d) 5 C^8 lebhaft zinnoberrot auf dickem, weissem Papier,
8 e) 5 C^8 blassorange auf dickem, weissem Papier,
8 f) 5 C^8 dunkelorange auf dickem, weissem Papier,

8 g) 5 Cs zinnoberrot auf dickem, rauhem Papier (vergé),
8 h) 5 Cs rotorange auf dickem, rauhem Papier (vergé),
8 i) 5 Cs zinnoberrot auf dickem, gelblichem Papier,
8 k) 5 Cs zinnoberrot auf dünnem, weissem Papier,
8 l) 5 Cs rotorange auf dünnem, weissem Papier (uni),
8 m) 5 Cs blassrotorange auf dünnem, weissem Papier (uni),
8 n) 5 Cs rot auf dünnem, gelblichem Papier,
8 o) 5 Cs zinnoberrot auf dünnem, gelblichem Papier.

9. **10 Cs rosa in drei Abstufungen auf verschiedenem Papier.** (Taf. V, 85.)

9 a) 10 Cs rosa auf dickem, weissem Papier,
9 b) 10 Cs blassrosa auf dickem, weissem Papier,
9 c) 10 Cs karminrosa auf dickem, weissem Papier,
9 d) 10 Cs rosa auf dünnem, weissem Papier,
9 e) 10 Cs rosa auf dickem, gelblichem Papier.

Bemerkung.

Die Bogen dieser Ausgabe setzen sich zusammen aus Gruppen von je vier Marken, welche einzeln lithographirt sind; es giebt demnach von jedem Wert vier Abarten (Taf. V, 84 und 85). Die Zahl der Gruppen auf den Bogen war in den verschiedenen Druckauflagen wechselnd, von der 5 cuartos-Marke sind wenigstens Bogen zu 56, 130 und 192 Marken bekannt, bei der Marke zu 10 Cs wird die Anordnung wohl ebenso gewesen sein. Jede Gruppe war durch eine Einfassunglinie von der nebenstehenden getrennt; nur bei den Bogen zu 130 Marken fehlt dieselbe. Man scheint niemals grössere Mengen auf einmal gedruckt zu haben, wie aus den zahlreichen Farben- und Papier-Unterschieden hervorgeht. Die verschiedene Dicke des Papiers hatte auch eine Verschiedenheit der Grösse der Marken zur Folge, dieselbe wechselt zwischen $18\frac{3}{4} : 22\frac{1}{4}$, $18\frac{1}{2} : 23\frac{1}{4}$ und $19 : 23\frac{1}{4}$ mm.

1	2
3	4

Obgleich die Abweichungen der vier Typen nur unbedeutend sind und sich aus Tafel V, 84 und 85, leicht erkennen lassen, sollen sie doch für Spezialsammler kurz angegeben werden, wobei vorausgeschickt werden muss, dass die Anordnung der Typen innerhalb der Gruppen in nebenstehender Weise getroffen war.

I. Type: Der Buchstabe C von CORREOS steht schräg, derart, dass sich der obere Teil etwas nach links neigt; die Zahl der Maschen des Netzwerkes in den unteren Ecken zwischen Perlenkreis und Rahmen ist auf der untersten Reihe auf beiden Seiten $5\frac{1}{2}$; die Büste der Königin ist unten in gerader, fast wagerecht laufender Linie abgeschnitten.

II. Type: Im unteren Teil des Rahmens befinden sich auf der rechten Seite drei volle blumenartige Verzierungen, während die drei übrigen Typen deren nur 2 bezw. $2\frac{1}{2}$ besitzen: auf der unteren Linie liegen links vier, rechts fünf Maschen; die Büste der Königin ist schräg und zugleich etwas ausgerundet abgeschnitten.

III. Type: Das C von CORREOS wie bei Type I; auf der untersten Reihe links 5, rechts $4\frac{1}{2}$ Maschen; die Büste ist unten schräg und leicht ausgerundet abgeschnitten.

IV. Type: Der Buchstabe N von INTERIOR steht auffallend nach rechts geneigt, unter ihm findet sich bei der Marke zu 5 Cs meist, bei derjenigen zu

10 Cs fast stets eine weisse Stelle in der Zeichnung; der Kopf der Königin erscheint etwas zierlicher, die obere Haarlinie mehr gerundet; auf der unteren Linie links 4¹/₂, rechts 5 Maschen; der Abschnitt der Büste wie bei Type III.

Die Typenverschiedenheiten beider Werte der Ausgabe sind völlig übereinstimmend.

V. Ausgabe:

von (?) 1861 bis August (?) 1862.

Aehnliche Zeichnung wie vorige Ausgabe, nur die Buchstaben der Inschriften grösser, die Perlen des Kreises kleiner, die Linien der Zeichnung des Kopfes schärfer hervortretend; Punkte an Stelle der bei der vorigen Ausgabe netzwerkartigen Füllung des Raumes zwischen Kreis und Rahmen.

Lithographirt und farbig gedruckt auf dünnem, weissem oder gelblichem Papier; ungezähnt. (Taf. V, 86.)

10. 5 C§ zinnoberrot in drei Abstufungen auf verschiedenem Papier.

10 a) 5 C§ zinnoberrot auf weissem Papier,
10 b) 5 C§ lebhaft zinnoberrot auf weissem Papier,
10 c) 5 C§ ziegelrot auf weissem Papier,
10 d) 5 C§ zinnoberrot auf gelblichem Papier.

Bemerkung.

Das Datum der Einziehung dieser Marke ist zweifelhaft, da die in den Händen des Publikums befindlichen Stücke wahrscheinlich aufgebraucht werden durften. Während mir einerseits zwei Stücke mit deutlichem Stempel vom Januar 1863 vorlagen, spricht andererseits ein Königlicher Erlass vom 18. September 1863 an den General-Kapitän der Philippinen von einer Ausgabe, welche am 8. August 1862 angeordnet worden. Dem ganzen Zusammenhang des Schriftstückes nach kann damit nur die folgende Ausgabe gemeint sein.

VI. Ausgabe:

von August 1862 bis Januar 1863.

Aehnliche Zeichnung, wie bisher, nur Kopf der Königin und Buchstaben der Inschriften etwas kleiner; der Kreis berührt oben und unten nicht den Rahmen; die netzwerkartige Füllung zwischen Kreis und Rahmen ist weitmaschiger.

Lithographirt und farbig gedruckt auf dickem, weissem Papier; ungezähnt. (Taf. V, 87.)

11. 5 C⁵ rot in vier Abstufungen.

    11 a) 5 C⁵ rot,
    11 b) 5 C⁵ lebhaft rot,
    11 c) 5 C⁵ blassrot,
    11 d) 5 C⁵ dunkelrot.

Bemerkungen.

1. Die Richtigkeit der oben angegebenen Gebrauchsdaten ist nicht unbestreitbar.

2. Von Marke No 13 giebt es Abarten mit zwei Punkten hinter CORREOS, einem Punkt nach FRANCO und zwei Punkten hinter C⁵:, Unterschiede, welche wohl durch den vielfach mangelhaften Druck hervorgerufen wurden.

VII. Ausgabe:

von Januar bis Dezember 1863.

Aehnliche Zeichnung, nur bessere Ausführung: zwischen CORREOS und INTERIOR zwei Punkte (:); die netzwerkartige Füllung des Raumes zwischen Kreis und Rahmen wieder enger. Die Ausgabe erschien in zwei Typen, welche jedoch nur geringe Unterschiede aufweisen.

Lithographirt und farbig gedruckt auf dickem, weissem oder gelblichem Papier; ungezähnt.

I. Type: Nach INTERIOR kein Punkt, die Buchstaben der Inschriften kleiner, der viereckige Rahmen oben und unten schmaler.

12. 5 C^s zinnoberrot in drei Abstufungen. (Taf. V, 88.)

    12 a) 5 C^s zinnoberrot,
    12 b) 5 C^s lebhaft zinnoberrot,
    12 c) 5 C^s ziegelrot.

13. 10 C^s rosa in zwei Abstufungen auf verschiedenem Papier. (Taf. V, 89.)

    13 a) 10 C^s rosa auf weissem Papier,
    13 b) 10 C^s karminrosa auf weissem Papier,
    13 c) 10 C^s karminrosa auf gelblichem Papier.

II. Type: Nach INTERIOR ein Punkt, die Buchstaben der Inschriften etwas grösser, der viereckige Rahmen oben und unten breiter.

14. 1 R^b violett. (Taf. V, 90.)

15. 2 R^s blau. (Taf. V, 91.)

Bemerkungen.

1. Zur Herstellung der Marken zu 10 C^s wurde die Platte der 5 C^s benutzt, indem man die Ziffer 5 entferute und durch 10 ersetzte. Während alle 5 C^s-Marken völlig gleich sind, giebt es auf dem Bogen der 10 C^s-Marken ebenso viel Verschiedenheiten als Marken, indem die Ziffer 10 in Form und Grösse fast bei jeder Marke verschieden ist. Vielfach lassen sich noch zwischen der 1 und der 0 die Reste der 5 erkennen. In gleicher Weise wurde zur Herstellung der 1 R^b-Marke diejenige zu 2 R^s verwandt, indem die Ziffer 2 und das S von R^s durch 1 und R^b ersetzt wurden.

2. Da die Marken zu 1 und 2 R^s sehr selten postalisch entwertet gesehen wurden und alle im Jahre 1863 von den Philippinen kommenden Briefe entweder die Real-Marken der III. oder der VIII. Ausgabe trugen (vergl. Bemerkung 1 zur VIII. Ausgabe), so hielt man lange die Inschrift: INTERIOR für einen Fehler und glaubte die Marken wegen dieses Fehlers alsbald ausser Verkehr gesetzt. Dies war jedoch nicht der Fall, beide Marken waren vielmehr, wie die Inschrift besagt, nur für den inneren Verkehr bestimmt und ihre Seltenheit in gebrauchtem Zustand erklärt sich sehr einfach dadurch, dass Briefe über 1 onza Gewicht (vergl. Tarif: Bemerk. 2 zur I. Ausgabe) nur ausnahmsweise zur Versendung gelangten.

VIII. Ausgabe:

Aushilfs-Marken. Aehnliche Zeichnung wie vorige Ausgabe, nur zum Teil wieder schlechtere Ausführung; Inschrift: CORREOS anstatt: CORREOS INTERIOR. Lithographirt und farbig gedruckt auf weissem und gelblichweissem Papier; ungezähnt.

I. **Frühjahr 1863.** Mittelstück der vorigen Ausgabe, Ausführung teilweise mangelhaft, Inschriften vielfach undeutlich und verschwommen, Punkte vor und hinter CORREOS, sowie hinter dem F der Wertangabe manchmal fehlend. (Taf. V, 92.)

16. 1 R! **PLATA F.** grün in zahlreichen Schattirungen auf weissem oder gelblichweissem Papier.

16 a)	1 R! PLATA F.	flaschengrün auf weissem Papier,
16 b)	1	„ russischgrün „
16 c)	1	„ dunkelblaugrün „
16 d)	1 -	„ dunkelgraugrün „
16 e)	1	„ blassgraugrün „
16 f)	1	„ graugrün auf gelblichem Papier.

II. **Sommer 1863.** Ausführung besser, Kopf der Königin unbedeutend verändert, Büste in einer Spitze endigend, der Perlenkreis aus weniger und dickeren Perlen bestehend, Inschriften grösser und deutlicher, Verzierungen innerhalb des Rahmens grösser. (Taf. V, 93.)

17. 1 R! **PLATA F.** grün in drei Schattirungen.

17 a)	1 R! PLATA F.	gelbgrün,
17 b)	1	„ grasgrün,
17 c)	1	„ graugrün.

Bemerkungen.

1. Ueber Charakter, Entstehungsweise, Typen und Gebrauchsdaten der im Jahre 1863 auf den Philippinen ausgegebenen 1 Rl.-Marken, sowie über ihr Verhältnis zu den gleichwertigen und gleichzeitig gebrauchten Marken der III. Ausgabe herrscht vielfach Unklarheit.

Durch Königlichen Erlass vom 1. September 1854 war bestimmt worden, dass in Zukunft nur noch die für den Verkehr im Inneren des Archipels bestimmten Werte zu 5 und 10 C? in Manila angefertigt, die für den Verkehr mit Spanien und dem Ausland zur Verwendung gelangenden Marken zu 1 Rl und 2 R? dagegen aus Madrid bezogen werden sollten. Gründe für diese

Anordnung waren nicht angegeben, sie bestanden aller Wahrscheinlichkeit nach darin, dass man sich schämte, die lächerlich primitiven Erzeugnisse der Philippinischen Technik dem Auslande vor Augen zu führen, der Bedarf an Marken für den inneren Verkehr aber damals sich schwer übersehen liess. Aus den in Bemerkung 1 zur III. Ausgabe angegebenen Ursachen verzögerte sich die Verwendung der in Madrid hergestellten Marken bis zum 1. Januar 1856, von diesem Tage an bis zum Januar 1864 aber waren dieselben die einzigen offiziell gültigen Markenwerte für den Verkehr mit dem Ausland.

Aus einem uns überlieferten Rundschreiben der G. P. D. zu Madrid vom 24. September 1863 geht nun hervor, dass die Finanzbehörde zu Manila infolge eingetreten n Mangels an Marken zu 1 R⅘ gezwungen gewesen war, 30,000 Marken dieses Wertes herstellen zu lassen und gebeten hatte, der Zirkulation derselben in Spanien kein Hindernis in den Weg zu legen, d. h. Briefe, welche mit derartigen Marken beklebt seien, nicht als unfrankirt anzusehen. Dies sind die Marken der VIII. Ausgabe.

Wir haben es daher mit „Aushilfsmarken" zu thun, welche nur so lange in Verwendung kamen und kommen durften, als der Mangel an Marken der III. Ausgabe andauerte, d. h. bis gegen Ende November. Leider giebt das erwähnte Rundschreiben weder das Ausgabedatum der in Manila angefertigten Marken an, noch enthält es eine Mitteilung darüber, ob mit der Zahl 30,000 beide oben aufgeführten Typen gemeint sind. Da uns sonst kein amtliches Aktenstück über diese Marken erhalten ist, so dürfte es unmöglich sein, das Ausgabedatum beider Typen mit Genauigkeit anzugeben.

Aus dem Charakter einer eiligst hergestellten Aushilfsmarke erklärt sich auch die in der Februar-Nummer 1894 des T. P. beschriebene Herstellung der Marke No. 16. Nach dieser Beschreibung besteht die Marke No. 16 aus 2 Teilen, dem Mittelstück (Kopf der Königin mit Perlenkreis) und dem Rahmen, welche in der Art der zweifarbig gedruckten Marken in einander eingeschoben sind. Das Mittelstück sei von den Marken der VII. Ausgabe entnommen, der Rahmen neu hinzugefügt worden; da das Mittelstück nicht immer genau in der Mitte stehe, sondern sich vielfach mehr einer oder der anderen Seite des Rahmens nähere, so gäbe es auf dem Bogen ebensoviele Typen, als Marken (nach Moens 50, nach anderen Angaben nur 24, d. h. 4 Reihen à 6); die Befestigungspunkte des Mittelstückes, welche ursprünglich weisse Stellen ergaben, seien durch die farbige Ziffer 1 verdeckt worden.

2. Von Marke No. 16 unterschied man bisher stets zwei Typen, von welchen sich die eine durch bessere Ausführung und deutlichere Inschriften auszeichnen, während die andere dünne und unvollständig zum Ausdruck gebrachte Inschriften, ausserdem aber einen Punkt hinter dem Wort CORREOS haben sollte.

Neuere Forschungen haben jedoch ergeben, dass von einer Typenverschiedenheit keine Rede sein kann, dass es vielmehr nur zwei in der Farbe allerdings sehr verschiedene Abzüge von einer und derselben Platte sind, von denen der letzte infolge starker Abnutzung der Platte und Anwendung zu flüssiger Druckfarbe eine Reihe von mangelhaften Drucken (fehlende Punkte vor und hinter CORREOS, sowie hinter dem F der Wertangabe, OORREOS anstatt CORREOS u. a.) aufweist. Damit ist auch die Seltenheit der Marke ohne Punkt hinter Correos erklärt. Die starke Abnutzung der Platte ist dann wahrscheinlich die Ursache der Herstellung der neuen Type No. 17 gewesen. —

3. Mit dieser Ausgabe endigen die in Manila angefertigten Marken. Ihre schlechte Ausführung in Zeichnung und Druck, der häufige Wechsel der Papiersorte, die zahlreichen Farbenschattirungen, ferner der Mangel an ausreichendem amtlichem Aktenmaterial, sowie schliesslich die Schwierigkeit, Stücke derselben auf ganzem Brief oder mit deutlichem Aufgabestempel zu erhalten, — Alles dies macht eine genaue Ordnung ungemein schwierig.

IX. Ausgabe:

von Januar 1864 bis Januar 1870.

Zeichnung der XII. Ausgabe Spaniens: Kopf der Königin mit Diadem nach links in ovalem, mit Ornamenten ausgefülltem Rahmen, welcher in den Ecken Kreise bildet; oben auf einem Bande: CORREOS, unten Wertangabe.

Farbiger Druck auf dickem, mehr oder weniger stark gefärbtem Papier: ungezähnt. (Taf. VI, 94.)

18. $3^1/_8$ CENT. P? F⁵ (Céntimos de peso fuerte) schwarz auf chamois Papier.

19. $6^2/_8$ CENT. P? F⁵ grün in zwei Abstufungen auf mattrosa gefärbtem Papier.

19 a) $6^2/_8$ CENT. P? F⁵ grün auf mattrosa Papier.
19 b) $6^2/_8$ „ dunkelgrün auf mattrosa Papier.

20. $12^4/_8$ CENT. P⁹ F⁵ blau in zwei Abstufungen auf fleischfarbenem Papier.

20 a) $12^4/_8$ CENT. P? F⁵ blau auf fleischfarbenem Papier,
20 b) $12^4/_8$ „ dunkelblau auf fleischfarbenem Papier.

21. 25 CENT. P? F⁵ rot in zwei Abstufungen auf mattrosa, manchmal fast weissem Papier.

21 a) 25 CENT. P? F⁵ rot auf mattrosa Papier,
21 b) 25 „ zinnoberrot auf mattrosa Papier.

Bemerkung.

Das Gesetz vom 19. Juli 1849 hatte für Spanien und seine Kolonien das metrische System für die Geldwährung angenommen und das Jahr 1862 als Einführungsjahr desselben bestimmt. Die Ausführung des Gesetzes verzögerte sich im Mutterlande bis zum Jahre 1866, auf den Philippinen bis zum Jahre 1864. Die vier Werte dieser Ausgabe entsprechen den bisherigen Marken zu 5 und 10 cuartos, 1 und 2 Reales.

B. Marken der Provisorischen Regierung.

X. Ausgabe:

von Dezember 1868 bis Januar 1870.

Die Marken der vorigen Ausgabe mit schwarzem Aufdruck von: Habilitado por la nacion.

22. 3¹/₈ CENT. Pᵘ Fᴱ (Céntimos de peso fuerte) schwarz auf chamois Papier.

23. 6²/₈ CENT. Pᵘ Fᴱ grün in zwei Abstufungen auf matt-rosa gefärbtem Papier.

    23 a) 6²/₈ CENT. Pᵘ Fᴱ grün auf mattrosa Papier,
    23 b) 6²/₈   „   dunkelgrün auf mattrosa Papier.

24. 12⁴/₈ CENT. Pᵘ Fᴱ blau in zwei Abstufungen auf fleischfarbenem Papier.

    24 a) 12⁴/₈ CENT. Pᵘ Fᴱ blau auf fleischfarbenem Papier,
    24 b) 12⁴/₈   „   dunkelblau auf fleischfarbenem Papier.

25. 25 CENT. Pᵘ Fᴱ rot in zwei Abstufungen auf matt-rosa, manchmal fast weissem Papier.

    25 a) 25 CENT. Pᵘ Fᴱ rot auf mattrosa Papier,
    25 b) 25   „   zinnoberrot auf mattrosa Papier.

Bemerkungen.

1. Am 21. Oktober 1868 waren an den Civilgouverneur der Philippinen 27 Stempel „HABILITADO POR LA NACION" abgesandt worden mit dem Befehl, die zirkulirenden Marken pp. damit zu überdrucken. Da die

Stempel erst Mitte Dezember in die Hände der betreffenden Behörden gelangten, so ist es klar, dass im Jahre 1868 nur wenige Marken überdruckt werden konnten. Die grosse Mehrzahl der in Sammlungen befindlichen Stücke ist daher ungebraucht und wohl erst nachträglich habilitirt. Die Stempel gehörten sämtlich dem Typus von Vizcaya an (vergl. Teil I, Seite 51). Ueber die Habilitirung anderer Werte vergl. XII. und XIV Ausgabe.

2. Wie bei allen mit der Hand ausgeführten Aufdrucken ist der Sitz derselben sehr unregelmässig, bald wagerecht, bald senkrecht, oft auch verkehrt. Von der Aufzählung dieser philatelistisch ganz gleichgültigen Abarten wird hier und später Abstand genommen.

XI Ausgabe:

von Anfang 1870 bis gegen Ende 1871.

Zeichnung der XX. Ausgabe Spaniens: Frauenkopf mit Mauerkrone, darüber ein Stern, in einem Oval mit glattem, farbigem Untergrund; über und unter dem Oval auf einem um dasselbe sich schlingenden Band: CORREOS bezw. Wertangabe; unter dem Halsabschnitt die Initialen E. J. (Eugenio Julia).

Farbiger Druck auf weissem Papier; gezähnt 14. (Taf. VI, 95.)

26. 5 C^S DE E^o (Céntimos de escudo) blau in zwei Abstufungen.
    26 a) 5 C^S DE E^o blau,
    26 b) 5   „   dunkelblau.

27. 10 C^S DE E^o grün in zwei Abstufungen.
    27 a) 10 C^S DE E^o grün,
    27 b) 10   „   dunkelgrün.

28. 20 C^S DE E^o gelblichbraun.

29. 40 C^S DE E^o karmin in zwei Schattirungen.
    29 a) 40 C^S DE E^o lebhaft karmin,
    29 b) 40   „   karminrosa.

Bemerkung.

Von sämtlichen Werten giebt es Essais in blauer Farbe auf weissem Kartonpapier. Auch giebt es in gleicher Zeichnung den Wert 12 C^S DE PT^A karminrot auf weissem Papier, gezähnt.

C. Marken aus der Zeit der Regierung des Königs Amadeo.

XII. Ausgabe:

von Ende 1871 bis Ende Oktober 1872.

Aushilfs-Marken.

I. Ende 1871. Ausgabe des Jahres 1863 (VIII) mit schwarzem Aufdruck von „HABILITADO POR LA NACION" im Typus von Vizcaya (vergl. I. Teil, Seite 51).

30. 1 R$\frac{1}{2}$ PLATA F. (No. 16) graugrün.

31. 1 R$\frac{1}{2}$ PLATA F. (No. 17) grün in zwei Schattirungen.
(Taf. V, 93.)

31 a) 1 R$\frac{1}{2}$ PLATA F. gelbgrün,
31 b) 1   „   grasgrün.

II. Anfang 1872. Ausgabe des Jahres 1863 (VII) mit dem nämlichen Aufdruck.

32. 5 C§ zinnoberrot.

33. 1 R^L violett.

34. 2 R§ blau.

III. Desgleichen 1872. Ausgabe vom 1. Januar 1856 (III) mit dem nämlichen Aufdruck.

35. 1 R⅟ PLATA F. grün.

36. 2 Rˢ PLATA F. rot.

Bemerkung.

Gegen Ende des Jahres 1871 waren die Marken der XI. Ausgabe aufgebraucht. Da ein Ersatz aus Spanien ausblieb, so war die General-Post-Direktion in Manila gezwungen, die Restbestände früherer Ausgaben wieder in Verkehr zu setzen.

XIII. Ausgabe:

von Oktober 1872 bis Ende 1873.

Kopf des Königs Amadeo zu ³/₄ nach rechts innerhalb eines viereckigen Rahmens, Untergrund mit wagerechten Linien ausgefüllt: im Rahmen auf vier, an den Ecken abgerundeten Schildern Inschriften und zwar oben: CORREOS, zu beiden Seiten Wertangabe, unten: FILIPINAS. Die Ausgabe besteht aus zwei Typen. Farbiger Druck auf weissem Papier; gezähnt 14. (Taf. VI, 96.)

I. Type: Buchstaben der Wertangabe in dünnen, einfachen Buchstaben.

37. 12 CENTS. DE PESETA rosa in zwei Schattirungen.
    37 a) 12 CENTS. DE PESETA rosa,
    37 b) 12   „   karmin.

38. 25 CENTS. DE PESETA lila in zwei Schattirungen.
    38 a) 25 CENTS. DE PESETA lila,
    38 b) 25   „   grau.

39. 1 PESETA 25 CENTS. braun in drei Schattirungen.

39 a) 1 PESETA 25 CENTS. braun,
39 b) 1 „ 25 „ gelblichbraun,
39 c) 1 „ 25 „ rotbraun.

II. Type: Buchstaben der Wertangabe in doppelten Linien.

40. 16 CENTS. DE PESETA blau in zwei Schattirungen.

40 a) 16 CENTS. DE PESETA blau.
40 b) 16 „ graublau.

41. 62 CENTS. DE PESETA lila in zwei Schattirungen.

41 a) 62 CENTS. DE PESETA lila,
41 b) 62 „ fliederfarben.

Bemerkung.

Von den Marken dieser Ausgabe giebt es Essais beider Typen in abweichenden Farben auf weissem oder farbigem Papier, gezähnt oder ungezähnt. Einige derselben sind auf irgend eine illegale Art postalisch entwertet worden und werden daher vielfach irrtümlich als Fehldrucke aufgeführt. Es wurden bekannt:

in I. Type: 12 Cents de Peseta rosa auf weissem Papier,
„ gelblichbraun auf weissem Papier,
„ blau auf weissem Papier, gezähnt 14, gummirt,
1 Peseta 25 Cents blau auf fleischfarben, gezähnt 14, gummirt,
in II. Type: 62 Cents de Peseta rosa, gelblichbraun, blassviolett, grauviolett und
grün auf weissem Papier,
„ rosa, gezähnt 14, gummirt.

D. Marken der Republik.

XIV Ausgabe:
1873 bis 1875.

Aushilfs-Marken.

I. Ausgabe vom August 1862 (VI) mit schwarzem Aufdruck von „HABILITADO POR LA NACION" im Typus von Vizcaya. (Taf. V, 97).

42. 5 C^S zinnoberrot in drei Abstufungen.
    42 a) 5 C^S zinnoberrot,
    42 b) 5 „ lebhaft zinnoberrot,
    42 c) 5 „ ziegelrot.

II. Ausgabe vom Jahre 1854 (I) mit dem nämlichen Aufdruck.

43. 1 R^l F^{TE} blauviolett.

III. Ausgabe vom Jahre 1859 (IV) mit dem nämlichen Aufdruck.

44. 10 C^S rosa in zwei Abstufungen.
    44 a) 10 C^S rosa,
    44 b) 10 „ blassrosa.

Bemerkungen.

1. Der Aufdruck wurde notwendig infolge der im Februar erfolgten Thronentsagung des Königs Amadeo.

2. Die Marke zu 10 C͛ kommt mit Aufdruck in ihren vier Typen vor; von der Marke zu 1 R͛ des Jahres 1854 sollen im Ganzen nur sieben Stücke mit Aufdruck existiren, thatsächlich können auch die Restbestände dieser Marke im Jahre 1873 nur äusserst gering gewesen sein (vergl. Bemerk. zu Ausgabe III).

XV. Ausgabe:
Ende 1874 bis Herbst 1875.

Zeichnung der X. Ausgabe von Cuba und Portorico: España, als sitzende Frauengestalt dargestellt, in der rechten Hand einen Olivenzweig, den _linken Arm auf ein Wappenschild stützend; liniirter Untergrund; oben auf einem Band: FILIPINAS; zu beiden Seiten in weissen Buchstaben auf farbigem Grund: CORREOS, unten auf rechteckigem Schild Wertangabe zwischen zwei Ecksternen; in der rechten unteren Ecke: E. J., die Initialen des Kupferstechers Eugenio Julia.

Farbiger Druck auf weissem Papier; gezähnt 14. (Taf. VI, 98.)

45. 12 C͛ DE PESETA lila in zwei Schattirungen.
> 45 a) 12 C͛ DE PESETA lebhaft lila,
> 45 b) 12 „ graulila.

46. 25 C͛ DE PESETA ultramarinblau in zwei Schattirungen.
> 46 a) 25 C͛ DE PESETA lebhaft ultramarinblau,
> 46 b) 25 „ blassultramarinblau.

47. 62 C͛ DE PESETA rosa in zwei Abstufungen.
> 47 a) 62 C͛ DE PESETA lebhaft rosa,
> 47 b) 62 „ rosa.

48. 1 PESETA 25 C͛ braun.

E. Marken aus der Zeit der Regierung des Königs Alfonso XII.

XVI. Ausgabe:
von Januar 1876 bis (?) 1877.

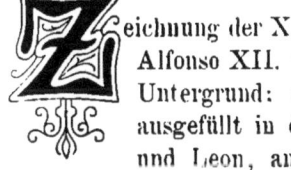eichnung der XXVI. Ausgabe Spaniens: Kopf des Königs Alfonso XII. nach rechts in einem Oval mit liniirtem Untergrund: um das Oval ein rechteckiger Rahmen, ausgefüllt in den Ecken mit den Wappen von Castilien und Leon, an den Seiten mit Ornamenten, in deren Mitte sich ein kleiner Schild mit: CORREOS befindet, oben durch: FILIPINAS zwischen zwei kleinen Sternen, und unten durch die Wertangabe: in den Ecken zwischen Oval und Rahmen die Lilien von Bourbon, auf dem Halsabschnitt die Initialen des Kupferstechers Julia: E. J.

Farbiger Druck auf weissem Papier; gezähnt 14. (Taf. VI, 100.)

I. 1876.

49. 2 C^S DE PESO karminrosa in zwei Abstufungen.
    49 a) 2 C^S DE PESO rosa,
    49 b) 2   „   karmin.

50. **12 C$\underline{^S}$. DE PESO lila in drei Abstufungen.**

 50 a) 12 C^S DE PESO lila,
 50 b) 12 „ blasslila,
 50 c) 12 „ violett.

51. **20 C$\underline{^S}$. DE PESO braunviolett.**

52. **25 C^S. DE PESO grün.**

II. 1877. Ergänzungswerte.

53. **6 C^S. DE PESO orange in zwei Abstufungen.**

 53 a) 6 C^S DE PESO orange,
 53 b) 6 „ dunkelorange.

54. **10 C^S. DE PESO blau in drei Abstufungen.**

 54 a) 10 C^S DE PESO blau,
 54 b) 10 „ lebhaft blau,
 54 c) 10 „ dunkelblau.

III. August 1877. Aushilfs-Marke: Marke No. 49 mit schwarzem Aufdruck: HABILITADO — 12 C^S. P$\underline{^{TA}}$ in zwei Zeilen innerhalb eines rechteckigen, an den Ecken abgestumpften Rahmens (16½ : 11 mm). (Taf. VI, 100.)

55. **12 C^S. auf 2 C. DE PESO karmin in zwei Abstufungen.**

 55 a) 12 C^S auf 2 C. DE PESO karmin,
 55 b) 12 „ 2 „ karminrosa.

IV. Ende 1877.

56. **2 C$\underline{^S}$. DE PESO blau.**

Bemerkungen.

1. Die Marke zu 2 C^S d. p. soll nach Moens schon im August 1875 verausgabt worden sein.

2. Die Marken zu 25, 10, 12 und 2 C^S (rosa und blau) giebt es auch ungezähnt.

3. Von Essais sind nur bekannt:
 2 C^S DE PESO in dunkelblau, violett, braun, karmin, grün und orange,
  gezähnt und ungezähnt, meist gummirt,
 25 C^S DE PESO braun auf grünem Papier, gezähnt und ungezähnt.

XVII. Ausgabe:

vom Januar 1878 bis Januar 1880.

Zeichnung der vorigen Ausgabe, nur Aenderung der Wertangabe und Wegfall der beiden Sternchen vor und hinter dem Worte: FILIPINAS.

Farbiger Druck auf weissem Papier: gezähnt 14. (Taf.VI, 99.)

I. 1878.

57. 25 MIL^S. DE PESO schwarz.

58. 50 MIL^S. DE PESO weinrot.

59. 0,0625 DE PESO lila in zwei Schattirungen.
57 a) 0,0625 DE PESO lila,
57 b) 0,0625 „ graulila.

60. 100 MIL^S. DE PESO karmin in zwei Abstufungen.
60 a) 100 MIL^S DE PESO lebhaft karmin,
60 b) 100 „ blasskarmin.

61. 125 MIL^S. DE PESO blau in zwei Abstufungen.
61 a) 125 MIL^S DE PESO blau,
61 b) 125 „ blassblau.

II. 1878. Aushilfs-Marken. Marke No. 58 mit verschiedenfarbigem Aufdruck: HABILITADO — 12 C^S P^{TA} in zwei Zeilen innerhalb eines rechteckigen, an den Ecken abgestumpften Rahmens (wie bei No. 55).

62. 12 C^S auf 25 MIL^S. DE PESO schwarz auf schwarz.

63. 12 C^S auf 25 MIL^S. DE PESO blau auf schwarz.

III. 1879. Ergänzungswerte bezw. Farbenänderung.

64. 25 MIL^S. DE PESO grün.

65. 100 MIL^S. DE PESO hellgrün.

66. 200 MIL^S. DE PESO rosa in drei Schattirungen.
66 a) 200 MIL^S DE PESO rosa,
66 b) 200 „ karminrosa,
66 c) 200 „ violettrosa.

67. **250 MILS DE PESO** gelblichbraun in zwei Abstufungen.
  67 a) 250 MILS DE PESO gelblichbraun,
  67 b) 250   „   dunkelgelbbraun.

IV. September 1879. Aushilfs-Marken: Marken No. 58 und 60 mit Aufdruck: CONVENIO — UNIVERSAL DE — CORREOS und neuer Wertangabe auf dem das Oval umschliessenden viereckigen Rahmen der Marke und HABILITADO innerhalb des Ovals. Von dem Aufdruck giebt es zwei Typen.

I. Type: Buchstaben des Aufdrucks dicht aneinander gerückt (Taf. VI, 101):

68. **2 cént. de peso** auf 25 MILS schwarz auf grün.

69. **8 cént. de peso** auf 100 MILS schwarz auf karmin in drei Abstufungen.
  69 a) 8 CENT. DE PESO auf 100 MILS karmin,
  69 b) 8   „   100   „   lebhaft karmin,
  69 c) 8   „   100   „   blasskarmin.

II. Type: Buchstaben des Aufdrucks weiter auseinander stehend (Taf. VI, 102):

70. **2 cént. de peso** auf 25 MILS schwarz auf grün.

71. **8 cént. de peso** auf 100 MILS schwarz auf karmin in drei Abstufungen.
  71 a) 8 CENT. DE PESO auf 100 MILS karmin,
  71 b) 8   „   100   „   lebhaft karmin,
  71 c) 8   „   100   „   blasskarmin.

Bemerkungen.

1. Da die Portotarife bei Einführung der neuen Geldwährung nicht geändert werden sollten, so war die Fábrica nacional gezwungen, die Werthbezeichnung teilweise bis in die vierte Decimalstelle umzurechnen.

2. Die Marken zu 0,0625, 25 (schwarz und grün), 50, 100 (karmin und grün) und 200 Mils de peso kommen auch ungezähnt vor.

3. Von dem Aufdruck: CONVENIO — UNIVERSAL DE — CORREOS giebt es mehrere Fehldrucke und zwar:
  auf Marke No. 69: COREROS und CORRZOS anstatt CORREOS,
  auf Marke No. 70: CONVINIO anstatt CONVENIO;
auch finden sich häufig Exemplare, bei welchen nur einzelne Worte oder Buchstaben des Aufdruckes sichtbar sind.

4. In Bezug auf Abstempelungen tritt bei den Orts- und Datumstempeln eine Vereinfachung, bei den Entwertungsstempeln dagegen die grösstmögliche Mannigfaltigkeit ein. Erstere nehmen die modernen, im Mutterland gebräuchlichen Formen an, ihre Farbe ist vielfach blau oder karminrot; letztere sind entweder Strichstempel (Taf. VII, 103) oder Sternstempel (Taf. VII, 104) oder Punktstempel in den verschiedensten Modellen. Ein um diese Zeit zuerst gesehener Certificado-Stempel hat viereckige Form mit abgestumpften Ecken.

XVIII. Ausgabe:
von Januar 1880 bis Frühjahr 1881.

Zeichnung der XXIX. Ausgabe Spaniens: Kopf des Königs Alfons XII. nach rechts in ovalem Rahmen; über und unter dem Oval je ein rechteckiger Schild mit Inschriften und zwar oben: FILIPINAS zwischen 2 Sternen, unten Wertangabe; in den Ecken zwischen Oval und Schildern ornamentale Verzierungen; der Untergrund der ganzen Marke ist mit wagerechten Strichen ausgefüllt; auf dem Halsabschnitt der Name Julia.

Farbiger Druck auf weissem Papier; gezähnt 14. (Taf. VI, 105.)

72. **2 C. DE PESO** karmin in zwei Abstufungen.
    72 a) 2 C. DE PESO karmin,
    72 b) 2   „   karminrosa.

73. **2½ C. DE PESO** dunkelbraun.

74. **8 C. DE PESO** rotbraun in zwei Abstufungen.
    74 a) 8 C. DE PESO rotbraun,
    74 b) 8   „   blassrotbraun.

Bemerkungen.

1. Von der Marke zu 2 C. de Peso giebt es Essais in violetter und blauer, von derjenigen zu 8 C. de Peso solche in blauer Farbe.

2. Bezüglich Typen dieser Zeichnung gilt auch für die Philippinen das bei Cuba in Bemerkung 1 zur VIII. Ausgabe Gesagte. Die obige Ausgabe gehört der Type I an.

XIX. Ausgabe:
von Januar 1881 bis Ende Januar 1882.

Aushilfs-Marken. Post- und fiskalische Marken verschiedener Ausgaben mit verschiedenfarbigem Aufdruck der neuen Bestimmung und des neuen Wertes.

I. Die fiskalischen Judicialmarken von 1878 zu 10 Cuartos und 2 Reales: Spanisches Wappen mit Krone im Kreise, links um dasselbe: DERECHO, rechts: JUDICIAL; oben auf bogenförmigem Schild: FILIPINAS, unten auf ebensolchem Wertangabe; Untergrund mit wagerechten Strichen ausgefüllt; in den Ecken Verzierungen.
Farbiger Druck auf weissem Papier; gezähnt 14.

Aufdruck oval (14 : 17 mm), Farbe schwarz; oben: HABILITADO, unten Wertangabe, in der Mitte: PARA und darunter: CORREOS.

75. $2^4/_8$ CM̃S auf 10 CUARTOS schwarz auf gelbbraun. (Taf. VI, 106.)

76. $2^4/_8$ CM̃S auf 2 REALES schwarz auf blau.

77. 8 CM̃S auf 10 CUARTOS schwarz auf gelbbraun.

78. 8 CM̃S auf 2 REALES schwarz auf blau. (Taf. VI, 107.)

II. Nämliche Marke. Der Aufdruck etwas verändert: Der Halbkreis, welchen HABILITADO bildet, ist etwas kleiner und schneidet nicht mit dem C und S von CORREOS ab; kleiner Unterschied in einzelnen Buchstaben (H und B schmaler), etwas veränderte Zahl 2 in der Wertangabe, abweichende Stellung von $^4/_8$.

79. $2^4/_8$ CM̃S auf 10 CUARTOS schwarz auf gelbbraun.

III. Nämliche Marke. Der Aufdruck etwas verändert: Oval etwas länger (14 : 18 mm), oben: HABILITADO, unten Wertangabe, in der Mitte: CORREOS ohne PARA. (Aufdruck siehe Taf. VI, 105.)

80. **2 CENT⁵ DE PESO auf 10 CUARTOS schwarz auf gelbbraun.**

IV. Briefmarke der XVIII. Ausgabe (No. 73). Nämlicher Aufdruck (ohne PARA). (Taf. VI, 105.)

81. **2 CENT⁵ DE PESO auf 2¹/₂ C. DE PESO schwarz auf braun.**

V. Fiskalische Marke Derechos de Firma von 1880 zu 200 Mils de peso: Spanisches Wappen mit Krone, umgeben von einem Lorbeerkranz, oben und unten auf viereckigem Schild: DERECHOS DE FIRMA bezw. Wertangabe: Untergrund mit wagerechten Strichen ausgefüllt.
Farbiger Druck auf weissem Papier: gezähnt 14.

Aufdruck kreisförmig (Durchmesser 16 mm), oben: HABILITADO, unten Wertangabe, in der Mitte: PÁ U. POSTAL (Para Union Postal = für den Weltpostverein).

82. **2 CM̃S auf 200 MIL⁵ DE PESO gelb auf grün.** (Taf.VI, 108.)

VI. Fiskalische Judicialmarken von 1878 (siehe I): Aufdruck kreisförmig (Durchmesser 15 mm), oben: HABILITADO, unten Wertangabe, in der Mitte: Pᴬ CORREOS.

83. **UN REAL auf 10 CUARTOS schwarz auf gelbbraun.** (Taf. VI, 109.)

84. **DOS RLẼs auf 2 REALES karmin auf blau.**

Bemerkungen.

1. Mit dem Jahre 1880 beginnt die Ausgabe einer langen Reihe von habilitirten Marken aller Arten. Wenn es auch bei der grossen Entfernung der Philippinen vom Mutterlande, bei der unbeschreiblichen Indolenz der spanischen Beamten und der geringen Voraussicht der Behörden begreiflich erscheint, dass hie und da ein oder der andere Markenwert vergriffen, bevor entsprechender Ersatz eingetroffen war, so ist es doch, selbst wenn man eine zeitweilige Ueber-

lastung der Fábrica nacional de sellos in Madrid annimmt, schwer erklärlich, wie ein solcher Zustand mit kurzen Unterbrechungen Jahre lang andauern konnte. Vor Allem lässt der stete Wechsel der Aufdrucktypen und Aufdruckfarben den Verdacht gerechtfertigt erscheinen, dass es sich hier um eine Brandschatzung der Sammler handelte. Einzelne dieser Aufdrucke existiren in so wenigen Exemplaren und kommen postalisch entwertet so selten vor, dass es fraglich ist, ob dieselben nicht unter die Essais zu rechnen sind. Je nach dieser Auffassung ist die Katalogisirung in den verschiedenen philatelistischen Handbüchern und Alben verschieden. Ausdrücklich möge hierbei bemerkt werden, dass die amtlichen Erlasse, durch welche die Habilitirung angeordnet und die Zahl der zu habilitirenden Marken festgestellt wurde, in keiner Weise als unfehlbare Quellen anzusehen sind, da die thatsächliche Ausführung dieser Verfügungen in vielen nachweislichen Fällen aus irgend einem Grunde unterblieb. Was die Ausgabedaten der verschiedenen Aufdrucktypen anbelangt, so lassen sich dieselben bei dem Mangel an amtlichem Aktenmaterial nur selten mit Sicherheit angeben, umsomehr als auch die Angaben in den philatelistischen Zeitschriften hierin sehr von einander abweichen. Es wurde deshalb von einer Bezeichnung des Ausgabe-Monats ganz abgesehen; gewöhnlich wird angenommen, dass die Marken sub I im Januar und April, diejenigen sub II im Juni 1881, die übrigen im Januar 1882 in Verkehr gegeben wurden, jedoch sind diese Daten nicht unbestreitbar.

Sämtliche Aushilfsmarken existiren — wie dies bei Abstempelungen mit der Hand unvermeidlich — auch mit verkehrtem Aufdruck; da auf diese Abarten von philatelistischem Standpunkt wohl wenig Wert zu legen ist, so werden dieselben weder hier, noch später besonders aufgeführt. Das Gleiche gilt von Doppel-Aufdrucken in gleicher Farbe; philatelistisch interessanter sind dagegen Doppel-Aufdrucke in verschiedener Farbe und in verschiedenen Werten, da dieselben eher unserem Begriff von Fehldruck entsprechen.

2. Die Marken mit der Bezeichnung: Derecho judicial und Derechos de firma dienen zur Bezahlung einer für Ausfertigung gerichtlicher Urkunden pp. eingeführten Stempelsteuer.

3. Die Judicial-Marken zu 10 cuartos und 1 real von 1878 werden auch vielfach mit einem Aufdruck: HABILITADO PARA CORREOS in drei wagerechten Zeilen erwähnt. Von diesem Aufdruck giebt es zwei Typen, von denen sich die zweite von der ersten dadurch unterscheidet, dass sowohl die einzelnen Buchstaben, als auch die Zeilen weiter von einander abstehen. Nach zuverlässigen Quellen ist dieser Aufdruck ein Essai, welcher alsbald durch die ovale Form verdrängt wurde; das Fehlen jeglicher Wertangabe scheint dies zu bestätigen. Der Aufdruck hat bei der 10 cuartos-Marke blaue, bei derjenigen zu 1 real rote Farbe.

4. Die Aufdrucke:

8 c̃m̃s auf 10 cuartos (No. 77), 2⁴/₈ c̃m̃s auf 2 Reales (No. 76) und DOS RLĒS auf 2 Reales (No. 84) werden ebenfalls vielfach als Essais aufgefasst und dementsprechend in einzelnen Katalogen weggelassen. Dieser Auffassung widerspricht aber das mehrfach konstatirte Vorkommen derselben mit zweifellos echter postalischer Entwertung.

5. Die Judicial-Marke von 1878 zu 2 Reales existirt mit Doppel-Aufdruck und zwar mit 8 c̃m̃s in rot und Dos Reales in karmin.

XX. Ausgabe:

von Januar 1882 bis März 1883.

Zeichnung der XVIII. Ausgabe.

Farbiger Druck auf weissem Papier; gezähnt 14.

85. 2⁴/₈ **C. DE PESO** ultramarinblau in zwei Abstufungen.

85 a) 2⁴/₈ C. DE PESO ultramarinblau,
85 b) 2⁴/₈   „   lebhaft ultramarinblau.

86. 5 **C. DE PESO** blau in zwei Schattirungen.

86 a) 5 C. DE PESO blassblau,
86 b) 5   „   schieferblau.

87. 6²/₈ **C. DE PESO** grün in zwei Abstufungen.

87 a) 6²/₈ C. DE PESO grün,
87 b) 6²/₈   „   dunkelgrün.

88. 10 **C. DE PESO** lila in zwei Schattirungen.

88 a) 10 C. DE PESO bräunlichlila,
88 b) 10   „   malvenfarbig.

89. 12⁴/₈ **C. DE PESO** rosa in drei Schattirungen.

89 a) 12⁴/₈ C. DE PESO rosa,
89 b) 12⁴/₈   „   karminrosa,
89 c) 12⁴/₈   „   gelblichrosa.

90. 20 **C. DE PESO** olivenbraun.

91. 25 **C. DE PESO** braun in zwei Abstufungen.

91 a) 25 C. DE PESO braun,
91 b) 25   „   dunkelbraun.

Bemerkungen.

1. Es erscheint merkwürdig, dass in dieser Ausgabe die Werte zu 1 und 2 Reales, deren Nothwendigkeit doch durch die zahlreichen Habilitirungen des vorhergehenden Jahres genügend bewiesen war, nicht neu geschaffen wurden, sodass also sofort neue Aufdrucke nöthig wurden.

2. Von sämtlichen Werten giebt es Essais in abweichenden Farben auf weissem Karton und zwar:
    2⁴/₈ C. de Peso braun, 5 C. de Peso violett, 6²/₈ C. de Peso blau, 10 C. de Peso violett, 12⁴/₈ C. de Peso blau, 20 C. de Peso violett und 25 C. de Peso karmin.

XXI. Ausgabe:

von Ende Februar 1883 bis Ende 1889.

Aushilfs-Marken, verausgabt durch Erlass vom 22. Februar 1883.

I. Briefmarken der XVIII. und XX. Ausgabe (No. 74 und 86).
Aufdruck kreisförmig (Durchmesser 15 mm), Farbe ver-
schieden: oben: HABILITADO, unten Wertangabe, in der
Mitte: P^A CORREOS. (Taf. VI, 110.)

Von dem Aufdruck: UN REAL giebt es fünf Typen:

Type I: Die Buchstaben von UN REAL stehen weit
auseinander, unter dem A von P^A langer Strich, das
zweite R von CORREOS magerer, als das erste.

Type II: UN REAL wie in Type I, kleiner Strich unter
dem A von P^A, die beiden RR von CORREOS haben
gleiche Breite.

Type III: Die Buchstaben von UN REAL enger an-
einanderstehend, Strich unter dem A von P^A kürzer,
RR wie in Type II.

Type IV: Die Buchstaben von UN REAL noch enger
aneinander stehend, das H von HABILITADO
schmaler, das L offener.

Type V: Die Buchstaben von UN REAL weiter auseinanderstehend, das R von REAL mehr nach links
geneigt, BILI von HABILITADO breiter und RR
von CORREOS magerer.

92. **UN REAL in Type I auf 5 C. DE PESO grün auf blau.**

93. **UN REAL in Type III auf 5 C. DE PESO grün auf blau.**

94. **UN REAL in Type IV auf 5 C. DE PESO grün auf blau.**

95. **UN REAL in Type I auf 8 C. DE PESO grün auf braun.**

96. 20 C$_{MOS}$ auf 8 C. **DE PESO schwarz auf braun.**

II. Telegraphenmarke vom Jahre 1882: Zeichnung der Briefmarken
vom Jahre 1876 (XVI. Ausgabe), nur: TELEGRAFOS an
Stelle von FILIPINAS und Lilien an Stelle von CORREOS.
ausserdem Sterne in den Ecken zwischen Oval und Rahmen.

Aufdruck: HABILITADO P⁴ CORREOS DE DOS
Rles, kreisförmig (Durchmesser 15 mm) und in verschiedener
Farbe. (Taf. VI, 111) Der Aufdruck existirt in fünf Typen:

Type I in kleinen Buchstaben:

Type II in kleinen Buchstaben, aber mit verkehrtem S in DOS:

Type III in kleinen Buchstaben, mit Punkt hinter Rles;

Type IV in grossen Buchstaben, aber breites O in DOS:

Type V in grossen Buchstaben, schmales O in DOS.

97. **DOS Rles in Type III auf 250 MILˢ DE PESO blau,
Aufdruck rot in zwei Schattirungen.**

97 a) DOS Rles auf 250 MILS rot auf ultramarinblau.

97 b) DOS „ rothraun auf ultramarinblau.

98. **DOS Rles in Type I auf 250 MILˢ schwarz auf ultramarinblau.**

III. Fiskalische Judicialmarke von 1878 (vergl. XIX. Ausgabe, I)
mit dem nämlichen Aufdruck.

99. **UN REAL in Type I auf 10 CUARTOS grün auf
gelblichbraun.**

Verausgabt durch Erlass vom 4. Juni 1883.

IV. Fiskalische Marke: Derechos de Firma von 1878 (gleiche
Zeichnung, wie Ausgabe XIX,V)mit dem nämlichen Aufdruck.

100. **UN REAL in Type I auf UN PESO rot auf grün.**

101. **UN REAL in Type IV auf UN PESO rot auf grün.**

102. **UN REAL in Type V auf UN PESO rot auf grün.**

V. Fiskalische Marke: Derechos de Firma von 1878: Spanisches
Wappen in ovalem Rahmen, innerhalb desselben oben:
DERECHOS DE FIRMA, unten Wertangabe; um das Oval
ein rechteckiger Rahmen, guillochirter Untergrund.

Farbiger Druck auf weissem Papier; gezählt 14.

Aufdruck wie bisher.

103. **UN REAL in Type I auf 10 PESETAS rot auf braun.**

VI. Fiskalische Judicialmarke von 1878 (vergl. XIX. Ausgabe, I) mit nämlichem Aufdruck in verschiedenen Farben.

104. UN REAL in Type I auf 12¼ C. DE PESO rot auf blau.

105. UN REAL in Type I auf 12⅛ C. DE PESO schwarz auf blau.

VII. Briefmarken der XVIII. und XX. Ausgabe (No. 72, 85 u. 86) mit dem nämlichen Aufdruck in verschiedenen Farben.

106. UN REAL in Type I auf 2 C. DE PESO grün auf karmin.

107. UN REAL in Type I auf 2 C. DE PESO rot auf karmin.

108. UN REAL in Type II auf 2 C. DE PESO rot auf karmin.

109. UN REAL in Type IV auf 2 C. DE PESO rot auf karmin.

110. UN REAL in Type V auf 2 C. DE PESO rot auf karmin.

111. UN REAL in Type I auf 5 C. DE PESO rot auf blau.

112. UN REAL in Type II auf 5 C. DE PESO rot auf blau.

113. UN REAL in Type IV auf 5 C. DE PESO rot auf blau.

114. DOS RLES in Type I auf 2¼ C. DE PESO schwarz auf blau.

115. DOS RLES in Type II auf 2⅛ C. DE PESO schwarz auf blau.

116. DOS RLES in Type III auf 2⅛ C. DE PESO schwarz auf blau.

117. DOS RLES in Type IV auf 2¼ C. DE PESO schwarz auf blau.

118. DOS RLES in Type V auf 2¼ C. DE PESO schwarz auf blau.

VIII. Telegraphenmarke vom Jahre 1882 (siehe oben II) mit nämlichem Aufdruck.

119. DOS RLES in Type I auf 250 MIL⸳ DE PESO schwarz auf blau.

IX. Briefmarke der **XVIII.** Ausgabe (No. 72) mit dem kreisförmigen Aufdruck: HABILITADO oben, Wertangabe unten, in der Mitte: P⁴ U. POSTAL (para union postal = für den Weltpostverein). (Taf. VI, 112.)

120. 8 C̄ͣͨ auf 2 C. DE PESO grün auf karmin.

Verausgabt durch Erlass vom 29. September 1883.

X. Briefmarken der XVIII. u. XX. Ausgabe (No. 72 u. 85) mit kreisförmigem Aufdruck: HABILITADO oben, unten Wertangabe. in der Mitte: P⁴ CORREOS in verschiedenen Farben. (Taf. VI, 113.) Von dem Aufdruck: 10 CUARTOS giebt es 2 Typen: Type I hat 10 in kleinen Ziffern, Type II hat 10 in grossen Ziffern.

121. 10 CUARTOS in Type I auf 2 C. DE PESO grün auf karmin.

122. 10 CUARTOS in Type II auf 2 C. DE PESO grün auf karmin.

123. 16 C̄ͭͦͨ auf 2⅛ C. DE PESO rot auf blau.

XI. Fiskalische Judicialmarke von 1878 (siehe Ausgabe XIX,V) mit dem nämlichen Aufdruck.

124. 16 C̄ͭͦͨ auf 2 REALES gelb auf blau.

XII. Fiskalische Judicialmarke von 1882 (gleiche Zeichnung wie 1878) mit dem nämlichen Aufdruck. Der Aufdruck existirt in zwei Typen:

Type I hat ein kleines, ovales C in CORREOS;
Type II hat ein grosses, quadratisches C in CORREOS.

125. UN REAL in Type I auf 12⁴/₆ C. DE PESO schwarz auf blau.

126. UN REAL in Type II auf 12⁴/₆ C. DE PESO schwarz auf blau.

127. UN REAL in Type I auf 12⁴/₈ C. DE PESO rot auf blau.

128. UN REAL in Type II auf 12⁴/₈ C. DE PESO rot auf blau.

Bemerkungen:

1. Trotzdem uns die Verfügungen der General-Post-Direktion bezüglich der Verwendung der in Ausgabe XXI zusammengefassten Aushilfsmarken vorliegen, das Ausgabe-Datum sich also genau bestimmen lässt, stösst die Katalogisirung dieser Marken dennoch auf die grössten Schwierigkeiten. Dieselben entspringen zum Theil aus den zahlreichen Typenverschiedenheiten der einzelnen Aufdrucke, mehr aber noch daraus, dass scheinbar eine grosse Zahl von Essais auf irgend einem Wege in die Hände der Sammler und Händler gelangt sind, sodass es sich bei vielen Aufdrücken kaum feststellen lässt, ob dieselben wirklich postalischen Zwecken gedient haben. Die postalische Entwertung bietet, wie bekannt, nicht immer einen schlagenden Beweis für die wirkliche Benutzung. Hier kann erst im Laufe der Zeit Klärung der Ansichten eintreten.

   Die Aufdrucke wurden hergestellt vermittelst Handstempel, welche nach der Gaceta de Manila vom 29. September 1883 aus Messing angefertigt waren und nach Gebrauch in Gegenwart einer Kommission vernichtet wurden. Für die am meisten gebrauchten Werte wurden mehrere solcher Stempel hergestellt, welche in Bezug auf die Form der Buchstaben oder sonstiger Kleinigkeiten mehr oder weniger von einander abweichen. Diese Abweichungen als einfache Abarten ohne jegliche Bedeutung anzusehen, wie es meist geschieht, widerspricht allen philatelistischen Grundsätzen, es sind dies Typenverschiedenheiten, die, wenn auch vielfach gering, logischerweise doch ebenso genau beachtet werden müssen, wie es beispielsweise bei den Habilitados Spaniens, bei den Marken von Ost-Rumelien mit bulgarischem Löwen und vielen anderen Provisorien herkömmlicherweise geschieht.

2. Mit Doppel-Aufdruck verschiedener Werte giebt es folgende Marken:
   Telegraphen-Marke 250 MILŜ blau mit DOS RLES rot und 20 CMOS schwarz.
   Dieselbe Marke mit
   HABILITADO — Pᴬ CORREOS DE UN REAL in rot und
   HABILITADO — Pᴬ CORREOS — 20 CMOS in schwarz,
   Dieselbe Marke mit
   HABILITADO — Pᴬ CORREOS DE UN REAL und
   HABILITADO — Pᴬ CORREOS DE DOS RLES, beide Aufdrucke in schwarz.
   Briefmarke 1880. 2 C. DE PESO rot, mit
   HABILITADO — Pᴬ U. POSTAL — 8 CMOS und
   HABILITADO—Pᴬ CORREOS DE UN REAL, beide Aufdrucke in grün.

3. Von philatelistischen Zeitschriften wurden folgende zwar existirende, aber nicht mit Sicherheit postalisch verwendete Aufdrucke gemeldet:
   Auf DERECHOS DE FIRMA von 1880:
   1 REAL auf 200 MILŜ DE PESO rot auf gelbgrün.
   Auf Briefmarken von 1880 und 1882:
   10 CUARTOS auf 2 C. DE PESO schwarz auf karmin,
   1 REAL auf 2 C. DE PESO schwarz auf karmin,
   1 REAL auf 2⁴/₈ C. DE PESO schwarz auf blau.
   Auf DERECHOS DE FIRMA von 1872:
   1 REAL auf 10 PESETAS schwarz auf gelblichbraun.
   Auf DERECHO JUDICIAL von 1878:
   DOS RLES auf 2 REALES rot auf blau.
   Auf Telegraphenmarke von 1882:
   20 CMOS auf 250 MILŜ gelb auf blau.
   Auf DERECHO JUDICIAL von 1878:
   6²/₈ CŜ auf 12⁴/₈ C. DE PESO rot auf blau.

XXII. Ausgabe:
von Ende 1883 bis Ende 1887.

Zeichnung der XVIII. Ausgabe (1880), jedoch II. Type (vergl.
hierüber: Cuba Seite 48 und 52 (C)).
Farbiger Druck auf weissem Papier; gezähnt 14.

129, 2¹/₈ C. DE PESO ultramarinblau in zwei Abstufungen.

129 a) 2¹/₈ C. DE PESO ultramarinblau,
129 b) 2¹/₈ „ lebhaft ultramarinblau.

Bemerkung.

Von der Marke giebt es Essais in blauer und dunkelroter Farbe auf
weissem Kartonpapier.

XXIII. Ausgabe:
vom 10. März 1885.

Aushilfs-Marke, verausgabt durch Erlass vom 10. März 1885:
Fiskalische Judicialmarke von 1882 (siehe Ausgabe XXI, XII) mit
dem kreisrunden Aufdruck: HABILITADO CORREOS 6²/₈ CENT⁹.
Farbiger Druck auf weissem Papier; gezähnt 14.

130. 6²/₈ Cᴍᴏs auf 12¹/₈ C. DE PESO rot auf blau.

XXIV. Ausgabe:

von Frühjahr 1886 bis 31. Dezember 1889.

Marke für Drucksachen: Zeichnung der XVIII. Ausgabe, nur III. Type (vergl. hierüber: Cuba Seite 48 und 55 (C)) und oben Inschrift: FILIP^{AS} . IMPRESOS. (Taf. VI, 120.) Farbiger Druck auf weissem Papier; gezähnt 14.

131. ⅛ DE CENTAVO gelbgrün.

Bemerkung.

Von der Marke sind Essais in blauer Farbe auf weissem Kartonpapier bekannt.

XXV. Ausgabe:

von Januar 1887 bis Ende 1889.

Aushilfs-Marken. Briefmarke der XXII. Ausgabe (No. 129) mit verändertem kreisförmigem Aufdruck (Durchmesser 16½ mm), oben: HABILITADO, in der Mitte: U. POSTAL (ohne P^A), unten Wertangabe. Farbe verschieden. (Taf. VI, 114.)

132. UN CENT^O auf 2⁴⁄₈ DE PESO braunrot auf blau.

133. 10 CENT^S auf 2⁴⁄₈ DE PESO schwarz auf blau.

XXVI. Ausgabe:
1887 bis 1889.

Zeichnung der XXIV. Ausgabe, nur Inschrift: FILIPINAS. Farbiger Druck auf weissem Papier; gezähnt 14.

April 1887:

    134. 5o MILESIMAS bräunlichgelb.

Januar 1888:

    135. UN C. DE PESO graugrün.

    136. 6 C. DE PESO braun.

XXVII. Ausgabe:
von Januar bezw. 4. Oktober 1888 bis Februar 1889 bezw. Januar 1890.

Aushilfs - Marken: Brief-, Telegraphen- und fiskalische Marken verschiedener Ausgaben mit Aufdruck eines neuen Wertes.

I. Briefmarke der XXII. Ausgabe (No. 129). Aufdruck: Ovaler Rahmen von verschiedener Grösse; im Rahmen oben: UNION GRAL (general) POSTAL, unten: HABILITADO, in der Mitte Wertangabe. Farbe rotviolett. (Taf. VI, 115.)

Der Aufdruck existirt in zwei Typen:

    I. Type: Kleineres Oval (20¹/₄ : 17¹/₂ mm), breitere 8 der Wertangabe, nach GRAL ein Punkt, ebenso nach CENT.

    II. Type: Grösseres Oval (21 : 18¹/₄ mm); Buchstaben der Inschriften entsprechend grösser, die 8 der Wertangabe schlanker, hinter GRAL und CENT kein Punkt.

    137. 8 CENT in Type I auf 2⁴/₈ C. DE PESO violettrot auf blau.

    138. 8 CENT in Type II auf 2⁴/₈ C. DE PESO violettrot auf blau.

10*

II. Briefmarke der XX. Ausgabe (No. 86). Aufdruck: Ovaler Rahmen wie bei I, nur veränderte Inschrift und zwar oben: HABILITADO, unten: PARA COMUNICACIONES, zwischen beiden auf jeder Seite ein Sternchen, in der Mitte Wertangabe. (Taf. VI, 116.)

139. 2⁴/₈ CMOS auf 5 C. DE PESO violettrot auf blau.

III. Briefmarken der XXVI. Ausgabe (No. 134 und 135) mit nämlichem Aufdruck.

140. 2⁴/₈ CMOS auf UN C. DE PESO violettrot auf graugrün.

141. 2⁴/₈ CMOS auf 5o MILESIMAS violettrot auf bräunlichgelb.

IV. Telegraphenmarke vom Jahre 1888. Zeichnung der Briefmarken von 1880, nur TELEGRAFOS an Stelle von FILI-PINAS. Nämlicher Aufdruck. (Taf. VI, 117.)

142. 2⁴/₈ CMOS auf UN C. DE PESO violettrot auf bräun-lichgelb.

Verausgabt durch Erlass vom 4. Oktober 1888.

V. Briefmarke der XXIV. Ausgabe (No. 131) mit nämlichem Aufdruck. (Taf. VI, 119.)

143. 2⁴/₈ CMOS auf ¹/₈ de CENTAVO violettrot auf gelbgrün.

VI. Briefmarke vom Jahre 1888 mit nämlichem Aufdruck.

144. 2⁴/₈ CMOS auf 1o C. DE PESO violettrot auf gelbgrün.

VII. Fiskalische Marken: DERECHOS DE FIRMA von 1883 und 1888 (vergl. XIX. Ausgabe, V.) mit nämlichem Aufdruck. (Taf. VI, 118.)

145. 2⁴/₈ CMOS auf 2oo MIL.⸾ DE PESO violettrot auf grün.

146. 2⁴/₈ CMOS auf 2o C. DE PESO violettrot auf braun.

XXVIII. Ausgabe:

von Februar 1889 bis 1. Januar 1890.

Aushilfs-Marke, verausgabt durch Erlass vom 29. Februar 1889. Briefmarke der XXII. Ausgabe mit ähnlichem Aufdruck, wie bisher, nur veränderte Inschrift: RECARGO DE CONSUMOS, unten: HABILITADO, in der Mitte Wertangabe.

147 \$ 0,02⁴/₈ auf 2⁴/₈ schwarz auf blau.

Bemerkung:

Die durch den Aufdruck: RECARGO DE CONSUMOS zu einer fiskalischen Steuermarke habilitirte Briefmarke zu $2^4/_8$ C. de peso musste infolge steten Mangels dieses Wertes wieder postalischen Zwecken dienen. Der Erlass vom 29. Januar 1889 bestimmt jedoch ausdrücklich nur diesen einen Wert für Post-, alle übrigen Recargo-Marken für Telegraphen-Zwecke. Wenn in der Folge auch noch die übrigen s. Zt. mit dem Recargo-Aufdruck versehenen Marken zur Brieffrankatur verwandt wurden, so ist dies nicht offiziell, sondern findet seine Ursache darin, dass die Postbeamten bei dem grossen Wirrwarr von Aufdrucken und entsprechenden Verfügungen schliesslich selbst nicht mehr wussten, was Post-, was Telegraphen-Marke war.

Es fanden auf diese Art postalische Verwendung:

\$	0,02⁴/₈	auf Post-Marke	UN C. DE PESO	schwarz auf grün,
\$	0,02⁴/₈	„	2 C. DE PESO	„ karmin,
\$	0,02⁴/₈	„	5 C. DE PESO	„ blau,
\$	0,02⁴/₈	„	12⁴/₈ C. DE PESO	„ rosa,
\$	0,02⁴/₈	„	⅛ CENTAVO	„ grün,
\$	0,02⁴/₈	„	50 MILESIMAS	„ gelblichbraun,
\$	0,02⁴/₈	a. Telegraph.-Marke	UN C. DE PESO	„ gelblichbraun,
\$	0,02⁴/₈	„	2 C. DE PESO	„ karmin,
\$	0,02⁴/₈	„	2⁴/₈ C. DE PESO	„ braun,
\$	0,02⁴/₈	„	5 C. DE PESO	„ blau,
\$	0,02⁴/₈	„	10 C. DE PESO	„ hellgrün,
\$	0,02⁴/₈	„	10 C. DE PESO	„ violett,
\$	0,02⁴/₈	„	20 C. DE PESO	„ violett,
\$	0,005⁴/₈	„	20 C. DE PESO	„ violett,
\$	0,007⁴/₈	„	20 C. DE PESO	„ violett,
\$	0,010	„	20 C. DE PESO	„ violett,
\$	0,011⁴/₈	auf Judicial Marke	5 PESOS	karmin auf grün,
\$	0,017⁴/₈	„	5 PESOS	karmin auf grün,
\$	0,017⁴/₈	„	5 PESOS	schwarz, darüber karmin auf rosa,
\$	0,011⁴/₈	a. Derechos de Firma	5 PESOS	schwarz auf dunkelgrün,
\$	0,007⁴/₈	„	5 PESOS	schwarz auf dunkelgrün.

XXIX. Ausgabe:

vom 1. Mai bis 31. Dezember 1889.

Marken für Drucksachen.   Zeichnung der XXIV. Ausgabe.
Farbiger Druck auf weissem Papier; gezählnt 14. (Taf. VI, 120.)

148. 1 MIL.ᴬ DE PESO rosa.

149. 2 MIL.ˢ DE PESO hellblau.

150. 5 MIL.ˢ DE PESO braun.

XXX. Ausgabe:

von Herbst 1889 bis Januar 1890.

Zeichnung der XXIV. Ausgabe, nur veränderte Inschrift und
Farbenänderung (Type III, vergl. Cuba, Seite 48 und 55 (C)).
Farbiger Druck auf weissem Papier; gezählnt 14. (Taf. VI, 121.)

151. UN C. DE PESO hellgrün.

F. Marken aus der Zeit der Regentschaft der Königin Maria Cristina bezw. der Regierung des Königs Alfonso XIII.

~~~~~~~

XXXI. Ausgabe:

vom 1. Januar 1890 bis 1891 bezw. 1892 und 1893.

Zeichnung der XIII. Ausgabe Cuba's (vergl. Seite 57): Kopf des Königs Alfonso XIII. nach rechts in ovalem Rahmen, umgeben von ornamentalen Verzierungen; oben auf rechteckigem Schild: FILIPINAS zwischen zwei Sternen, unten auf ebensolchem Wertangabe; auf dem Halsabschnitt der Name: Julia.

Farbiger Druck auf weissem Papier; gezähnt 14. (Taf. VI, 122.)

152. 2 C. DE PESO karmin in zwei Schattirungen.
    152 a) 2 C. DE PESO karmin,
    152 b) 2   „   karminrosa.

153. 2¹/₈ C. DE PESO ultramarinblau.

154. 5 C. DE PESO blau in zwei Abstufungen.
    154 a) 5 C. DE PESO dunkelblau,
    154 b) 5   „   hellblau.

155. 5 C. DE PESO bronzegrün.

156. **8 C. DE PESO gelbgrün.**

157. **10 C. DE PESO blaugrün.**

158. **12⁴/₈ C. DE PESO dunkelgelbgrün.**

159. **20 C. DE PESO rosa.**

160. **25 C. DE PESO braun.**

Marken für Drucksachen. Nämliche Zeichnung, nur oben: FILIP^AS IMPRESOS. (Taf. VI, 123.)

161. **¹/₈ DE CENTAVO dunkelviolett.**

162. **1 MIL^A DE PESO dunkelviolett.**

163. **2 MIL^S DE PESO dunkelviolett.**

164. **5 MIL^S DE PESO dunkelviolett.**

Bemerkungen.

1. Die Werte 5, 10, 20 und 25 C. de peso blieben bis zum Frühjahr 1891, die Marke zu 8 C. de peso, sowie die sämtlichen Zeitungsmarken bis zum Januar 1892, die Marke zu 2⁴/₈ C. sogar bis zum Januar 1894 in Verwendung.

2. Es fällt auf, dass zwei Marken zu 5 C. de peso verausgabt wurden; die eine in bronzegrün diente für den Verkehr im Innern des Archipels, die andere in dunkelblau für das Gebiet des Weltpostvereins.

3. Die Zeitungsmarke zu 5 MIL^S de Peso existirt auch ungezähnt.

XXXII. Ausgabe:

während der Jahre 1891 und 1893 bis zum Januar 1894.

Nämliche Zeichnung, nur Farbenänderung.

Farbiger Druck auf weissem Papier; gezähnt 14.

Frühjahr 1891.

165. **5 C. DE PESO** oliven.

166. **10 C. DE PESO** karmin in zwei Schattirungen.

    166 a) 10 C. DE PESO karmin,
    166 b) 10   „   karminrosa.

167. **20 C. DE PESO** ziegelrot.

168. **25 C. DE PESO** dunkelblau.

Herbst 1891. Ergänzungswerte, bezw. Farbenänderung.

169. **5 C. DE PESO** blaugrün.

170. **6 C. DE PESO** violettbraun.

171. **15 C. DE PESO** hellrotbraun.

172. **20 C. DE PESO** graubraun.

173. **40 C. DE PESO** schiefergrau.

174. **80 C. DE PESO** orange (gelbrot).

Marken für Drucksachen. Nämliche Zeichnung, nur oben: FILIPᴬˢ IMPRESOS.

175. **6 MILˢ DE PESO** rosa.

Januar 1892. Ergänzungswert.

176. **2 C. DE PESO** violett in zwei Abstufungen.

    176 a) 2 C. DE PESO violett,
    176 b) 2   „   blassviolett.

177. **8 C. DE PESO** hellblau.

Marken für Drucksachen. Nämliche Zeichnung wie No. 176.

178. **⅛ DE CENTAVO** grün.

179. **1 MILᴬ DE PESO** grün.

180. **2 MILˢ DE PESO** grün.

181. **5 MILˢ DE PESO** grün.

Bemerkung,

Die Ausgabedaten lassen sich nicht genau bezeichnen, da die verschiedenen Werte successive erschienen, die Meldung ihres Erscheinens Seitens der Philatelistischen Zeitschriften aber sehr ungenau und sich widersprechend erfolgte. Einzelne Werte sind bis jetzt noch so selten, dass selbst ihre Farbe verschieden angegeben wird. So ist es nicht unmöglich, dass Marke No. 165 identisch ist mit Marke No. 155; auch die Existenz von No. 173, 174 und 175 wird vielfach bestritten. Hier bedarf es also noch der Aufklärung.

XXXIII. Ausgabe:

von Juni (?) 1893 bis Januar 1894.

Nämliche Zeichnung, nur Farbenänderung.

Farbiger Druck auf weissem Papier; gezähnt 14.

182. UN C. DE PESO braunviolett.

183. 2⁴/₄ C. DE PESO oliven.

184. 5 C. DE PESO violettbraun.

185. 15 C. DE PESO blassbraun.

Bemerkung.

Auch hier gilt die zur vorigen Ausgabe gemachte Bemerkung.

XXXIV. Ausgabe:

vom 1. Januar 1894.

Nämliche Zeichnung, nur Farbenänderung.

Farbiger Druck auf weissem Papier; gezähnt 14.

186. **2 C. DE PESO** karmin.

187. **2⁴/₈ C. DE PESO** grau.

188. **5 C. DE PESO** gelbgrün.

189. **6 C. DE PESO** ziegelrot.

190. **8 C. DE PESO** violettbraun.

191. **10 C. DE PESO** karmin.

192. **12⁴/₈ C. DE PESO** fleischfarben.

193. **15 C. DE PESO** rosa.

194. **20 C. DE PESO** braunviolett.

Marken für Drucksachen: nämliche Zeichnung, wie bisher.

195. **¹/₈ C. DE CENTAVO** hellbraun.

196. **1 MILᴬ DE PESO** oliven.

197. **2 MILˢ DE PESO** oliven.

198. **5 MILˢ DE PESO** oliven.

Bemerkung.

Die Werte werden successive verausgabt; bis jetzt (April 1894) sind noch nicht alle Werte im Verkehr, die Druckfarbe der verausgabten wird noch verschieden angegeben und sind die obigen Angaben möglicherweise zu verbessern.

II.

Postkarten.

*A. Postkarten aus der Zeit der Regierung des Königs Alfonso XII.

I. Ausgabe:
von Frühjahr 1878 bis Januar 1879.

Rechteck aus dunkelchamois Karton, Grösse 145 : 97: Marke mit Zeichnung der XVII. Ausgabe oben in der Mitte: links davon: TARJETA, rechts: POSTAL, darunter vier Adresslinien, die erste mit $\mathcal{H}.\ \mathcal{L}.$ beginnend; ein bald mehr, bald weniger stark hervortretender Unterdruck zeigt in 2 cm hohen englischen Buchstaben: Tarjeta Postal, umgeben von Kreisen, Strichen und sonstigen Verzierungen; unten: Nota. Lo que debe escribirse se hará en el reverso ó irá firmado por el remitente.

Marke, Vordruck und Umrandung in dunkelkarmin, Unterdruck in orange. (Taf. III, 52.)

1. 50 MIL⁵ DE PESO dunkelkarmin auf dunkelchamois.

---

* Anmerkung: Auch hier wird stets auf die Abbildungen der Karten von Cuba verwiesen.

Bemerkungen.

1. Die Karte No. 1 wird von vielen Katalogen als nicht in Gebrauch gewesen bezeichnet. Moens sieht sie als blosse Abart der nächsten Ausgabe an und bezeichnet als Datum ihrer Emission den September 1879. Demgegenüber steht fest, dass die Karte postalisch entwertet mehrfach in Sammlungen vorkommt und zwar mit Abstempelungen aus dem Jahre 1878, welche den Verdacht eines Gefälligkeitsstempels völlig ausschliessen.

2. Von der Karte giebt es mangelhafte Drucke ohne Punkt hinter Sr, sowie auch solche mit „cn el reverso“ in der Nota, anstatt „en el reverso“.

II. Ausgabe:
von Sommer 1879 bis 31. Dezember 1880.

Karte der vorigen Ausgabe mit Aufdruck des in der XVII. Ausgabe IV, II beschriebenen Stempels, nur Aenderung der Wertangabe: **CONVENIO** links, **UNIVERSAL DE** oben, **CORREOS** rechts und **HABILITADO 3 cént. de peso** unten. (Taf. III, 124.)

2. **3 cént. de peso auf 50 MIL^{S} DE PESO** schwarz auf dunkelkarmin.

Bemerkung.

Die Karte verdankt ihren Aufdruck den im Juni 1878 in Paris getroffenen internationalen Vereinbarungen. Abgesehen von verschiedenen mangelhaften Aufdrucken giebt es auch auf der Postkarte den bei den Marken vorkommenden Fehldruck: CORRZOS anstatt CORREOS. Die in Bemerkung 2 zur I. Ausgabe angeführten mangelhaften Drucke kommen natürlich auch mit Aufdruck vor.

III. Ausgabe:

vom 1. Januar 1881 bis 31. Dezember 1891.

Karte für den Weltpostverkehr: Rechteck aus dünnem, weissem oder gelblichem Karton, Grösse 132 : 91; Marke in Zeichnung der XVIII. Ausgabe oben rechts; links daneben fünfzeiliger Vordruck und zwar unter einander stehend: ULTRAMAR — UNION POSTAL UNIVERSAL — UNION POSTALE UNIVERSELLE — ESPAÑA. — En este lado se escribe solamente la direccion.; darunter drei Adresslinien, die erste mit *Cl* beginnend; ohne Umrandung. (Taf. III, 53.)

3. 3 C. DE PESO hellrosa auf verschiedenem Karton.

3 a) 3 C. DE PESO hellrosa auf dünnem, weissem Karton,
3 b) 3 „ hellrosa anf dünnem, gelblichem Karton.

Bemerkung.

Karton.
Von der Marke dieser Karte giebt es Essais in grüner Farbe auf weissem

IV. Ausgabe:

von Juli 1889 bis 31. Dezember 1891.

Rechteck aus verschieden starkem Karton in chamois Farbe, Grösse 140 : 98; Marke der XVIII. Ausgabe oben in der Mitte, links davon; TARJETA, rechts POSTAL; darunter vier Adresslinien, die erste mit *Sl. D.* beginnend, unten: NOTA. Lo que debe escribirse se hará en el reverso é irá firmado por el remitente; mit Umrandung. Marke, Vordruck und Umrandung in dunkelbrauner Farbe. (Taf. III, 55.)

11

4. **2 C. DE PESO** dunkelbraun auf verschieden starkem Karton.

    4 a) 2 C. DE PESO dunkelbraun auf dickem Karton in chamois Farbe,

    4 b) 2 „ dunkelbraun auf ganz dünnem Karton in chamois Farbe.

Doppelkarte in gleicher Ausführung wie No. 4; auf der ersten Karte rehts unter der Umrandung: La otra tarjeta es para la contestacion, auf der zweiten Karte ebendaselbst: Contestacion pagada. Dicker Karton in chamois Farbe.

5. **3+3 C. DE PESO** karmin auf chamois Karton.

Bemerkung.

Von Karte No. 4 giebt es Stücke, bei welchen in dem Worte POSTAL die beiden letzten Buchstaben 2 mm von POST abstehen.

B. Postkarten aus der Zeit der Regentschaft der Königin Maria Cristina bezw. der Regierung des Königs Alfonso XIII.

V. Ausgabe:

vom 1. Januar 1892 an.

Karte in gleicher Ausführung, wie No. 4, nur mit Marke der XXXI. Ausgabe. Vordruck und Umrandung in der Farbe der Marken. (Taf. III, 56.)

6. **2 C. DE PESO violettbraun auf verschiedenfarbigem Karton.**

6 a) 2 C. DE PESO violettbraun auf hellchamois Karton,
6 b) 2 „ violettbraun auf dunkelchamois (bräunlichem) Karton.

7. **3 C. DE PESO orangegelb auf verschiedenfarbigem Karton.**

7 a) 3 C. DE PESO orangegelb auf hellchamois Karton,
7 b) 3 „ orangegelb auf dunkelchamois Karton.

III. Fernando Póo.

Einleitung.

Fernando Póo,

von dem Portugiesen Fernão do Po 1471 entdeckt und im Jahre 1778 an Spanien abgetreten, liegt an der westafrikanischen Küste in der Bai von Biafra, etwa 36 km vom Festland (Kamerun) entfernt. Die Zahl der Einwohner wird bei einem Flächeninhalt von 1998 qkm auf 25,000 angegeben. Die Insel dient Spanien als Deportationsort und Kohlenstation. Hauptstadt ist das von den Engländern gegründete Clarencetown, heute Santa Isabel genannt, mit ca. 1000 Einwohnern.

Ueber die **postalischen Verhältnisse** der Insel ist nichts Näheres bekannt, Handel und Verkehr mit dem Mutterland sind unbedeutend.

Geldwährung, wie auf den Philippinen.

Briefmarken.

A. Marken aus der Zeit der Regierung der Königin Isabella I.

~~~~~~~~

I. Ausgabe:

vom 1. Juli 1868 bis 30. Juni 1879 (?).

eichnung der VI. Ausgabe von Cuba und Portorico: Kopf der Königin Isabella II nach links in einem Kreise, dessen Untergrund mit wagerechten Linien ausgefüllt ist; über und unter dem Kreise zwei viereckige Schilder mit Inschriften in weissen Buchstaben auf farbigem Grund und zwar oben: FERNANDO POO, unten Wertangabe; in den vier Ecken je ein Buchstabe C, O, R und R (Correos); zwischen Kreis und Schilder Verzierungen.

Farbiger Druck auf weissem Papier; gezähnt 14. (Taf. VII, 125.)

1. **20 CEN. DE ESC.** braun.

Bemerkungen.

1. Durch Verfügung vom 4. Februar 1857 wurde das Porto für einfache Briefe (bis zu ½ onza) von Fernando Póo nach Spanien auf 2 Reales Vn. (Reales

de vellon = Kupferrealen), für jede weitere $\frac{1}{2}$ onza oder Teile dieses Gewichtes auf 2 weitere Realen festgesetzt. Da keine Marken existirten, so konnte das Porto in Fernando Póo nicht bezahlt, sondern musste vom Empfänger des Briefes erhoben werden. Durch Erlass vom 4. September 1860 wurde das Porto auf die Hälfte herabgesetzt. Eine Königliche Verfügung vom 4. Februar 1868 führte die Freimarken und damit auch den Frankirungszwang ein. Das Porto für Briefe nach Spanien und sämtlichen spanischen Kolonien wurde auf 200 Mils de esc. für je 10 gr. oder Teile dieses Gewichtes festgesetzt. Im Widerspruch mit diesem Erlass ist auf der ausgegebenen Briefmarke der Wert in Céntimos de escudo ausgedrückt.

2. Nach dem Timbre-Poste, wie auch nach dem Gr. Handbuch der Philatelie soll die Marke des Jahres 1868 schon am Ende desselben Jahres wieder eingezogen, die Restbestände an die Händler verkauft worden sein; es wären dann nach Einziehung derselben die gleichwertigen Marken von Span.-Westindien und Cuba, jedoch ohne irgend einen Aufdruck verwandt worden. Nach spanischen Quellen dagegen verblieb die Marke zu 20 Cen. de esc. bis zum 30. Juni 1878 in Gebrauch. Gegen letztere Angabe spricht jedoch das seltene Vorkommen gebrauchter Exemplare. Am wahrscheinlichsten erscheint eine von dritter Seite erfolgte Mitteilung, wonach von Ende 1868 bis zum 1. Juli 1879 auf Fernando Póo Marken überhaupt nicht verwendet wurden.

B. Marken aus der Zeit der Regierung des Königs Alfonso XII.

II. Ausgabe:

vom 1. Juli 1879 bis 31. Dezember 1881.

eichnung der XXIX. Ausgabe Spaniens: Kopf des Königs Alfonso XII. nach rechts in ovalem Rahmen: über und unter dem Oval ein rechteckiger Schild mit FERNANDO POO, bezw. Wertangabe; zwischen den Schildern und dem Oval ornamentale Verzierungen; auf dem Halsabschnitt der Name Julia.

Farbiger Druck auf weissem Papier; gezähnt 14. (Taf. VII, 126.)

2. **5 CENT. PESETA** grün.

3. **10 C. DE PESETA** karmin.

4. **50 C. DE PESETA** blau in zwei Abstufungen.

    4 a) 50 C. DE PESETA blau,

    4 b) 50   „   hellblau.

Bemerkungen.

1. Als Datum der Ausgabe wird vielfach fälschlich der 1. Januar 1880 angegeben.

2. Von den 3 Werten existiren Essais in schwarzer, brauner, violetter und grauer Farbe auf dickem, weissem Papier.

3. Die Entwertung der Marken erfolgt vermittelst des Aufgabestempels. Derselbe trägt, den neueren spanischen Modellen entsprechend, oben die Bezeichnung: CORREOS, unten den Namen: FERNANDO POO, in der Mitte auf durchgehendem Mittelschild das Datum. (Taf. VII, 127 u. 128).

III. Ausgabe:
von Januar 1882 an bis Ende 1893.

Nämliche Zeichnung, nur Aenderung der Wertbezeichnung.

Farbiger Druck auf weissem Papier; gezähnt 14. (Taf. VII, 126.)

5. UN C. DE PESO grün.

6. 2 C. DE PESO karminrosa.

7. 5 C. DE PESO graublau.

IV. Ausgabe:
von Juli 1884 bis (?) 1889.

Aushilfs-Marken: Marke der III. Ausgabe mit kreisförmigem Aufdruck: HABILITADO PARA CORREOS und neuer Wertangabe. (Taf. VII, 127.)

8. 5o CENT-PTA auf 2 C. DE PESO blau auf karminrosa.

9. 5o CENT-PTA auf 5 C. DE PESO blau auf graublau.

Bemerkungen.

1. Der Aufdruck hat manchmal eine dunkelblaue, schwarzgraue oder violette Färbung.

2. Der Aufdruck wurde im Jahre 1886 gefälscht. Erkennungszeichen der Fälschung sind: Die Ziffer 5 sowie P und R von PARA sind breiter, das S von CORREOS ist weniger offen, das C von Cent. ist anstatt wie bei dem echten Aufdruck etwas kleiner, von derselben Grösse wie die übrigen Buchstaben.

C. Marken aus der Zeit der Regentschaft der Königin Maria Cristina bezw. der Regierung des Königs Alfonso XIII.

V. Ausgabe:

1890.

ämliche Zeichnung (Kopf Alfonso's XII).
Farbiger Druck auf weissem Papier; gezähnt 14.

10. 10 C. DE PESO braun.

Bemerkung.

Während die Marken der II. und III. Ausgabe in Type I (vergl. Cuba Seite 48) hergestellt waren, zeigt diese Marke die III. Type (vergl. Cuba. Seite 55, C).

VI. Ausgabe:
Sommer 1893.

Aushilfs-Marke: Marke der III. Ausgabe mit Aufdruck:
HABILITADO PARA CORREOS, 50 Cent-Pta.

11. 5o CENT-PTA auf UN C. DE PESO schwarz auf grün.

Bemerkung.

Der Mangel an Marken auf der Insel zwang zur Habilitirung auch der 1 Céntimos-Marke. Nachdem dieser Wert völlig aufgebraucht war, bevor Ersatz aus Spanien eingetroffen, half man sich durch Stempeln der Brief-Umschläge mit dem Aufdruck HABILITADO PARA CORREOS, 50 Cent. Pta. Der Aufdruck kommt in blauer und schwarzer Farbe vor.

VII. Ausgabe:
von Frühjahr 1894 an.

Zeichnung der XIII. Ausgabe von Cuba: Kopf des Königs Alfonso XIII. nach rechts in ovalem Rahmen mit liniirtem Untergrund; oben in rechteckigem Schild: FERNANDO POO, unten in ebensolchem Wertangabe; zwischen beiden Schildern ausserhalb des Ovals ornamentale Verzierungen.

Farbiger Druck auf weissem Papier; gezähnt 14.

12. 1o C. DE PESO braunviolett.

Bemerkung.

Die übrigen zur Ausgabe bestimmten Werte sind zur Zeit noch nicht dem Verkehr übergeben.

Druck von Pass & Garleb, Berlin W., Potsdamerstr. 110.

Friederich, Die Postwertzeichen Spaniens und seiner Kolonien (II. Teil)
Verlag von Dr. H. Brendicke in Berlin W. 57.

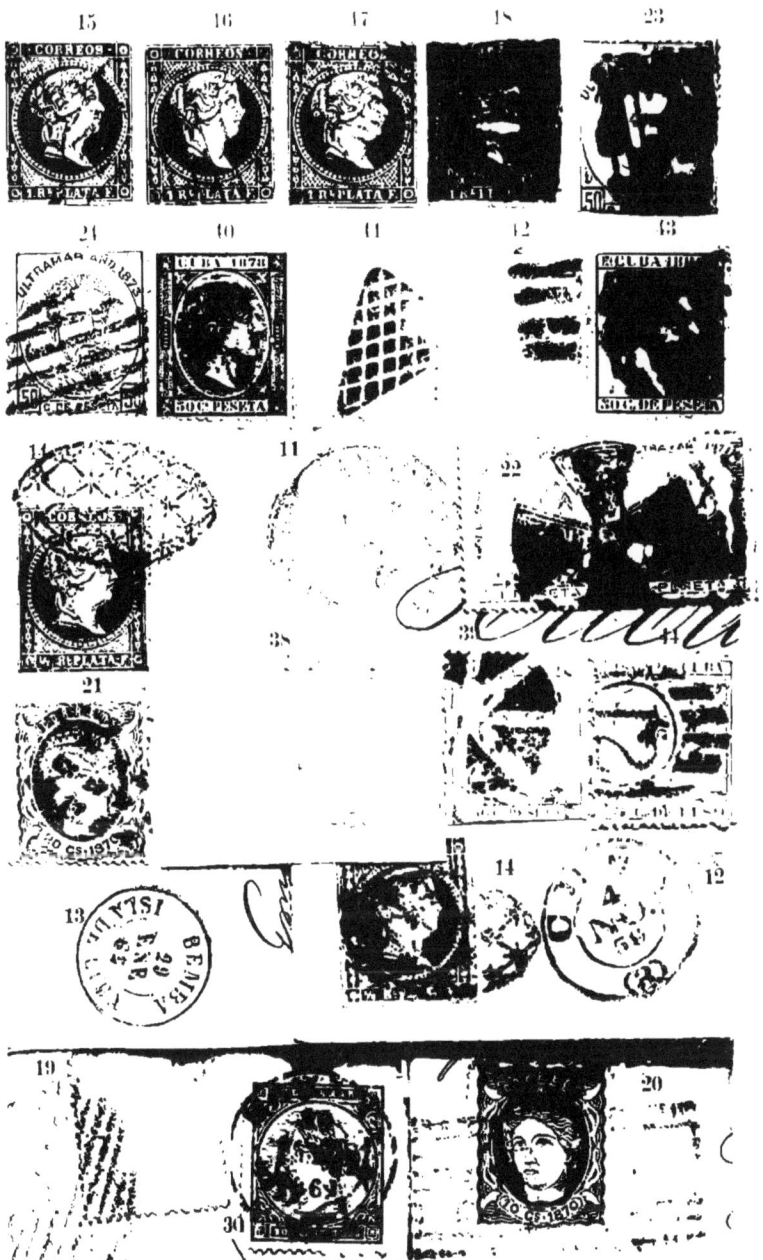

Friederich, Die Postwertzeichen Spaniens und seiner Kolonien II. Teil

Verlag — Dr. H. Brendicke — Berlin W. 57.

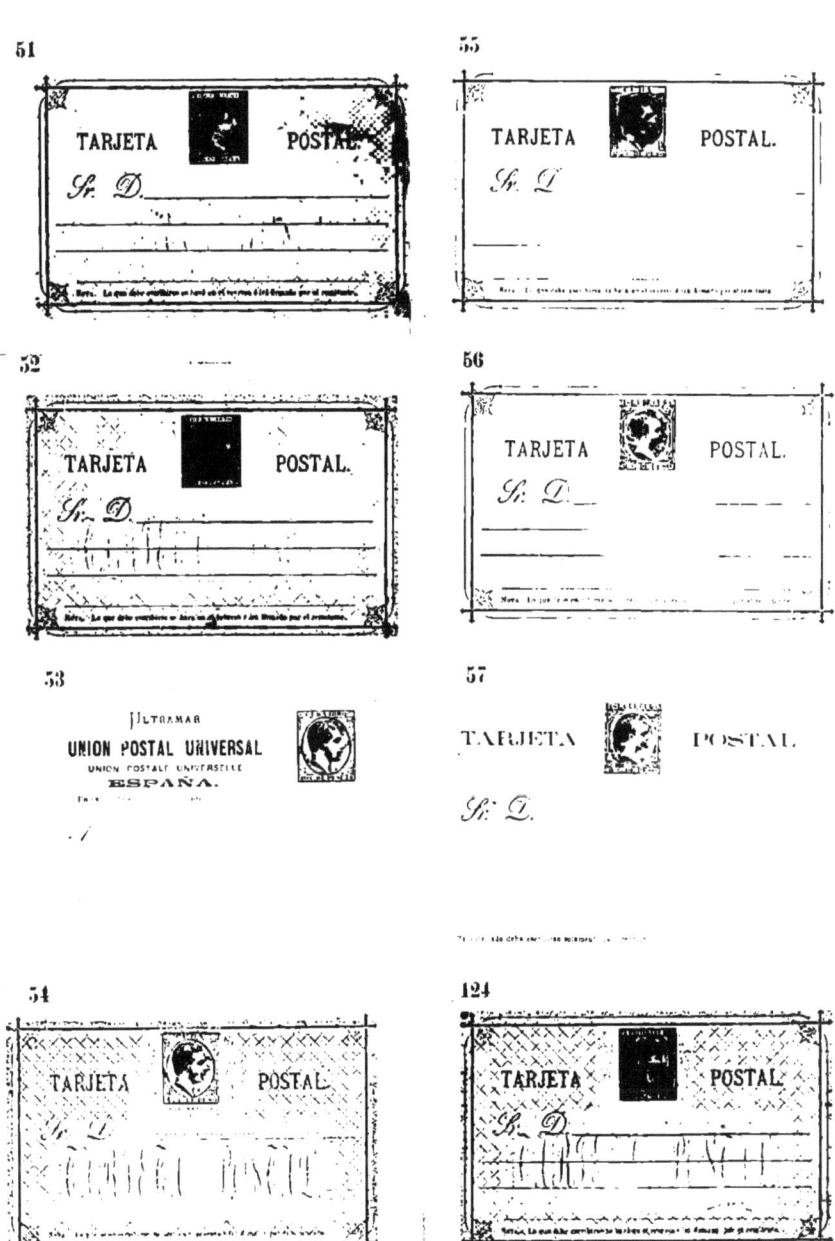

Friederich, Die Postwertzeichen Spaniens und seiner Kolonien (II. Teil)
Verlag von Dr. H. Prendicke in Berlin W.57.

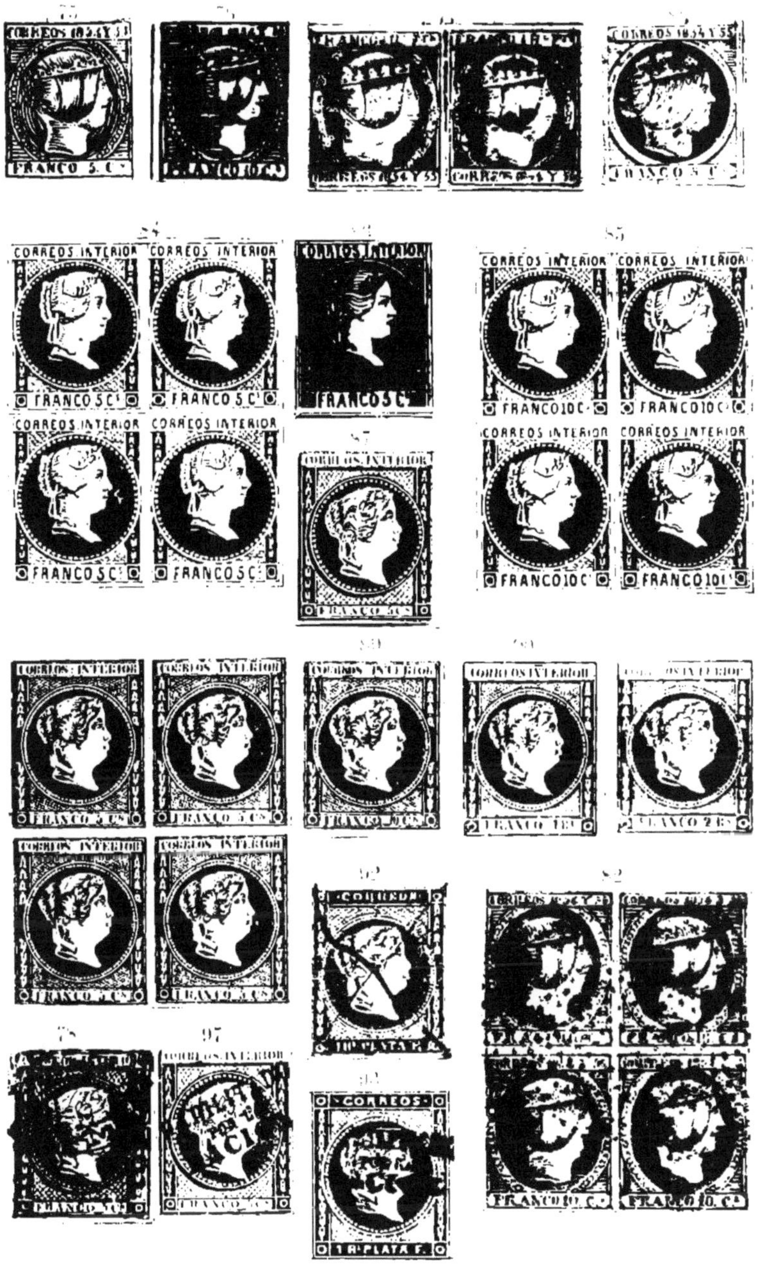
CORREOS 1854 Y 55
FRANCO 5 C.
CORREOS INTERIOR
FRANCO 5 C.
FRANCO 10 C.
97
CORREOS
1 R. PLATA F.
FRANCO 10 C.

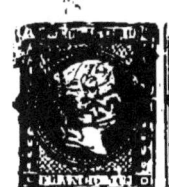

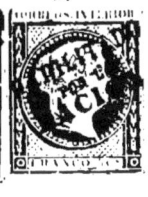

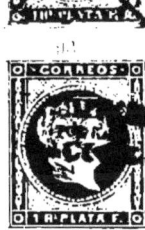

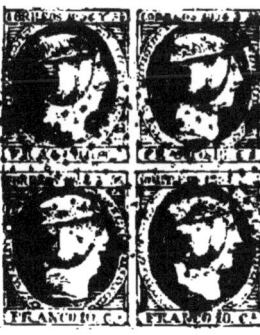

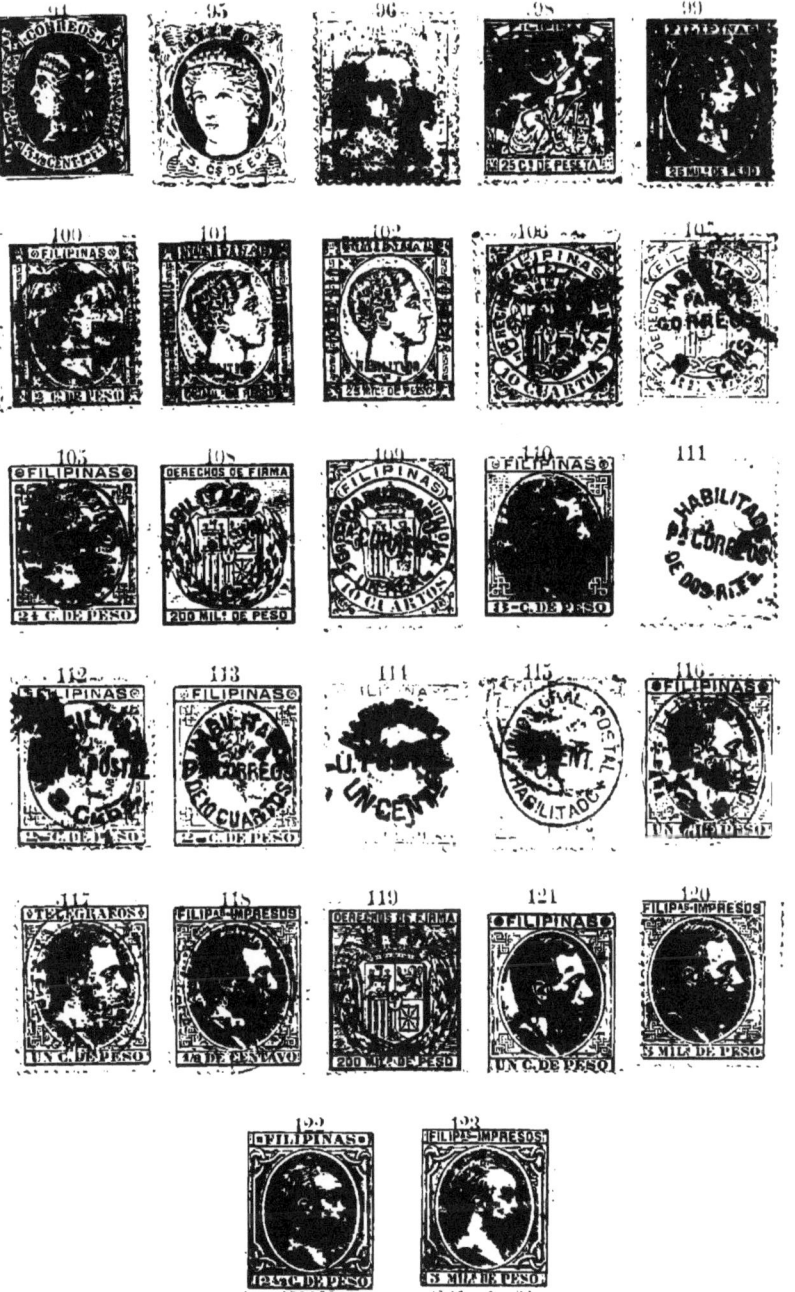

Tafel VII.

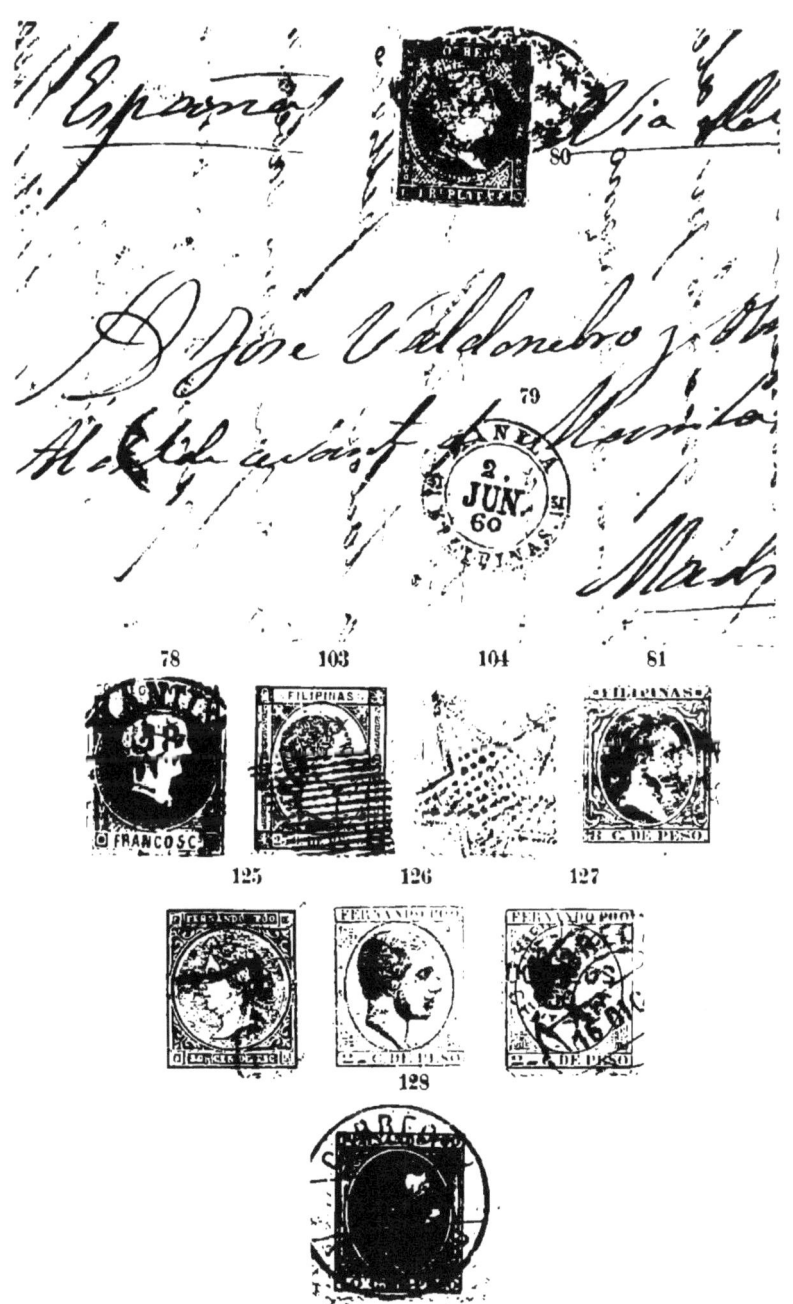

Friederich, Die Postwertzeichen Spaniens und seiner Kolonien (II. Teil)
Verlag von Dr. H. Brendicke in Berlin W. 57.